# LA FUNCIÓN PROFÉTICA DE LA EDUCACIÓN TEOLÓGICA EVANGÉLICA EN AMÉRICA LATINA

David Suazo Jiménez

# LA FUNCIÓN PROFÉTICA DE LA EDUCACIÓN TEOLÓGICA EVANGÉLICA EN AMÉRICA LATINA

editorial clie

**EDITORIAL CLIE**
C/ Ferrocarril, 8
08232 VILADECAVALLS
(Barcelona) ESPAÑA
E-mail: libros@clie.es
http://www.clie.es

**La Función Profética de la Educación Teológica Evangélica en América Latina**
ISBN: 978-84-8267-729-3
Depósito Legal: B-12501-2012
Clasifíquese: 680 - Sociedad y cristianismo
CTC: 02-09-0680-12
Referencia: 224782

Impreso en USA / Printed in USA

# ÍNDICE GENERAL

Capítulo 1. *Introducción*..................................................... 9

1. Tema ................................................................ 9

2. Objetivos ......................................................... 10

3. Preguntas de investigación............................. 10

4. Justificación de la investigación..................... 10

5. Limitaciones y presupuestos.......................... 11

6. Definición de términos................................... 12

    6.1.   Voz y función profética ...................... 13

    6.2.   Denuncia profética .............................. 13

    6.3.   Anuncio profético................................ 13

    6.4.   Imaginación profética ........................ 14

    6.5.   Educación teológica evangélica ......... 15

    6.6.   La misión de Dios ................................ 16

    6.7.   Implicación .......................................... 17

7. Metodología de la investigación..................... 17

8. Estructura de la obra ....................................... 19

Capítulo 2. *La función profética en el Antiguo Testamento y sus implicaciones para la educación teológica evangélica en América Latina* ................................................................. 21

1. Introducción..................................................... 21

2. La imaginación profética: Pautas a partir del pensamiento de Walter Brueggemann ...................................... 24

    2.1.   ¿Qué es imaginación profética?......... 25

        2.1.1.   El carácter subversivo de la imaginación profética................................. 25

2.1.2. El carácter utópico de la imaginación profética  28

2.1.3. El carácter comunicante de la imaginación profética .......................................................... 30

2.2. Alcances de la imaginación profética ...................... 36

2.3. Implicaciones para la educación teológica .............. 39

2.4. Conclusión ................................................................ 48

3. La voz profética, la idolatría y la educación teológica evangélica en América Latina ............................................... 48

3.1. ¿Cuál voz profética? .................................................. 49

3.2. ¿Cuál idolatría? ........................................................ 51

3.3. Implicaciones para la educación teológica .............. 55

3.4. Conclusión ................................................................ 58

4. La voz profética, la justicia y la educación teológica evangélica en América Latina .............................................. 59

4.1. ¿Cuál justicia? .......................................................... 59

4.2. La denuncia de la injusticia ...................................... 61

4.3. Buscad la justicia ...................................................... 63

4.4. Implicaciones para la educación teológica .............. 65

5. Conclusión .......................................................................... 68


CAPÍTULO 3. *La función profética en el Nuevo Testamento y sus implicaciones para la educación teológica evangélica en América Latina* ............................................................................ 71

1. Introducción ........................................................................ 71

2. Jesús, el profeta por excelencia ........................................ 73

2.1. El nacimiento de Jesús: Un acto profético desafiante ................................................................... 74

2.2. Los milagros de Jesús: Acciones proféticas ............ 76

2.3. Las parábolas de Jesús: Enseñanzas subversivas .... 79

2.4. La crucifixión de Jesús: Denuncia profética del poder ......................................................................... 85

2.5. La resurrección de Jesús: La utopía invade la realidad ...................................................................... 90

2.6. Implicaciones para la educación teológica .............. 96

2.7. Conclusión ............................................................... 110

3. El Apocalipsis: Profecía crítica ............................................. 110

    3.1. Denunciando al Imperio: La usurpación de Dios ... 112

    3.2. La imaginación utópica: El futuro invade el presente ................................................................................... 120

    3.3. Implicaciones para la educación teológica en América Latina .................................................................. 123

3.4. Conclusión ............................................................................ 125

4. Conclusión .................................................................................. 126


CAPÍTULO 4. *La función profética de la educación teológica: debate sobre metas, propósitos, modelos, situación actual y una propuesta* ............................................................................................. 129

1. Introducción ................................................................................ 129

2. La educación teológica y su función profética en la Edad Moderna ....................................................................................... 131

    2.1. Trasfondo de la Edad Media ........................................ 131

    2.2. La Reforma protestante .................................................. 134

    2.3. La Era Moderna ............................................................... 138

3. La función profética de la educación teológica: El siglo xx, la situación actual del debate y una propuesta ................. 141

    3.1. El modelo clásico ............................................................ 142

    3.2. El modelo funcionalista ................................................ 144

    3.3. Nuevos modelos de educación teológica ................. 148

        3.3.1. La educación liberadora de Paulo Freire ........ 150

        3.3.2. La educación teológica misional ..................... 158

    3.4. Conclusión ........................................................................ 173

4. Conclusión .................................................................................. 174


CAPÍTULO 5. *Conclusión y recomendaciones* ..................................... 177

1. Introducción ................................................................................ 177

2. Recapitulación ........................................................................... 177

3. Recomendaciones ....................................................................... 181

    3.1. Provenientes del Antiguo Testamento ...................... 181

    3.2. Provenientes del Nuevo Testamento ......................... 185

    3.3. Provenientes del debate contemporáneo ................. 188

BIBLIOGRAFÍA ........................................................................ 191

1. Historia general y de la educación .................................. 191

2. Voz profética ..................................................................... 194

3. Educación teológica .......................................................... 215

# Introducción

## 1. Tema

La presente obra se basa en una tesis de graduación del programa de Doctorado en Educación Teológica del Seminario Teológico Centroamericano; el tema: la función profética de la educación teológica. En las últimas décadas del siglo XX se planteó el tema de la voz profética de la Iglesia, particularmente en América Latina, por parte de corrientes teológicas como la teología conciliar[1] y la Teología de la Liberación. Por voz profética se ha entendido básicamente la denuncia, por parte de la Iglesia, de los males sociales del presente tiempo, siguiendo el modelo de los profetas antiguotestamentarios. En el estudio, obviamente, se tomará en cuenta este concepto, pero se ahondará más en el significado de voz profética, que es más amplio y complejo, desde el texto de las Escrituras. Por esa razón se ha escogido la expresión «función profética» para incluir todo lo que significaba la tarea de los profetas en el Antiguo y en el Nuevo Testamento, no solamente la parte de denuncia del mal. En este sentido, se ampliará el concepto para incluir también el llamado al arrepentimiento, el anuncio de juicio para el pueblo de Dios y para sus enemigos, el anuncio de restauración después del juicio y la presentación de una nueva realidad futura acorde con los valores del Reino de Dios. Esto último se asocia con el carácter soñador, utópico del profeta o, como lo denomina Walter Brueggemann «la imaginación profética».[2]

Con la presente obra se pretende aplicar el tema de función profética a un sector de la Iglesia: la educación teológica, la cual se entiende como la tarea de formar el liderazgo de la Iglesia, ya sea en sistemas académicos formales como los seminarios e institutos bíblicos o en sistemas informales. La investigación se limitará al sistema académico formal. La función

---

1. Por teología conciliar se entiende al movimiento protestante ecuménico latinoamericano que tiene vínculos teológicos y organizacionales con el Concilio Mundial de Iglesias.

2. Esta expresión se ha vuelto común en los círculos académicos que estudian a los profetas bíblicos. Ver Walter Brueggemann, *La Imaginación profética,* trad. por Jesús García-Abril (Santander: Sal Terrae, 1986). Hay una segunda edición del libro en inglés publicada en Minneapolis: Fortress Press, 2001. Esta última será la versión que se citará a lo largo de la obra.

profética de la educación teológica, tiene que ver entonces con la meta de la educación teológica, o por lo menos, con una de las metas de la educación teológica. Por lo tanto, bien podría ser clasificada como un aporte a la filosofía o teología de la educación teológica.

## 2. Objetivos

Esta investigación tiene como objetivos principales los siguientes: 1) definir cuál fue la voz profética bíblica y cómo se expresó y 2) proponer implicaciones correspondientes para la educación teológica evangélica en América Latina hoy. Además, la investigación tiene los siguientes objetivos derivados o secundarios: 1) clarificar los conceptos de voz profética, denuncia profética y función profética a la luz de las Escrituras y en diálogo con las ideas que circulan en el mundo teológico contemporáneo; 2) evaluar si los educadores teológicos y la educación teológica como función de la Iglesia deben constituirse en profetas contemporáneos. Al final se propondrá la meta de una educación teológica misional con la voz profética como eje central.

## 3. Preguntas de investigación

Las preguntas de investigación proveen el marco bíblico, teológico y educacional desde el cual se desarrollará la presente obra. Entre las preguntas básicas de investigación están las siguientes: 1) ¿Qué se entiende por función profética desde el texto bíblico y desde la teología contemporánea? 2) ¿Los educadores teológicos deben ser profetas contemporáneos según la tradición bíblica? 3) ¿Cómo se puede reconocer e implementar la función profética en la educación teológica? 4) ¿Cuáles serían las implicaciones más importantes para la educación teológica evangélica en América Latina?

## 4. Justificación de la investigación

El tema de la presente obra se justifica porque hay una abundante y fuerte voz profética en la Biblia, pero parece que la educación teológica evangélica hoy no le atribuye la importancia que merece. También ha habido en las últimas décadas un debate sobre las metas y propósitos de la educación teológica que incluye muy poco la función profética de la misma.[3] Además, este estudio se justifica por las siguientes debilidades que se observan en la educación teológica evangélica latinoamericana: 1) independientemente de cuál sea la misión de cualquier institución, la finalidad última de la educación teológica casi siempre se limita a proveer simplemente graduados que funcionen en el sistema eclesiástico imperante. 2) Las instituciones de educación teológica, por lo regular, buscan la transmisión, protección y reproducción de los valores eclesiásticos y culturales, sin necesariamente cuestionarlos o cambiarlos. 3) Los esfuerzos de enseñar la Biblia quedan casi exclusivamente como un estudio técnico del texto bíblico, sin que los educadores teológicos siquiera se percaten de las implicaciones proféticas de ese mismo texto para el mundo contemporáneo. 4) Muchas de las estrategias, metodologías y prácticas ministeriales provienen del mundo de las ciencias sociales (educación, comunicaciones, psicología, administración, antropología, sociología, y otras), las cuales son aceptadas y usadas, a menudo, acríticamente. 5) Si bien se ha escrito mucho sobre la voz profética, no tanto se ha considerado la voz profética en su significado más completo, ni mucho se han analizado las implicaciones de la voz profética para la educación teológica.

## 5. Limitaciones y presupuestos

La presente obra se enfocará en la educación teológica evangélica de América Latina, no en la educación teológica en general ni de otras partes del mundo. Aunque habrá referencias a los cambios dentro de la Iglesia y la sociedad latinoamericana en general, la obra se limitará a proponer cambios en las instituciones de educación teológica y en las funciones de los educadores teológicos como individuos. Este estudio se enfocará en la educación teológica académica formal, no en los programas informales y no formales de educación teológica que existen en América Latina.

La obra asume que la educación teológica académica formal es una función legítima de la Iglesia universal. También se asume, como parte de la tradición protestante, que la Biblia es Palabra autoritativa de Dios y que provee principios, enseñanzas y modelos de función profética aplicables a la educación teológica. La obra no pretende presentar modelos o estrategias concretas para las instituciones de educación teológica ni para los educadores teológicos. Lo que proveerá se limita a ideas, reflexiones e implicaciones, que, eventualmente, pueden derivar en estrategias.

3. Un resumen importante de este debate se encuentra en Andrew Wingate, «Overview of the History of the Debate about Theological Education». *International Review of Mission* 94/373 (2005): 235-47.

La investigación tanto en el Antiguo Testamento como en el Nuevo se enfocará no en la práctica de la educación en tiempos bíblicos. No se trata de encontrar modelos de cómo hacer la educación teológica hoy (sobre esto ya se ha escrito bastante),[4] sino más bien se buscarán los principios sobre la función profética generados en la Biblia que sirvan de orientación para los educadores teológicos y las instituciones de educación teológica de hoy.

Además, esta investigación usará como marco teórico los conceptos del teólogo bíblico Walter Brueggemann. La razón de hacer esto es que este autor ha elaborado unos criterios basados en la teología bíblica del Antiguo Testamento que ayudan a entender la función profética y su relación con la educación teológica. Estas ideas tienen que ver no solamente con los conceptos teológicos encontrados en el texto bíblico, sino también con la forma misma de ese texto. Brueggemann es el autor que más y mejor ha trabajado las ideas que se desarrollarán en la presente obra. Siendo él mismo un educador teológico su contribución es invaluable. Aunque el trabajo de Brueggemann se ha concentrado en el Antiguo Testamento, sus ideas y su metodología también son aplicables en el Nuevo Testamento.[5]

## 6. Definición de términos

Los términos clave más importantes que se usarán en esta obra son los siguientes: 1) voz y función profética, 2) denuncia profética, 3) anuncio profético, 4) imaginación profética, 5) educación teológica evangélica, 6) la misión de Dios y 7) implicación.

---

4. Por ejemplo, C. René Padilla, editor, *Nuevas alternativas de educación teológica* (1986); D. G. Hart y R. Albert Mohler Jr. editores, *Theological Education in the Evangelical Tradition* (1996); Robert W. Ferris, *Renewal in Theological Education: Strategies for Change* (1990); Robert Banks, *Reenvisioning Theological Education: Exploring a Missional Alternative to Current Models* (1999); J. M. Price, *Jesús el maestro* (1966); Lois E. Lebar, *Education that is Christian* (1995).

5. Es necesario, sin embargo, reconocer que Brueggemann ha sido objeto de críticas debido principalmente a su opción hermenéutica que va por el lado de la llamada «crítica retórica». Ver James Barr, «Predictions and Surprises: a Response to Walter Brueggeman's Review 1», *Horizons in Biblical Theology* 22/1 (2000): 93-119; Rosaline Clark, «A Critical Evaluation of Walter Brueggeman's "Theology of the Old Testament"», monografía de Antiguo Testamento en Westminster Theological Seminary, 2007; Pauline A. Viviano, «Solomon: Israel's Ironic Icon of Human Achievement», *Catholic Biblical Quarterly* 70/1 (2008): 105-106. No obstante se ha escogido a este autor porque propone una novedosa y útil manera de acercarse al texto que es de ayuda para todo estudioso del texto bíblico independientemente de su opción hermenéutica.

## 6.1. Voz y función profética

Por voz profética se entiende la denuncia del mal del pueblo de Dios y de las naciones, el llamado al arrepentimiento, el anuncio del juicio para el pueblo de Dios y para los enemigos del pueblo de Dios, el anuncio de la restauración y el anuncio de una nueva realidad, identificada como Reino de Dios.

La función profética es el ejercicio de la voz profética en términos de situaciones, circunstancias e individuos concretos. La función profética se inscribe como un elemento fundamental de la misión del pueblo de Dios, por ende, de las instituciones de educación teológica.

## 6.2. Denuncia profética

Por denuncia profética se entiende el señalamiento directo de los males del pueblo de Dios, de aquellos que profesan adorar a Dios y de las naciones. La denuncia se expresa en términos de un compromiso para erradicar esos males,[6] de una crítica,[7] de una protesta,[8] o de acusaciones y condenas.[9] Estos elementos y otros relacionados se retomarán en el capítulo 2 junto con las fuentes apropiadas correspondientes.

## 6.3. Anuncio profético

Si la denuncia profética se puede ver como la parte de la función profética que señala el mal, el anuncio sería la parte que señala el juicio venidero y las buenas noticias. El anuncio profético se identifica más con la proclama de buenas nuevas, de una nueva realidad social, política y religiosa. Hay tres elementos en este anuncio: 1) se anuncia el juicio inminente al pueblo de Dios, a los enemigos del pueblo de Dios, y al mundo en general; 2) se anuncia la restauración del pueblo de Dios, muchas veces entendida en términos políticos y nacionales. En el Antiguo Testamento este anuncio se centra casi exclusivamente en la nación de Israel. Sin embargo, esta restauración siempre se coloca en el contexto internacional. Esta restauración incluye la restauración del culto, la reconstrucción del Templo, la prosperidad material y espiritual del

---

6. Gabriel Cañellas, «Los profetas de Israel: incidencia religiosa y socio-política», *Biblia y Fe: Revista de Teología Bíblica* 41, vol. xiv (1988): 30-55.

7. Samuel Escobar, *La fe evangélica y las teologías de la liberación* (1987): 79.

8. Gustavo Gutiérrez, *Teología de la liberación: perspectivas*, octava edición (1977): 381-386.

9. Epifanio Gallego, «La misión profética de Jesús: Retos a una sociedad con ansias de ser feliz», *Biblia y Fe: Revista de Teología Bíblica* 41, vol. xiv (1988): 72.

pueblo. 3) Se anuncia una nueva realidad escatológica: el Reino de Dios, donde todas las fallas y debilidades del presente brillarán por su ausencia, donde incluso las naciones son incluidas en el Reino de Dios y vendrán a adorar al Dios de Israel. La diferencia entre los aspectos 2 y 3 del anuncio profético radica en el hecho de que el primero se entiende más en el contexto de la historia de la nación, mientras que el segundo en un contexto más escatológico y universal. Esta nueva realidad es parte de esa imaginación profética que se describe a continuación, es decir, lo utópico de la voz profética, en la que el profeta se presenta como un soñador.

### 6.4.  Imaginación profética

La expresión «imaginación profética» fue acuñada por Walter Brueggemann en el libro del mismo nombre.[10] La imaginación profética es esa visión clara de realidades negativas que la política y la economía pueden esconder o enmascarar como algo bueno, cuando en realidad representan un sistema destructivo. Además, también se entiende por imaginación profética esa construcción utópica de una nueva realidad por parte de los profetas, basada en lo que Dios mismo ha revelado en su Palabra. Ellos pintan un cuadro muy diferente de la realidad presente que parece irreal para quienes escuchan o leen a los profetas. Esa imaginación profética no solamente desafía el presente, sino que estimula la esperanza del pueblo de Dios y estira su imaginación también. Es Jesús quien mejor encarna esta imaginación, al presentar los valores del Reino de Dios como algo real y posible. En términos del lenguaje más popular se diría que esta es la parte en que los profetas sueñan con un nuevo mundo e invitan a sus oyentes y lectores a soñar juntamente con ellos.

La imaginación profética también se entiende en el sentido de que los profetas hicieron uso de formas creativas, novedosas e impactantes para comunicar su mensaje, lo cual tiene mucho que ver con el lenguaje mismo en que se expresaron las ideas como lo son las figuras, metáforas, símiles, etc.[11] Esas diversas formas quedaron registradas en lo que ahora se conoce como el texto bíblico o el canon bíblico, el cual es la base de esta investigación y de cualquier otra investigación bíblica. Entre esas formas diversas se encuentran la poesía, el lamento, la narración, y las estructuras literarias propias de cada género. Además, los profetas y otros escritores bíblicos usaron acontecimientos históricos como símbolos de realidades más pro-

10. Walter Brueggemann, *Prophetic Imagination*, segunda edición (2001).
11. Brueggemann, *Teología del Antiguo Testamento* (2007). En esta obra el autor desarrolla el uso que los profetas hacen de estos elementos del lenguaje como parte de la imaginación profética.

fundas o escatológicas. Ese es el caso del éxodo, de la invasión babilónica y la destrucción de Jerusalén y del Templo, el exilio, el retorno y otros más. El uso de esta imaginería bíblica-histórica-retórica será de gran utilidad a la hora de encontrar las implicaciones para la educación teológica evangélica en América Latina.[12]

## 6.5. Educación teológica evangélica

En términos generales y amplios la educación teológica es la tarea de la Iglesia enfocada en la formación del pueblo de Dios para el servicio del Reino.[13] En términos más profesionales,[14] la educación teológica es la tarea de la Iglesia enfocada en la formación de su propio liderazgo,[15] lo cual incluye los pastores y otros ministros que servirán principalmente dentro del contexto de la Iglesia local, así como aquellos otros ministros que harán tareas más especializadas como la docencia teológica, el servicio comunitario, la administración de instituciones, etc. Hoy también se habla de educación teológica para la formación de profesionales en general. Cuando se habla de la educación teológica evangélica se piensa específicamente en los círculos eclesiásticos identificados con doctrinas básicas como la autoridad suprema y única de las Escrituras, la justificación por la fe y la salvación por la gracia de Dios a través de la obra expiatoria y suficiente de Jesucristo.[16] Aunque hay mucha diversidad entre las iglesias evangélicas latinoamericanas, estas doctrinas son compartidas y las identifican como tales. Esta identidad evangélica se subraya frente a otras identidades cristianas en América Latina, como las iglesias de tradición ecuménica o la Iglesia católica romana o incluso algunas de las iglesias neopentecostales.

---

12. Brueggemann, *Imaginación profética* y el resto de obras de Brueggemann que se usarán en esta obra donde se observará los elementos aquí mencionados.

13. Samuel Escobar, «Fundamento y finalidad de la educación teológica en América Latina», en Izes Calheiros de Balbino Silva, ed. *El diálogo del milenio* (1995): 3.

14. Se usa la palabra *profesional* aquí en el sentido de la identificación de hombres y mujeres dedicados a tiempo completo a las labores ministeriales dentro del pueblo de Dios o desde allí a la sociedad.

15. Orlando E. Costas, «Educación teológica y misión» en C. René Padilla, ed. *Nuevas alternativas de educación teológica* (1986): 12.

16. Varios libros del conocido autor inglés John R.W. Stott expresan estos conceptos básicos de la fe evangélica. Ver John R.W. Stott, *Cristianismo básico,* segunda edición, trad. Daniel E. Hall (1968); ídem, *The Cross of Christ* (1986); ídem, *The Evangelical Truth: A Personal Plea for Unity, Integrity & Faithfulness* (1999). Recientemente se publicó un libro que también presenta las verdades fundamentales de la fe evangélica. Ver Roger E. Olson, *The Westminster Handbook to Evangelical Theology* (2004), especialmente la sección de doctrinas tradicionales en las páginas 141-286.

## 6.6.  La misión de Dios

En los círculos de las iglesias evangélicas en América Latina y como una consecuencia de lo que se ha enseñado en el evangelicalismo tradicional en Norteamérica, la misión se ha entendido como aquello que la Iglesia hace o debe hacer según lo manda la Biblia. En la mayoría de casos esta misión se entiende en términos del envío de creyentes a lugares lejanos para proclamar el Evangelio. De ahí se ha acuñado el término «misiones» que más se refieren a las agencias enviadoras. La propuesta que esta obra aportará al final es que la educación teológica debe ser misional, pero entendiendo misión de una manera un tanto diferente a esta manera tradicional. No se trata de descartar el elemento transcultural, ni el envío de misioneros a lugares lejanos, ni la proclamación del Evangelio a toda criatura en todas las naciones. Es obvio que estos aspectos están presentes y muy claramente en la Biblia. De lo que se trata es de entender correcta y completamente el concepto de misión. Uno de los escritores contemporáneos que mayor aporte ha dado a este asunto recientemente es Christopher J. H. Wright.[17] Él dice que la Biblia entera es una historia que cuenta la misión de Dios realizada a través del pueblo de Dios en su compromiso con el mundo de Dios en beneficio de toda la creación de Dios.[18] Wright define la misión de Dios en los siguientes términos:

> Fundamentalmente nuestra misión (si es que está informada y validada bíblicamente) significa nuestra participación comprometida como pueblo de Dios, bajo la invitación y el mandato de Dios, en la misión propia de Dios dentro de la historia del mundo de Dios para la redención de la creación de Dios.[19]

Se puede observar que en la definición anterior lo que sobresale es Dios y lo que Él hace, siendo su pueblo un agente al servicio de Dios y de su misión. En otras palabras, la misión no es acerca de simplemente reclutar nuevos miembros para la Iglesia solamente a favor de la Iglesia misma. La plenitud de la salvación ofrecida por la Iglesia involucra la totalidad de las vidas de las personas comprometidas con los propósitos de Dios para toda su creación.[20] Este será en enfoque con que se tratará el tema misión en la presente obra.

---

17. Christopher J. H. Wright, *The Mission of God: Unlocking the Bible's Grand Narrative* (2006).

18. Ibíd., 22.

19. Ibíd., 22-23.

20. Stephen B. Bevans y Roger P. Schroeder, *Constants in Context: A Theology of Mission for Today* (2004): 8.

## 6.7. Implicación

Un término que se usa con frecuencia en la presente obra, incluso formando parte del título de la misma, es «implicación». ¿Qué se entiende por implicación? ¿Cómo se usa en la presente obra? Este sustantivo en el idioma español se deriva del verbo implicar que significa 'contener, llevar en sí, significar'.[21] En el idioma inglés se usan dos verbos: *implicate* e *imply* con el significado de 'involucrar como una consecuencia, un corolario o una inferencia natural'.[22] Una definición que será de utilidad para entender el uso que se le dará a implicación en la presente obra es la siguiente: «Involucrar o indicar por medio de una inferencia, una asociación o una consecuencia necesaria en vez de hacerlo por medio de una declaración directa».[23] La implicación sería, entonces, «la repercusión o consecuencia de algo».[24] Implicación también se puede entender como «la relación lógica entre dos proposiciones en la cual, si la primera es verdadera, la segunda también lo es».[25] También puede ser entendida como una sugerencia o un posible significado.[26]

Habiendo dicho lo anterior ¿cómo se usa «implicación» en esta obra? Implicación debería ser entendida aquí como una *posible* consecuencia o repercusión natural y lógica de algún principio bíblico, teológico o histórico previamente establecido. Se resalta la expresión *posible* deliberadamente, para indicar que no se trata de una repercusión obligada o única. Se trata, más bien de una especie de sugerencia que bien podría ser sustituida por otra que alguien más pudiera extraer del mismo principio establecido. En otras palabras, las implicaciones incluidas en la presente obra no tienen la categoría de mandatos directamente extraídos del texto bíblico, sino simplemente sirven como las posibles consecuencias que surgen de ese texto, desde la particular perspectiva del autor. Es perfectamente probable que alguien, leyendo esta obra y, particularmente, las implicaciones pueda pensar que no son las más indicadas, las más correctas o las más naturales. De eso se trata precisamente el aporte de la presente investigación: provocar la reflexión alrededor de los principios y las implicaciones.

## 7. Metodología de la investigación

La obra se desarrollará como una investigación bibliográfica. Esto quiere decir que se seguirán las normas y procedimientos generalmente aceptados de la investigación bibliográfica. En los capítulos bíblicos, es de-

21. *Diccionario de la Real Academia de la Lengua*, vigésima segunda edición (2001).
22. *Merriam-Webster's On Line Dictionary*.
23. Ibíd.
24. *Diccionario de la Real Academia de la Lengua*.
25. *Merrian-Webster's On Line Dictionary*.
26. Ibíd.

cir, el capítulo 2 que toca el Antiguo Testamento y el capítulo 3 que toca el Nuevo Testamento, se hará uso de los recursos bibliográficos clásicos de la exégesis, hermenéutica y teología bíblicas, así como de las modernas interpretaciones contextuales de los profetas. La metodología incluye un diálogo constante entre el texto bíblico y su mundo y el contexto social, eclesiástico e institucional del presente. Aunque se dejarán las conclusiones y recomendaciones para el final, se hará un análisis de situaciones paralelas entre el mundo bíblico y el mundo de hoy. También habrá implicaciones y aplicaciones contextuales para la educación teológica evangélica de América Latina a medida que se expongan los conceptos extraídos del texto bíblico.

Estas implicaciones buscan establecer una identidad y ciertos compromisos tanto para el educador teológico en su papel docente como para las instituciones de educación teológica. En el caso del docente las implicaciones incluirán asuntos como su propio compromiso con la voz y la imaginación profética, el contenido o el énfasis en sus materias y su práctica docente (metodología pedagógica, didáctica). En el caso de las instituciones las implicaciones incluirán asuntos como el diseño y ajustes del currículo, estructura organizacional y toma de decisiones y cultura institucional (ambiente, clima y mentalidad de trabajo). Se repite aquí lo dicho arriba, que la meta es proponer una educación teológica misional con la voz profética como eje central.

Para el capítulo 4, que trata el tema desde la perspectiva histórica y contextual, se usarán las fuentes primarias y secundarias apropiadas. Esto incluirá una sección histórica que trazará la forma en que el tema ha sido abordado en el pasado reciente, así como la forma en que las instituciones de educación teológica han visto esta función. Esta reseña se hará no solamente en la educación teológica de América Latina, sino, en lo posible, del resto del mundo. Este capítulo pretende presentar el desarrollo histórico de la función profética de la educación teológica, así como la situación actual del debate y algunos casos contemporáneos en que esa función se puede observar.

En el capítulo final, el de las conclusiones y recomendaciones, se hará una recapitulación de lo expuesto en la obra y se procederá a hacer recomendaciones diversas. Habrá recomendaciones teológicas que afectarán los contenidos, la temática y el enfoque de las materias de teología que se enseñan en las instituciones de educación teológica. También habrá recomendaciones sobre el estudio del texto bíblico para dejarlo que hable proféticamente en el presente a través de los profesores-profetas y de los estudiantes. Aquí habrá recomendaciones sobre el estudio particular de los profetas del Antiguo Testamento, los evangelios, los Hechos de los Apóstoles y las epístolas en el Nuevo. Habrá recomendaciones sobre el currículo, su evaluación y modificación a la luz de los descubrimientos de la presente investigación. La parte más incómoda de la obra, desde la perspectiva del autor será, sin duda, la que tendrá que ver con las implicaciones de la función profética de la educación teológica para las estructuras organizacionales de las instituciones y de las iglesias, porque se propondrán ideas que podrían traducirse en cambios radicales.

## 8. Estructura de la obra

La obra está estructurada en cinco capítulos. El primero es la introducción general. El segundo capítulo será un estudio bíblico de las enseñanzas del Antiguo Testamento con respecto a la función profética y sus implicaciones para la educación teológica. El énfasis estará en el mensaje de los profetas escritores. Este estudio se hará tomando como base las ideas desarrolladas por el autor Walter Brueggemann con quien se estará dialogando a lo largo del presente capítulo. El tercer capítulo será lo mismo que el anterior, pero enfocado en el Nuevo Testamento. El énfasis será la persona de Jesús, aunque se incluirá una sección dedicada especialmente al libro del Apocalipsis por tratarse del libro más profético del Nuevo Testamento. Aquí se tomarán como base las ideas del autor N. T. Wright y de otros que han desarrollado esta temática en el Nuevo Testamento. El aporte de N. T. Wright está sobre todo en los estudios acerca de la persona de Jesús, el significado de sus enseñanzas, sus actos y los acontecimientos relacionados con su vida. N. T. Wright se inscribe en el movimiento de una «tercera búsqueda del Jesús histórico», basándose en los datos que proveen los evangelios. Básicamente por esta razón es que en este capítulo se usará el trabajo de este autor. El cuarto capítulo será un estudio de la educación teológica en la historia, dando un breve vistazo a la Edad Media, un poco más a la Reforma protestante y mucho más a la época moderna y contemporánea. El propósito es no simplemente repasar la historia de la educación teológica, sino buscar la veta de la función profética en esa historia. El énfasis recaerá en el debate actual sobre las metas y propósitos de la educación teológica y el lugar que la función profética ha tenido y tiene. El último capítulo será de conclusiones y recomendaciones.

# La función profética en el Antiguo Testamento y sus implicaciones para la educación teológica evangélica en América Latina

## 1.  Introducción

Este capítulo explorará la función profética en el Antiguo Testamento, tratando de encontrar aquellas situaciones que proveerán implicaciones para la educación teológica. El Antiguo Testamento se ha usado para extraer principios educacionales que alimentan la historia y la filosofía de la educación en general y de la cristiana en particular. Los autores cristianos, por lo general, trazan una línea histórica, teológica y filosófica desde tiempos del Antiguo Testamento hasta el presente, señalando la tradición judeo-cristiana de la educación.[1] Es interesante notar que la mayoría de estos autores son educadores o historiadores, no eruditos del Antiguo Testamento. Sin embargo, este capítulo, aunque inserto en la tradición mencionada arriba, no seguirá esa línea. En vez de concentrarse en buscar los elementos y principios de la práctica educacional en el Antiguo Testamento que serían aplicables a la práctica educacional de la Iglesia en el presente,[2] se buscarán aquellos principios, ideas y reflexiones que dan orientación y proveen fundamento teológico para esa práctica.

Hay muchas ideas y muchos temas que dan orientación para la educación cristiana, pero este capítulo hará su aporte particular en el estudio de un tema distintivo del Antiguo Testamento (la voz profética) y en un

---

1.    Esto se puede observar en autores como Michael J. Anthony, y Warren S. Benson, *Exploring the History and the Philosophy of Christian Education: Principles for the Twenty First Century* (2003); Julia Campos, y Saúl Trinidad *Historia y filosofía de la educación cristiana* (1988); Kenneth O. Gangel, y Warren S. Benson, *Christian Education: It's History & Philosophy* (1983); Lorenzo Luzuriaga, *Historia de la educación y la pedagogía*, decimoquinta edición (1980); James E. Reed, y Ronnie Prevost, *A History of Christian Education* (1993).

2.    Un libro clásico que enfoca este aspecto, que se publicó originalmente en 1958 y ha sido reeditado y publicado recientemente es Lois E. LeBar, *Education that is Christian* (1995). Varias introducciones más recientes a la educación cristiana también tienen este enfoque, por ejemplo: George R. Knight, *Philosophy & Education: An Introduction in Christian Perspective* (1998); Robert W. Pazmiño, *Foundational Issues in Christian Education: An Introduction in Evangelical Perspective* (2008).

aspecto especializado de la educación (la educación teológica). El profetismo en Israel, su origen, desarrollo e impacto, ha sido objeto de estudio desde tiempos antiguos por muchos autores de todas las tradiciones cristianas.[3] Más específicamente la voz profética se ha estudiado, particularmente desde América Latina en círculos de la Teología de la Liberación y dentro del movimiento ecuménico.[4] La teología evangélica en América Latina ha estudiado el tema más recientemente.[5] Reconociendo el valor de estos estudios el presente capítulo busca pautas que orienten la educación teológica evangélica en América Latina. El marco de referencia teológico y metodológico que servirá de base para el desarrollo de este capítulo y del siguiente es el que provee el conocido autor y teólogo del Antiguo Testa-

---

3. Una pequeña muestra de esto es la siguiente lista de autores y escritos: Abraham J. Heschel, *The Prophets*, dos volúmenes (1962); Alonso Schökel, y José Luis Sicre, *Los Profetas*, dos tomos (1980); José Luis Sicre, *Con los pobres de la tierra: La justicia social en los profetas de Israel* (1984); *Los dioses olvidados: Poder y riqueza en los profetas preexílicos* (1979); *Profetismo en Israel: El profeta, los profetas, el mensaje* (1992); *Los profetas de Israel y su mensaje: Antología de textos* (1986); *De David al Mesías: Textos básicos de la esperanza mesiánica* (1995); Andrés Neher, *La esencia del profetismo* (1975); Graffy, Adrian, *A Prophet Confronts His People:The Disputation Speech in the Prophets* (1984); Claus Westermann, *Basic Forms of Prophetic Speech* (1991); Carlos Mesters, *La lectura profética de la historia* (1997); Evode Beaucamp, *Los profetas de Israel: o el drama de una alianza* (1988); Eryl W. Davies, *Prophecy and Ethics: Isaiah and the Ethical Traditions of Israel* (1981); Daniel Carroll, *Prophecy in Context: From Old Testament Text to Liberating Faith* (1990); Santiago Bretón, *Vocación y misión: Formulario profético* (1987).

4. Algunos ejemplos de autores liberacionistas y protestantes ecuménicos son: Rubén Alves, *et. al. De la Iglesia y la Sociedad* (1971); José Comblin, y Jon Sobrino, *Cambio social y pensamiento cristiano en América Latina* (1993); J. Severino Croatto, *Isaías: La palabra profética y su relectura hermenéutica*, volumen VII de *La liberación es posible* (1994); Ignacio Ellacuría, «Utopía y profetismo: Un ensayo concreto de soteriología histórica», *Revista Latinoamericana de Teología* 17 (1989): 141-184; Gustavo Gutiérrez, *Teología de la liberación: Perspectivas* (1977), donde hay un capítulo que fue pionero en el desarrollo del tema de voz profética; Guillermo Meléndez, *Seeds of Promise: The Prophetic Church in Central America* (1990); Pedro Negre Rigol, José Severino Croatto y Jorge Pixley, *Misión profética de la Iglesia* (1988).

5. Un autor con raíces latinoamericanas que ha hecho significativos aportes a esta temática es Daniel Carroll R. He aquí algunos de sus escritos en español que abordan el tema: «La contextualización de los profetas: Una reseña de retos metodológicos», en *Teología para el contexto latinoamericano* Oscar Campos, ed. (2004): 105-126; «La ética social de los profetas y su relevancia para América Latina hoy: La contribución de la ética filosófica», *Kairós* 35 (2004): 7-30; «La ética social de los profetas y su relevancia para América Latina hoy: La fecundidad de la imaginación profética», *Kairós* 34 (2004): 7-25; «La ética social de los profetas y su relevancia para América Latina hoy: El aporte del estudio del trasfondo», *Kairós* 33 (2003): 7-28; «La ética profética de los profetas y su relevancia para América Latina hoy: La opción por la ética profética», *Kairós* 32 (2003): 7-25; «Los profetas del octavo siglo y su crítica de la economía: Un diálogo con Marvin Cheney», *Kairós* 13 (1993): 7-24; «Los profetas y la idolatría contemporánea», *Kairós* 9 (1991): 81-84; «¿Qué denunciaban los profetas?», *Kairós* 4 (1989): 92-96.

mento, Walter Brueggemann.[6] El concepto clave es «imaginación profética» y toda la carga de significado que incluye. La imaginación profética es esa visión utópica que el profeta tiene de un futuro mejor que los demás no pueden ver, pero también es la forma creativa en que se expresa no solamente ese futuro esperanzador, sino también los otros elementos del mensaje profético (denuncia, llamado al arrepentimiento, anuncio). Esas formas creativas de expresión han quedado plasmadas en el texto de las Sagradas Escrituras que es lo que Brueggemann ha estudiado y de lo cual ha escrito abundantemente.[7] Esa imaginación profética, registrada en el texto bíblico, es una inspiración para los educadores teológicos de hoy. ¿Cuáles son las implicaciones de la imaginación profética para la educación teológica evangélica en América Latina? Esta es la pregunta que busca responder el presente capítulo.

El capítulo estudiará primero la imaginación profética, tratando de entender qué es y cómo se expresa en el texto bíblico. El desarrollo de esta idea se hará a partir de lo que Walter Brueggemann ha dicho. Un aporte de la presente obra es la forma en que se describe la imaginación profética con tres componentes (lo subversivo, lo utópico y lo comunicante). Luego se hará un breve estudio de la aplicación de la voz profética a los dos pecados más señalados en el Antiguo Testamento: la idolatría y la injusticia. Aunque Brueggemann no trata estos dos temas en la misma forma en que serán tratados en la presente obra, será de ayuda su concepto de imaginación profética, el cual subyace en el enfoque que esta obra le hace a estos dos temas. Además, también estos temas han sido objeto de estudio, tanto por Brueggemann mismo como por otros autores.[8] Con todo, el aporte principal del presente capítulo estará por el lado de las implicaciones para

6. Los escritos de Walter Brueggemann son numerosos. Hay libros, ensayos, artículos, entrevistas, etc. Aquí se tomarán en cuenta principalmente aquellos que tratan los temas de profetismo, voz profética, denuncia profética e imaginación profética. Especial atención recibirán los escritos que hacen la relación entre estos temas y la educación religiosa en general y la educación teológica en particular. Ver la bibliografía al final de la obra.

7. Especial atención merecen aquellos libros y artículos que subrayan el texto canónico del Antiguo Testamento y la imaginación profética en su forma. Ver, por ejemplo: *Hopeful Imagination: Prophetic Voices in Exile* (1986); *Texts under Negotiation: The Bible and Postmodern Imagination* (1993); *Texts that Linger, Words that Explode: Listening to Prophetic Voices* (2000); *David's Truth in Israel's Imagination and Memory* (2002); *An Introduction to the Old Testament: The Canon and Christian Imagination* (2003); «Holy Intrusion: The Power of Dreams in the Bible», *Christian Century* 122/13 (2005): 28-31.

8. Ver Walter Brueggemann, «Transforming Order into Justice», *Engage/Social Action* 1/11 (1973): 33-43; «Justice, The Earthly Form of God's Holiness», *Reformed World* 44 (1994): 13-27; *Israel's Praise: Doxology against Idolatry and Ideology* (1988); Carroll R., «Los profetas y la idolatría contemporánea» , *Kairós* 9 (1991); Haugen, Gary, *Buenas noticias acerca de la injusticia,* trad. Luis Alonso Vargas (2002); Páraic Réamon, ed. «Perspectives on Justice», *Reformed World* 44 (1994): 2-48.

la educación teológica, lo cual no ha sido parte de la enseñanza clásica del profetismo, al menos en los círculos de la educación teológica evangélica en América Latina.

## 2. La imaginación profética: Pautas a partir del pensamiento de Walter Brueggemann

Walter Brueggemann es un destacado profesor de Antiguo Testamento y escritor prolífico de comentarios bíblicos,[9] teología del Antiguo Testamento,[10] y otros temas como adoración[11] y predicación.[12] Aunque no se hará uso profuso de él, un tema de particular interés que Brueggemann aborda es, precisamente, el de educación.[13]

Sin embargo, el principal aporte de Brueggemann ha sido, precisamente el tema que da el título de esta sección, es decir, la imaginación profética.[14] La contribución de este autor con este tema a los estudios bíblicos y teológicos del Antiguo Testamento es particularmente relevante no solo por el tema en sí, sino por la originalidad del pensamiento del autor. Aquellos que estudian el Antiguo Testamento, cuando se encuentran con la expresión «imaginación profética» automáticamente hacen la conexión con Brueggemann.

Se reconoce, sin embargo, que no todas las ideas de Brueggemann serían aceptadas por la Iglesia evangélica latinoamericana, especialmente los temas como la formación del texto bíblico, la confiabilidad

9. *1 & 2 Kings* (2000); *Deuteronomy* (2001); *Genesis: A Commentary for Teaching and Preaching* (1982); *The Message of Psalms: A Theological Commentary* (1984); *First and Second Samuel* (1990); *To Build, To Plant: A Commentary on Jeremiah 26-52* (1991); *To Pluck Up, To Tear Down: A Commentary on Jeremiah 1-2* (1988); *Isaiah* (1998).

10. *Reverberations of Faith: A Theological Handbook of Old Testament Themes* (2002); *The Book that Breathes New Life: Scriptural Authority and Biblical Theology* (2005); *The Theology of the Book of Jeremiah* (2007); *Old Testament Theology: Essays on Structure, Theme and text* (1992); *Theology of the Old Testament: Testimony, Dispute, Advocacy* (1997).

11. *Worship in Ancient Israel: An Essential Guide* (2005); *Praying the Psalms: Engaging the Scriptures in the Life of the Spirit* (2007); *Inscribing the Text: Sermons and Prayers of Walter Brueggemann* (2004); *Israel's Praise: Doxology Against Idolatry and Ideology* (1988).

12. *Texts for Preaching: A Lectionary Commentary Based in* NRSV (1993-1995); *Cadences of Home: Preaching among Exiles* (1997); *The Word Militant: Preaching a Decentering Word* (2007); *The Threat of Life: Sermons on Pain, Power and Weakness* (1996); «Preaching as Reimagination», *Theology Today* 52 (1995): 313-329.

13. *The Creative Word: Canon as Model of Biblical Education* (1982); «The Bible and Mission: Some Interdisciplinary Implications for Teaching», *Missiology* 10 (1982): 397-412; «Passion and Perspective: Two Dimensions of Education in the Bible», *Theology Today* 42 (1985): 172-180; «Dreaming, Being Home, Finding Strangers and the Seminaries», *Mid-Stream* 26/1 (1987): 62-76.

14. Ver nota n.º 7 arriba.

de todos los datos históricos del Antiguo Testamento y el concepto de inspiración.[15]

En esta sección se tratará el concepto en sí de imaginación profética. Aquí se desarrollará el concepto en sus componentes subversivo, utópico y comunicante que describen su significado. Además, se verán sus alcances, así como algunas implicaciones para la educación teológica.

## 2.1. ¿Qué es imaginación profética?

Ya en la introducción de esta obra se adelantaba una breve descripción de lo que es la imaginación profética. Es necesario comenzar reconociendo el aporte singular, original y creativo de Walter Brueggemann en este sentido. Sin embargo, cuando el libro apareció por primera vez[16] ya los teólogos de la Liberación en América Latina hablaban de «voz profética» de la Iglesia, lo mismo que teólogos del movimiento ecuménico.[17] Rubem Alves ya había usado la expresión «imaginación» para referirse al mundo artístico subversivo y a los cambios culturales provenientes de ese mundo.[18] Con todo, es Walter Brueggemann quien acuñó el término con el significado que se explicará aquí de una manera más detallada.

A continuación se desarrollará el concepto de imaginación profética, destacando tres características o elementos que le dan forma y la definen: 1) el carácter subversivo, 2) el carácter utópico y 3) el carácter comunicante. Estos tres elementos servirán de base o de columna vertebral para entender qué es imaginación profética.

### 2.1.1. El carácter subversivo de la imaginación profética

El primer elemento que se quiere destacar es que la imaginación profética tiene un carácter subversivo por naturaleza. La imaginación profética siem-

---

15. Se reconoce la deuda con Daniel Carroll, quien conoce mejor a Brueggemann para llegar a esta conclusión. Ver nota al pie n.º 17 en «La ética social de los profetas y su relevancia para América Latina hoy: La fecundidad de la imaginación profética», *Kairós* 34 (2004): 15-16. Allí aparecen varias fuentes y autores que objetan estas y otras ideas de Brueggemann.

16. La primera edición del libro de Brueggemann que da el nombre a este concepto apareció en 1978, publicado por Fortress Press.

17. Es interesante notar que Brueggemann cita, al menos a dos autores latinoamericanos cuyas obras ya habían sido traducidas al inglés antes de la publicación de la primera edición de *Prophetic Imagination*. Se trata de José Porfirio Miranda, autor católico liberacionista y sus obras *Marx and the Bible: A Critique of the Philosophy of Oppression*, (1974) y *Being and the Messiah: The Message of St. John*, (1977), citado en las páginas 6, 87 y 89 de la segunda edición de *Prophetic Imagination*. El otro autor citado es Rubem A. Alves, protestante ecuménico y su obra *Tomorrow's Child: Imagination, Creativity and the Rebirth of Culture* (1972), citado en las páginas 18 y 40.

18. Alves, *Tomorrow's Child* citado en Brueggemann, *Prophetic Imagination* (2001): 18.

pre se concibe estando en contra del *statu quo*. Ese *statu quo* es nombrado por Brueggemann con la expresión «conciencia reinante»[19] e identificado como el Imperio egipcio durante el periodo de Moisés,[20] como la monarquía de Israel,[21] como los imperios durante el tiempo de los profetas escritores, pre- y postexílicos,[22] como el sistema religioso-político de Israel y el Imperio romano en tiempos de Jesús.[23] En el mundo contemporáneo el *statu quo* contra el cual se ve el carácter subversivo de la imaginación profética es la cultura moderna militarista, consumista, destructora del medio ambiente y, específicamente el Gobierno de Estados Unidos con sus políticas imperialistas.[24]

El carácter subversivo de la imaginación profética se manifiesta en que se opone y contradice lo que la conciencia reinante establece y dicta. La conciencia reinante ha creado una realidad en que todo está bajo su control y no hay nada que quede fuera de ese control. En palabras de Brueggemann, refiriéndose a la monarquía de Israel, «Salomón fue capaz de crear una situación en la cual todo ya había sido dado, en la que no se podían imaginar más futuros, porque todo ya estaba presente en mil formas».[25] La imaginación profética, entonces, se resiste a aceptar esa situación en que todo está ya dado y en que no hay lugar para soñar o para la esperanza. La esperanza es, en sí misma, subversiva porque rehúsa aceptar la lectura de la realidad que es la opinión de la mayoría (lo cual se hace con un gran riesgo político y existencial) y porque limita esa gran pretensión del presente, atreviéndose a anunciar que ese presente está bajo cuestionamiento profético.[26]

19. Se traduce al español de esta manera la expresión en inglés *«royal consciousness»* que usa repetidamente el autor.

20. Brueggemann, *Prophetic Imagination,* segunda edición (2001) particularmente el capítulo 1.

21. Ibíd., capítulo 2, pero especialmente ver Brueggemann, «The Social Significance of Solomon as «Patron of Wisdom», en J. G Gammie,. y L. G. Perdue, eds. *The Sage in Israel and the Ancient Near East* (1990): 117-132; Keith W. Whitelamb, «Israelite Kingship: The Royal Ideology and its Opponents», en Clements, R. E. ed. *The World of Ancient Israel: Sociological, Anthropological and Political Perspectives* (1989).

22. Ibíd., capítulos 3 y 4, pero especialmente ver Brueggemann, «At the Mercy of Babylon: A Subversive Rereading of the Empire», *Journal of Biblical Literature* 110 (1991): 63-92; *Hopeful Imagination: Prophetic Voices in Exile* (1986); «The Call to Resistance», *Other Side* 26 (1990): 44-46.

23. Ibíd., capítulo 6.

24. Ibíd., el autor hace constantes referencias y aplicaciones a este *statu quo* a lo largo del libro y en artículos como «The Third World of Evangelical Imagination», *Horizons in Biblical Theology* 8/2 (1986): 61-84; «Prophetic Ministry: A Sustainable Alternative Community», *Horizons in Biblical Theology* 11/1 (1989): 1-33.

25. Ibíd., 25.

26. Ibíd., 65. Un escrito donde Brueggemann presenta este carácter subversivo de la imaginación profética es «The Prophet as Destabilizing Presence», en *The Pastor as Prophet* Earl E. Shelp, y Ronald H. Sunderland eds. (1985): 49-77.

La práctica de la imaginación es una actividad subversiva no porque promueve actos concretos de abierta desobediencia (lo cual podría hacer), sino porque mantiene al presente en su estado provisional y rehúsa absolutizarlo. La práctica de una imaginación histórica mantiene la posibilidad de un futuro que no es una continuación del presente. Cada régimen totalitario tiene la intención de forzar el futuro para que se convierta simplemente en una incuestionable continuación del presente.[27]

Los profetas denunciaban la realidad no solo porque no daba lugar para soñar, sino también porque era destructiva y tenía sus víctimas. Lo más triste es que la gente apoyaba (no solo aceptaba) esta situación como normal o, en el peor de los casos, como ordenada por Dios. Esta situación se ha repetido una y otra vez a lo largo de la historia, sin aprender las lecciones. Por esto también se hace necesaria la imaginación profética en su carácter subversivo.

La misma conciencia reinante que hace posible implementar todas las cosas y cada cosa es la que intenta reducir la imaginación, porque la imaginación es un peligro.[28] Normalmente cuando se piensa en este carácter subversivo de la imaginación profética se traen a la mente los sistemas socio-políticos opresores del pasado y del presente. Es natural pensar así, porque ese fue el contexto en que los profetas expresaron su imaginación. Sin embargo, la imaginación profética no debe limitarse a actuar subversivamente en esos contextos, sino trascenderlos hasta incluir los sistemas religiosos y educacionales.[29] ¿Es posible que se haga presente esta imaginación profética en las iglesias y en las instituciones de educación teológica? ¿Cómo se expresaría? ¿Son los pastores y los profesores los nuevos profetas con esa imaginación subversiva? No es este el lugar para contestar concretamente estas preguntas. Algunos ya están haciendo el intento de contestarlas.[30] Más adelante en esta obra se estará lidiando con estas y

27. Ibíd., 137, citando a Rubem Alves, *Tomorrow's Child*.

28. Ibíd., 40.

29. Este es el enfoque del libro *Educating Clergy: Teaching Practices and Pastoral Imagination* Charles R. Foster, Lawrence A. Golemon y Barbara Wang Tolentino eds. (2006).

30. Además del libro anterior ver Neuger, Christie C. y Judith E. Sanderson, «Developing a Prophetic Imagination: A Course for Seminary Students», *Religious Education* 87/2 (1992): 269-282; Andrew M. Smith, «Prophets in the Pews: Testing Walter Brueggemann Thesis in *The Prophetic Imagination* in the Practice of the Ministry», (1999); Myrion B. Jr. Bloy, «Academic Values and Prophetic Discernment», *Christian Century* 93/33 (1976): 889-94; Juan Carlos Carrasco, «El rol profético de la educación», 15 de enero de 2009, <http://kairos.org.ar>; Daniel Carroll R., «Perspectives on Theological Education from the Old Testament», *Evangelical Review of Theology* 29/3 (1995): 228-239; Jean B. Dorlous, «Curriculum Development for Social Transformation», *Caribbean Journal of Evangelical Theology* 6 (2002): 64-72; Edward Farley, «Theology and Practice Outside the Clerical Paradigm», en *Practical Theology: The Emerging Field in Theology, Church and World* eds. Brownin, Don S., (1983): 21-41.

otras preguntas que irán surgiendo en el transcurso del desarrollo de la temática de la obra.

### 2.1.2. El carácter utópico de la imaginación profética

El segundo elemento a destacar de la imaginación profética es su carácter utópico. Con esto se quiere dar a entender que la imaginación profética es esa construcción de una nueva realidad que choca con el presente y visualiza algo completamente diferente, desafiante y esperanzador. Los profetas sueñan con un nuevo mundo e invitan a sus oyentes y lectores a soñar con ellos. En este sentido, la tarea del ministerio profético es alimentar y evocar una conciencia y una percepción que son alternativas a la conciencia y percepción de la cultura dominante de alrededor.[31] Por un lado, la imaginación profética es subversiva en el sentido que critica y cuestiona la conciencia reinante, pero por el otro lado, esa imaginación es utópica porque energiza personas y comunidades con la promesa de otro tiempo y otra situación hacia la cual la comunidad de fe puede moverse.[32] Ese es, precisamente, el papel que juega la utopía, es decir, servir como el estímulo que empuja o jala a las personas y comunidades hacia un futuro mejor, que, en este caso, Dios promete y seguramente proveerá.

Un ejemplo bíblico de esta imaginación utópica, que estudia Brueggemann, es Ezequiel 36:22-32. Este texto bíblico está lleno de ideas de novedad. Primero está la novedad del retorno a casa (vr. 24). Se trata de una «novedad del pasado» que los exiliados ya conocían, pero no podían imaginar de nuevo. Esto resalta un papel del profeta que recupera la historia del pueblo con imaginación utópica. «Solamente la memoria permite una posibilidad», dice Brueggemann.[33] Se trata de un retorno, sí, pero a un nuevo hogar.[34] Segundo está la novedad del nuevo pacto (vrs. 25-27). También esta novedad está basada en el pasado, en la memoria histórica del pueblo. Brueggemann expresa este aspecto de la función profética así:

> Ezequiel es un practicante imaginativo de las raíces de la tradición de Israel. Él no es un radical sin raíces que repentinamente aparece en la escena. No es rudo, sino un subversivo fresco e informado. Ezequiel 16, 20 y 23 muestra que él conocía bien las tradiciones de su pueblo. En realidad, él había pensado ya mucho sobre la tradición. Él conoce y afirma

31. Brueggemann, *Prophetic Imagination*: 3.
32. Ibíd.
33. Este es el título de la tercera sección de Walter Brueggemann, *Hopeful Imagination: Prophetic Voices in Exile* (1986): 89.
34. Ibíd., 90.

la tradición cuyas raíces están en las más antiguas fórmulas de fe, pero él relee la tradición a la luz de su propia situación incongruente.[35]

El pacto representa la tradición más importante de Israel, pero aquí se presenta como pacto nuevo, es decir, la novedad más inimaginable, pero posible. La imagen que Ezequiel ha pintado de Israel en su profecía es la de un pueblo desobediente, rebelde, impuro, idólatra, en fin, una imagen deplorable, pero aquí, por causa de la santidad y la obra de Dios, ese pueblo se presenta como todo lo contrario con un corazón nuevo, un espíritu nuevo, el mismo espíritu de Dios, en otras palabras, un pueblo limpio, santo y obediente.[36] ¿No es esto una utopía? ¿Podía imaginarse el pueblo en el exilio semejante futuro? El profeta sí lo imagina e invita al pueblo a imaginarlo también. Por último, en este pasaje también está la novedad de una nueva creación (vrs. 29-30).[37] La última imagen que los exilados tenían de la tierra era la devastación. El profeta ahora les presenta otra imagen que aquí se limita a la fertilidad de la tierra y a la provisión de alimento, pero que en otros textos incluye toda una nueva tierra, una nueva Jerusalén, una nueva sociedad (por ej. Isaías 65:17-25). El profeta visualiza (imagina) una realidad concreta que es completamente contraria a la realidad que están viviendo los exilados.[38]

Las realidades injustas, crueles, dolorosas y sufrientes del pueblo de Israel también se observan en periodos antes del exilio. Allí también los profetas visualizan nuevas realidades contrarias a las que se experimentaban en ese tiempo.[39] ¿No son estas imágenes también una utopía? ¿Podían imaginarse semejante realidad los exilados? El profeta sí sueña e invita al pueblo a soñar con él. ¿Es posible otro mundo? El profeta está seguro de que sí. Estas tres imágenes (nuevo hogar, nuevo pacto y nueva creación) eran impensables para el pueblo en el exilio, pero el profeta fue capaz de imaginarlas y transmitirlas. Así como este texto hay muchos otros que provienen de Jeremías (30:1-11; 18-22; 31:1-14; 24-40; 33:1-13; 14-16) o de Isaías (4:2-6; 11:1-16; 25:6-8; 35:1-10; 60:1-22) que contienen imágenes de un mundo otro, de una sociedad ideal, utópica, pero real. Jesús identificó estas imágenes con el Reino de Dios.

---

35. Ibíd., 59.
36. Ibíd., 75.
37. Ibíd., 73-76.
38. Walter Brueggemann, *Cadences of Home: Preaching Among Exiles* (1997): 22.
39. Un ejemplo de esto es presentado muy claramente en M. Daniel Carroll R., «La ética social de los profetas y su relevancia para América Latina hoy: La fecundidad de la imaginación profética», *Kairós* 34 (2004): 7-25; también ver del mismo autor «Reflecting on War and Utopia in the Book of Amos: The Relevance of a Literary Reading of the Prophetic Text for Central America», en *The Bible in Human Society: Essays in Honor of John Rogerson* M. Daniel Carroll R., D. J. A. Clines y P. R. Davies eds., *Journal for the Study of the Old Testament Supplement Series 200* (1995): 105-121.

Los profetas podían ver esa nueva realidad utópica, porque Dios se la revelaba. Los demás no podían verla hasta que fuera desvelada por los profetas. Aun así, el pueblo no podía creer que esa nueva realidad fuera en verdad posible. Hoy se debe seguir preguntando: ¿Es posible otro mundo? ¿Es posible otra realidad? ¿Es posible otra Iglesia? ¿Otra escuela? ¿Otra educación? ¿Otro ministerio? Ya Dios ha dicho que sí es posible y los profetas lo atestiguan. En medio de la mayor desesperanza, como fue el exilio para los israelitas, los profetas invadieron esa mentalidad fatalista y de desesperanza con el mensaje de esperanza y con la novedad de un nuevo mundo que sí es posible.[40] Esa misma tarea le corresponde hoy a quienes están más en contacto con la revelación de Dios (¿pastores, profesores de seminarios?). El mundo de hoy también está lleno de desesperanza y de fatalismo; de opresión y de injusticia; de violencia y de criminalidad; de religiosidad engañosa y de falsas utopías. Aquí es donde entra la necesidad y la importancia de una educación teológica profética.

### 2.1.3. El carácter comunicante de la imaginación profética

El tercer y último elemento de la imaginación profética que se tratará aquí es su carácter comunicante. Este elemento es muy importante, porque tiene que ver con las formas en que los profetas comunicaron su mensaje, tanto en el aspecto subversivo como en el utópico. El único recurso disponible para ver este mensaje profético y la imaginación con que se entregó es el texto de las Sagradas Escrituras. De manera que se hace indispensable ver ese texto, estudiarlo en sus diversas formas literarias para descubrir con qué ropaje literario los profetas vistieron su mensaje. A esto se le llama también imaginación profética. Es más, este aspecto es el que Brueggemann más explora en sus escritos. Buscar la imaginación en los textos literarios en general ha sido objeto de estudio en el pasado. Hay autores que analizan novelas, poemas, discursos y otras formas literarias con el fin de descubrir la imaginación de los literatos y la función de esos textos en la conciencia y vida de los lectores.[41] No es el objetivo de la presente obra

---

40. Brueggemann, *Prophetic Imagination*: 63-67.

41. Un resumen excelente de este acercamiento a la imaginación literaria se encuentra en M. Daniel Carroll R., «La ética social de los profetas y su relevancia para América Latina hoy: La fecundidad de la imaginación profética», *Kairós* 34 (2004): 14-15. En ese artículo el autor hace referencia a los autores más importantes que han abordado este tema, desde una perspectiva más secular: Marta C. Nussbaum, *Poetic Justice: The Literary Imagination and Public Life* (1995); Wayne C. Booth, *The Company We Keep: An Ethics of Fiction* (1988); Robert Coles, *The Call of Stories: Teaching and the Moral Imagination* (1989): 324-373; Paul Ricoeur, *From Text to Action*, tomo 2 de *Essays in Hermeneutics* (1992): 168-187.

estudiar este acercamiento, sino concentrarse en el texto profético de la Biblia y su imaginación comunicante.

Los profetas hicieron amplio y fecundo uso de una variedad de recursos retóricos y literarios para comunicar su mensaje al pueblo de Israel de aquel entonces. La imaginación profética se puede observar precisamente en esos recursos retóricos y literarios. El texto bíblico canónico, tal como se conoce y usa por la Iglesia cristiana hoy, es el registro de ese mensaje profético con toda la imaginación literaria allí contenida. De ahí surge la idea de que los cristianos hoy deben estudiar y aprender de esos textos proféticos para ser alimentados en su esperanza también como los antiguos israelitas.[42] Tampoco es el propósito de esta obra estudiar y analizar a fondo cada forma literaria en que se expresó el mensaje profético. Lo que se pretende es resaltar el carácter comunicante de la imaginación profética a través de la retórica y las formas literarias registradas en el texto canónico de las Sagradas Escrituras.

Una de las formas más extrañas, pero efectivas de expresar la imaginación profética es el lamento. A través del lamento el profeta hace público el dolor del pueblo que sufre. El profeta que más usa el lamento es Jeremías. Este profeta se duele del dolor de Judá porque él sabe que el fin está próximo, lo cual no ven los demás, ni la conciencia reinante ni el pueblo. Jeremías sí lo ve y se lamenta y hace público ese lamento para que sea visible. La comunidad misma se niega a ver esa realidad de dolor y se autoengaña, pensando que todo está bien, tal como lo dice la conciencia reinante.[43] Un ejemplo en que se expresa el dolor y la esperanza que surge del dolor es Jeremías 30:12-17. De una manera poéticamente bella Jeremías describe el dolor del pueblo (vrs. 12-15) en forma por demás dramática. El lamento parece interminable y desesperanzador. Cuando el pueblo experimenta esa realidad es natural identificarse con las palabras de este poema de lamento y dolor. Esa es la creatividad y la imaginación del profeta. Estos versículos se llamarían «la época del dolor, del lamento».[44] Sin embargo, en los vrs. 16 y 17 hay un cambio radical, una novedad. Se trata del mismo poema de lamento, pero el profeta extrae esperanza y novedad a partir del dolor.[45] La imaginación profética se hace evidente en esta pieza poética que, seguramente sirvió de ánimo, consuelo y esperanza para el pueblo.

---

42. Un libro de Walter Brueggemann que subraya este aspecto es *The Creative Word: Canon as a Model for Biblical Education* (1982).

43. Brueggemann, *Prophetic Imagination*, 47.

44. Así titula Brueggemann la sección de este pasaje en el libro ya citado arriba, *Hopeful Imagination*: 33-34.

45. La siguiente sección en el libro se titula, precisamente «novedad a partir del dolor», Ibíd., 35-41.

Otra forma creativa en que los profetas expresan su imaginación es la doxología o cántico de adoración. Las doxologías son la contraparte del lamento y, normalmente, son cánticos expresados públicamente después de grandiosas victorias atribuidas a Dios (Éxodo 15:1-18, 21).[46] Brueggemann destaca las doxologías de los profetas que son desafiantes, porque se oponen a los reyes y poderosos de este mundo y exaltan al Dios de Israel.[47] Particular importancia tienen las doxologías en el libro de Isaías. Sobresalen las doxologías en Isaías 40:28-31 que se dan en el contexto de un más extenso poema en que se describe a Dios por encima de los reyes y gobernantes de este mundo. Los dioses paganos son ridiculizados en otra doxología desafiante de Isaías (41:21-29). En fin, las doxologías de los profetas también imaginan otro mundo en donde Dios es el supremo, no los reyes de este mundo ni sus dioses. Hay un carácter comunicante muy fuerte en las doxologías, porque inspiran al pueblo y lo estimulan a no dejarse llevar por las realidades efímeras de este mundo y del presente.[48]

Hay muchas otras formas literarias que fueron usadas por los profetas como vehículos para transportar su mensaje: narrativa, poesía en general, símbolos, metáforas, etc. Más importante que describir y analizar esas formas de expresión de la imaginación profética la presente obra busca la relación entre esas formas, es decir, el texto mismo del mensaje profético en el Antiguo Testamento y el lector, intérprete, pastor, profesor contemporáneo. ¿Cómo se debería usar el texto bíblico hoy para comunicar ese mensaje de los profetas con la misma intensidad y creatividad de su imaginación profética?

Se usarán dos modelos, uno de Brueggemann y otro de Daniel Carroll R. El primero viene de la situación histórica del pueblo de Israel que en la Biblia se describe como «el exilio». Se ha escogido este ejemplo porque ilustra bien las situaciones similares que el pueblo de Dios ha vivido a lo largo de su historia y también porque Brueggemann desarrolla esta metáfora de una manera muy clara y con principios aplicables a cualquier situación, como efectivamente él mismo hace, lo cual se verá más adelante. Brueggemann estudia bastante ese periodo, lo que los profetas hicieron y dijeron, como ya se ha observado arriba en esta misma sección.[49] Sin embargo, lo que interesa aquí es cómo Brueggemann sugiere que se use ese concepto para el ministerio de la Iglesia hoy, ya sea en la predicación, la enseñanza u otros ministerios. Él dice que el exilio puede servir como una

---

46. Brueggemann, *Cadences of Home: Preaching Among Exiles,* 20.
47. Ibíd., 20-21.
48. Ibíd.
49. Ver notas 32 y 37 donde se hace referencia a libros de Brueggemann que específicamente estudian la voz profética en y desde el exilio para los exiliados.

metáfora para la Iglesia en Estados Unidos hoy. Lo que él dice es también aplicable a otras partes del mundo. Él dice lo siguiente:

> Yo he propuesto en otro lugar que la experiencia y la reflexión sobre el exilio que viene del Antiguo Testamento es una *metáfora* (énfasis del autor) útil para entender nuestra actual situación de fe en la Iglesia de Estados Unidos de América y un *modelo* (énfasis del autor) para ponderar nuevas formas de eclesiología.[50] La utilidad de una metáfora para releer nuestro contexto no está en que se establece una correspondencia exacta como si la metáfora del exilio realmente describiera nuestra situación. Por el contrario, una metáfora porque tiene solamente una extraña, cómica o desacomodada correspondencia con su realidad, cuyo propósito es iluminar y evocar dimensiones de la realidad que no serían notadas y, por tanto, tampoco experimentadas.[51]

Lo que Brueggemann está tratando de decir es que la metáfora del exilio es útil para describir la situación de la Iglesia hoy para orientarla en su quehacer ministerial, que es profético en última instancia. Es obvio que la comparación entre el exilio judío descrito en el Antiguo Testamento y la situación actual de la Iglesia en Estados Unidos no es geográfica. La Iglesia norteamericana no está «deportada» de su lugar de origen. El exilio, entonces, debe entenderse en otros sentidos. Brueggemann sugiere dos niveles de «exilio» de la Iglesia norteamericana. El primer nivel es la dimensión evangélica. Esto significa que los cristianos serios y reflexivos se ven a sí mismos cada vez más extraños y ajenos de los valores dominantes del capitalismo consumista y del patriotismo militar que lo respalda.[52] «Los cristianos reflexivos son cada vez más "extranjeros residentes"».[53] Ante esta situación el autor propone que los predicadores, pastores y educadores tomen muy en cuenta esta realidad en que vive la Iglesia, en la cual la fe es marginada o incluso, objeto de burla.[54] El segundo nivel de la metáfora del exilio es la dimensión cultural. Esta consiste en que los cristianos varones, blancos, occidentales, quienes representan la base y valores de la «cultura estadounidense» observan cómo esa cultura está cambiando y amenaza la hegemonía que antes se tenía. Estas personas se sienten extranjeras en la nueva cultura.[55] Estas dos dimensiones del exilio lucen muy diferentes

---

50. Walter Brueggemann, «Disciplines of Readiness», *Occasional Paper No. 1* Theology and Worship Unit, Presbyterian Church (EE. UU.), (1989); y «Rethinking Church Models Through Scripture», *Theology Today* 48 (1991): 128-138.

51. Walter Brueggemann, *The Word Militant: Preaching a Decentering Word* (2007): 132.

52. Ibíd., 133.

53. Ibíd. Ver también Stanley Hauerwas y William H. Willimon, *Resident Aliens: A Provocative Christian Assessment of Culture and Ministry for People Who Know that Something is Wrong* (1989).

54. Ibíd.

55. Ibíd., 133-134.

entre sí. De hecho, parece que el «exilio cristiano» y el «exilio estadounidense» son opuestos y ya no se puede hablar de un cristianismo cultural estadounidense.

El exilio es, entonces, una poderosa y útil metáfora para orientar y motivar a la Iglesia a su función profética. Brueggemann da unas ideas que vienen del texto bíblico que sirven para identificar la realidad y los sentimientos de los exilados judíos con los de la Iglesia hoy. Él enumera seis características del exilio judío que deberían manifestarse o evitarse hoy: 1) las comunidades cristianas hoy deberían expresar una tristeza honesta y sentirse doloridas por las pérdidas que están experimentando.[56] 2) Los cristianos serios y reflexivos hoy se sienten olvidados y abandonados, como si hubieran perdido sus raíces. Ese sentimiento es típico del exilio.[57] 3) Los exilados experimentan el poder de la desesperanza. Ellos dudan de la fidelidad y del poder de Dios.[58] 4) El exilio es una experiencia de ausencia de Dios tanto a nivel personal como a nivel público e institucional.[59] 5) El exilio es una experiencia de incongruencia moral. Por un lado está la persona del Dios bueno y santo y por el otro los males de este mundo.[60] 6) El exilio puede guiar a centrarse en uno mismo y olvidarse de los demás.[61] Todas estas características pueden y deben abordarse desde las Escrituras, particularmente desde los textos proféticos que provienen del exilio. De esto se trata, precisamente, la función profética del texto y de aquellos que lo comunican hoy en iglesias, en seminarios, en estudios bíblicos y en cualquier otra situación de ministerio. ¡Vaya metáfora tan rica es el exilio!

El segundo modelo del uso del texto con imaginación profética viene de Daniel Carroll R. y se basa en el libro de Amós. Este segundo modelo es muy diferente del primero. Sin embargo, Carroll se basa en Brueggemann tanto para las ideas del texto como para la contextualización del mismo. Se usará como base el artículo ya citado anteriormente.[62] En este artículo el autor describe la imaginación del profeta en el pasaje de Amós 9:11-15, que es un texto de esperanza al final de un mensaje de juicio y destrucción. La imaginación profética se ve en que el autor revierte de

56. Ibíd., 134.
57. Ibíd., 136.
58. Ibíd., 137-138.
59. Ibíd., 139.
60. Ibíd., 141.
61. Ibíd., 142-143.
62. Daniel Carroll, «La ética social de los profetas y su relevancia para América Latina hoy: La fecundidad de la imaginación profética», especialmente la sección titulada «Técnicas para llevar al lector al mundo textual» (páginas 21-25), la cual a su vez está basada en M. Daniel Carroll R., *Contexts for Amos: Prophetic Poetics in Latin American Perspective* en *Journal of Study of the Old Testament Supplement Series 132* (1992): 279-289. También ver George Reyes, «Lectura poética y teológica de Amós 9: 11-15: Restauración total», *Kairós* 18 (1996): 59-74.

manera poética todo ese mensaje negativo y lo convierte en uno positivo. Se trata de una contraimaginación que presenta el futuro como algo totalmente nuevo, pero real y concreto.[63] Lo que se quiere señalar aquí es cómo usar ese texto y todo el libro de Amós para el lector-intérprete contemporáneo. Otros autores han señalado también el valor del texto y de su lenguaje figurado como medio de comunicación para el presente.[64] Carroll afirma el carácter autoritativo del texto bíblico para la comunidad evangélica de América Latina[65] y, a partir de allí, presenta tres formas en que el texto funciona para hoy. Primero describe el texto con la figura de un espejo, es decir, el texto refleja una imagen que se puede reconocer en la actualidad y con la cual se puede identificar la comunidad cristiana del presente. El texto funciona como uno que provee identidad, ya que el pueblo de Dios se reconoce allí. Carroll señala especialmente la correspondencia entre la situación religiosa de Israel en tiempos de Amós con la de la Iglesia evangélica latinoamericana hoy, lanzando preguntas agudas, perspicaces e incómodas.[66] La segunda forma en que el texto funciona hoy es interpelando al lector actual. «El lector no solo se ve en el texto; también es interpelado por él».[67] Esto se ve en los imperativos que contiene el texto de Amós.

> Por ejemplo, el llamado «oíd» (3:1; 5:1) es un reto para que el pueblo de Dios ponga atención a la denuncia profética y responda a sus acusaciones. ¿Será que ese pueblo en América Latina es culpable de los mismos pecados y rebeldía del Israel del octavo siglo a. C.? Nótese también la importancia de diferenciar entre los varios imperativos; algunos se dirigen a toda la comunidad, pero otros van hacia unos grupos específicos. Dos casos son el «oíd» de 4:1 y el «ay» de 6:1, que inician críticas contra quienes están en posiciones de poder y que son los más responsables por la condición de la nación y su destino. Esa carga del liderazgo sigue vigente hoy. Los lectores actuales, entonces, tienen que leer el texto con discernimiento y así aprender cómo recibir apropiadamente sus oráculos.[68]

La tercera forma en que el texto funciona es la imprecisión con la cual identifica a los personajes dentro del libro.[69] Esta imprecisión ayuda a identificar los personajes dentro del libro con personajes reales del mundo contemporáneo que todo mundo podría reconocer. Por ejemplo, los adinerados poderosos y opresores podrían identificarse con los terratenien-

63. Carroll, «La ética social…: La fecundidad de la imaginación profética», 21.

64. Ver Pedro Jaramillo Rivas, *La injusticia y la opresión en el lenguaje figurado de los profetas* (1992).

65. Ibíd.

66. Ibíd., 22.

67. Ibíd.

68. Ibíd., 22-23.

69. Ibíd., 23.

tes conocidos como la «pequeña burguesía agroexportadora» de los países latinoamericanos. Los pobres oprimidos se podrían identificar con los campesinos, mayormente indígenas que laboran en las fincas de los otros. Los líderes corruptos podrían identificarse con los funcionarios gubernamentales locales, regionales o nacionales o con la clase política de manera más general.[70]

Al describir la imaginación profética a partir de las ideas de Walter Brueggemann y otros autores se han subrayado tres elementos: 1) el carácter subversivo de esa imaginación que desafía el *statu quo* o conciencia reinante; 2) su carácter utópico, que vislumbra un mundo nuevo de maneras sorprendentes; y 3) su carácter comunicante que entrelaza el mundo del texto bíblico con el de hoy de maneras por demás creativas. Con esta descripción se ha querido mostrar cuán útil es la imaginación profética para el ministerio estratégico de la educación teológica. En seguida se hará una breve presentación de los alcances de la imaginación profética para el mundo hoy. Ya algo de eso ha aparecido en la sección anterior, pero en la siguiente se verá hasta dónde puede llegar esa imaginación en el mundo de la Iglesia latinoamericana del presente.

## 2.2. Alcances de la imaginación profética

Para el evangélico latinoamericano resulta natural pensar en los alcances de cualquier tema o pasaje bíblico, principalmente en términos de aplicación para el presente. El acercamiento que se utiliza en la presente obra se enfoca en dos elementos: 1) la búsqueda de paralelos contextuales a fin de establecer un diálogo entre el contexto bíblico y el actual y 2) la búsqueda de principios y valores fundamentales, absolutos y normativos que se apliquen a toda situación.

Como ya se ha podido observar en la descripción de lo que es la imaginación profética en la sección anterior, esta se extiende más allá del tiempo en que se expresó por boca de los profetas para llegar hasta el tiempo presente.[71] También se observa que la imaginación profética se extiende más allá de Israel mismo para incluir a todo el pueblo de Dios, es decir, la Iglesia en el presente.[72] La extensión de la imaginación profética también alcanza más allá del ministerio de la predicación propiamente dicho. Se

---

70. Ibíd.

71. Ese es el argumento principal de Brueggemann en la mayoría de sus escritos, especialmente aquellos que se dirigen a orientar a los predicadores y maestros en su diario ministerio o a contextualizar el mensaje profético para el mundo contemporáneo. Ver *Deep Memory, Exuberant Hope: Contested Truth in a Post-Christian World* (2000); *Texts Under Negotiation: The Bible and Postmodern Imagination* (1993).

72. Brueggeman, «Rethinking Church Models Through Scriptures».

podría pensar que los profetas son predicadores solamente, pero son más que eso. Ellos son maestros, son poetas, narradores, literatos. Hoy se les podría colocar incluso en el mundo de los medios de comunicación.

Para el cristiano de hoy, especialmente el cristiano evangélico de América Latina es relativamente fácil entender el primer alcance, es decir, el que va desde el tiempo antiguotestamentario hasta el presente. Esto se debe al alto concepto que se tiene de la autoridad de las Escrituras, así como de la inspiración divina de sus autores. Esta es una de las características distintivas que define a los evangé.licos de América Latina.[73] Lo novedoso en este alcance no es tanto que se reconoce la autoridad de la Biblia solamente, sino que se le da al texto bíblico el carácter de «texto de identidad».[74] Es más, la imaginación profética alcanza para definir y dar identidad a todos los pueblos de Dios a través de la historia.

De manera más concreta la imaginación profética alcanza para definir a la Iglesia evangélica de América Latina hoy. Parece que a este pueblo particular de Dios le es más fácil identificarse con la realidad del pueblo de Israel descrita, por ejemplo, en Amós, porque esa realidad se parece mucho a la de América Latina. Por tanto, la imaginación profética parece ser más pertinente hoy a este pueblo de Dios que a cualquier otro pueblo,[75] exceptuando África y algunas partes de Asia. A la Iglesia occidental histórica (europea o norteamericana) le es más difícil identificarse con el texto, porque no vive la misma situación social, económica o política. De manera que un alcance de la imaginación profética tiene que ver con la identidad del pueblo de Dios en América Latina hoy.

El tercer alcance de la imaginación profética tiene que ver con aspectos ministeriales. Los aspectos anteriores sirven como base para lo que es más importante en los alcances de la imaginación profética. Al fin y al cabo, el texto bíblico tiene que servir para el quehacer ministerial de la Iglesia. Tradicionalmente se ha entendido el ministerio cristiano casi solamente en términos de actividades religiosas, relacionadas con las iglesias locales o con las estructuras denominacionales. De esa cuenta, el ministerio cristiano se limita a la predicación, la enseñanza (usualmente dentro de la Iglesia local, dirigida a niños, adolescentes, jóvenes y adultos), la alaban-

73. Ver John R. W. Stott, *La verdad de los evangélicos* (2000). Especial atención merece el libro publicado por la Fraternidad Teológica Latinoamericana como resultado de su primera consulta teológica, celebrada en Cochabamba, Bolivia en 1970: ed. Pedro Savage, *El debate contemporáneo sobre la Biblia* (1972).
74. Así lo describe Daniel Carroll R. en el artículo ya citado anteriormente, Carroll, «La ética social…: La fecundidad de la imaginación profética»: 22.
75. Un artículo que ayuda a entender este asunto es Carroll R., «La ética social de los profetas y su relevancia para América Latina hoy: El aporte del estudio del trasfondo», *Kairós* 33 (2003): 7-28.

za, el evangelismo, las «misiones»,[76] la consejería y otros más que han ido surgiendo con los años. Es verdad que el ministerio cristiano, tal como se describe aquí, se ha ido diversificando y ampliando con el correr del tiempo. Sin embargo, sigue centrado y concentrado, mayormente en el aspecto religioso.

Cuando se habla del fenomenal crecimiento de la Iglesia evangélica en América Latina, en realidad se está pensando en el crecimiento de las actividades religiosas evangélicas. Hay más templos; hay más «cultos»; hay más conciertos cristianos; hay más personas asistiendo a estas actividades religiosas; en fin, hay más ministerios. Lamentablemente, se puede decir que el crecimiento de la Iglesia evangélica en América Latina no es lo mismo que el crecimiento del Reino de Dios, es decir, de los valores divinos que proclamaban los profetas con su imaginación.

Por tanto, la imaginación profética expande tremendamente ese concepto limitado de ministerio cristiano. La imaginación profética estira la mente, el corazón y las manos de los cristianos para extenderse más allá de los linderos de las actividades religiosas tradicionales. La imaginación profética impele al cristiano y a la Iglesia a proyectarse socialmente a todas las áreas de la vida y actividad humanas.[77] Los profetas, cuando denunciaban el mal, lo hacían no solamente pensando en los pecados religiosos (idolatría), sino en los pecados sociales también (injusticia). Los pecados sociales incluían asuntos relacionados con la economía, la ley y el sistema judicial, el gobierno y la política nacional y otros asuntos de la vida cotidiana de los israelitas.[78] De la misma manera, cuando los profetas llamaban al arrepentimiento para que el pueblo se volviera a Dios, ellos debían arrepentirse de todos los pecados, no solamente de los religiosos, sino de

76. Se usa la expresión «misiones» para identificar los esfuerzos evangelísticos y de otra índole que las iglesias locales y las denominaciones hacen para llegar a lugares y culturas distantes. Sería más apropiado usar la palabra en singular, «misión», como hacen muchos.

77. Varios autores y escritos abordan esta temática en relación directa con el mensaje profético. Ver, entre otros, Rubem Alves, *De la Iglesia y la sociedad* (1971); ídem, *Tomorrow's Child: Imagination, Creativity and the Rebirth of Culture* (1972); Ricardo Antoncich, *Christian in the Face of Injustice: A Latin American Reading of the Catholic Social Doctrine* (1987); Robert McAfee Brown, *Speaking of Christianity: Practical Compassion, Social Justice and Other Wonders* (1997); Brueggemann, «The Third World of Evangelical Imagination», *Horizons in Biblical Theology* 8/2 (1986): 61-84; ídem., *Using God's Resources Wisely: Isaiah and Urban Possibility* (1993); CELAM, *Fe cristiana y compromiso social* (2002); José Comblin y Jon Sobrino, *Cambio social y pensamiento cristiano en América Latina* (1993).

78. Aplicando esto al mundo de hoy ver un libro que presenta el tema de la injusticia desde una perspectiva legal, bíblica e internacional, el cual es Gary Haugen, *Buenas noticias acerca de la injusticia* (2002). Aquí el autor relata casos dramáticos en que la fe cristiana debe demostrarse en situaciones donde la justicia está ausente. Varios de los casos se relacionan con la guerra tribal en Ruanda en los años 90 del siglo pasado.

los sociales; no solamente de los pecados individuales, sino también de los comunitarios y estructurales.

Igualmente, cuando los profetas describían el futuro, la nueva sociedad utópica, lo hacían en todas las áreas de la vida y actividad del pueblo, tanto en perspectiva individual como comunitaria. Ese futuro se vislumbraba con todo su esplendor y en todos los aspectos de la realidad.[79] Lo inimaginable a la mente humana normal, (en este caso la mente del israelita promedio) se hace imaginable en la mente del profeta. De manera que los alcances de la imaginación profética desafían la imaginación de la Iglesia hoy.

## 2.3. Implicaciones para la educación teológica

El mensaje profético del Antiguo Testamento ha sido descrito en esta sección con la expresión acuñada por Walter Brueggemann «imaginación profética». Se ha visto qué es la imaginación profética, donde se la presenta con tres elementos que la describen: 1) su carácter subversivo, 2) su carácter utópico y 3) su carácter comunicante. En seguida se presentaron los alcances de esa imaginación profética, los cuales van desde tiempos antiguotestamentarios hasta el presente; desde el pueblo de Israel hasta la Iglesia evangélica latinoamericana; y desde los aspectos puramente religiosos del pueblo hasta todas las esferas de la vida y actividad de la sociedad.

Habiendo hecho este pequeño resumen de la sección se procederá a reflexionar sobre las implicaciones que todos y cada uno de estos elementos tienen para la educación teológica evangélica en América Latina. Aunque algo se ha escrito a este respecto,[80] la verdad es que representa muy poco en relación con el vasto material que hay sobre profetismo, voz profética

---

79. Brueggemann expresa esta imaginación profética del futuro que abarca todas las esferas de la vida en una manera poética, analizando, precisamente la poesía de los profetas que no es religiosa, sino abarcadora de toda la realidad. Ver *Hopeful Imagination*: 107.

80. Ver Brueggemann, «The Bible and Mission: Some Interdisciplinary Implications for Teaching», *Missiology* 10 (1982): 397-412; ídem, «Passion and Perspective: Two Dimensions of Education in the Bible», *Theology Today* 42 (1985): 172-180; ídem, «Dreaming, Being Home, Finding Strangers and the Seminaries», *Mid-Stream* 26/1 (1987): 62-76; ídem, «Theological Education: Healing the Blind Beggar», *Christian Century* 103/5 (1986): 114-116; ídem, «A Response to Rickie Moore's "The Prophet as a Mentor"», *Journal of Pentecostal Theology* 15/2 (2007): 173-175; Juan Carlos Carrasco, «El rol profético de la educación» <http://kairos.org.ar> s.f. 5 de enero de 2009; Daniel Carroll R., «Lecturas populares de la Biblia: Su significado y reto para la educación teológica», *Kairós* 14 y 15 (1994): 43-61; ídem, «Perspectives on Theological Education from the Old Testament», *Evangelical Review of Theology* 29/3 (1995): 228-239; Rickie D. Moore, «The Prophet as a Mentor: A Crucial Facet of the Biblical Presentation of Moses, Elijah and Isaiah», *Journal of Pentecostal Theology* 15/2 (2007): 155-172.

o incluso imaginación profética. El aporte más significativo de la presente obra es, precisamente, proponer que la educación teológica sí tiene una función profética, entendida esta en los términos en que se ha descrito arriba.[81]

¿Cómo afecta a la educación teológica evangélica en América Latina el carácter subversivo de la imaginación profética? ¿Qué subvertía el mensaje profético del Antiguo Testamento? Ya se vio que el mensaje profético estaba en contra del *statu quo* o, en palabras de Brueggemann, en contra de la «conciencia reinante». Esta subversión no consistía simplemente en una rebeldía inconsciente, ciega o ingenua, como muchas veces sucede hoy. Se trataba, más bien de una interpretación teológica de la realidad.[82] Ahora bien, ¿Qué significa esto para la educación teológica evangélica en América Latina? Los evangélicos latinoamericanos han sido formados en una tradición protestante pietista que enseña la sumisión irreflexiva, acrítica e ingenua a las autoridades que representan el *statu quo* («conciencia reinante»). El texto bíblico, particularmente el de los profetas, no parece enseñar eso. Con todo, no debe entenderse la subversión que caracteriza a la imaginación profética como una mera promoción de rechazo al sistema, o de revueltas, revoluciones o conspiraciones en contra del sistema. Nada de eso. Más bien se trata de una imaginación que trastorna el sistema por las agudas palabras del profeta y que produce un cambio de cosmovisión, es decir, el pueblo de Dios, adquiere otra mentalidad, otra manera de ver la realidad presente y otra manera de ver el futuro.[83] Es en este sentido que el carácter subversivo de la imaginación profética más impacta a la educación teológica.

81. Una nota aclaratoria se hace necesaria aquí. En la nota anterior se mencionan varios escritos de Brueggemann que tienen relación directa con la educación, incluso con la educación teológica. Sin embargo, casi no se usan esos escritos en las implicaciones que siguen a continuación. ¿Por qué? Es verdad que Brueggemann escribe sobre este tema, aun con el concepto de implicaciones, por ej. «The Bible and Mission: Some Interdisciplinary Implications for Teaching», pero las implicaciones allí sugeridas tienen que ver más con elementos filosóficos, ideológicos y metodológicos de acercamiento al texto bíblico. Él propone cuatro presuposiciones: 1) diversidad de acercamientos al texto que rechace el reduccionismo teológico; 2) articulación de modelos de relación entre fe y cultura; 3) crítica sociológica que ve el texto con ojos de las relaciones sociales intrínsecas y 4) crítica literaria que ve el lenguaje vinculado a la crítica social y sirviendo a los modelos sociales, páginas 397-399. Aunque son implicaciones para la educación teológica, estas son de otra índole un tanto diferente a las que se ofrecen en esta obra. Además, en materia más concreta, las sugerencias de Brueggemann van dirigidas a asuntos ya conocidos y explorados en América Latina. Ver *The Prophetic Imagination*, la última sección, páginas 121-125.

82. Ver Carroll, «La ética social de los profetas…: El aporte del estudio del trasfondo», páginas 16-17. Aquí el autor argumenta muy claramente que la denuncia profética era teológica y que así debería ser hoy también. Ver además, Brueggemann, *Hopeful Imagination*: 5.

83. Brueggemann, *Prophetic Imagination*: 137.

Los educadores teológicos evangélicos, cuya tarea principal es enseñar la Biblia, están acostumbrados a transmitir los datos del texto bíblico, los argumentos de cada libro de la Biblia, la historia del texto, la exégesis del texto y otros asuntos relacionados con la así llamada «erudición bíblica» o las ciencias bíblicas. Todo eso está bien y debe seguir haciéndose. Es más, eso es lo que se requiere de los profesores en los seminarios de prestigio académico.[84] El resultado de esto es que la enseñanza académica de la Biblia en los seminarios se queda en un plano distante. Parece que los estudios objetivos, científicos, literarios de los profetas más bien alejan a los profesores y a los estudiantes de esa realidad apasionante y desafiante del texto mismo y de la forma en que los profetas hablaron. No se ve para nada, o se ve muy poco, ese carácter subversivo que emana del texto bíblico de los profetas.

Los educadores teológicos deberían ser los mejores exponentes y representantes de esa imaginación profética.[85] Los profesores que enseñan la Biblia en los seminarios evangélicos de América Latina deben adquirir, al menos, algo de ese carácter subversivo de imaginación profética e incorporarlo en el diseño de sus cursos y en la exposición de los temas. Estos profesores deberían ser los que mejor entienden las realidades del tiempo de los profetas y del tiempo actual, interpretándolas teológicamente para descubrir y señalar «subversivamente» los males y contradicciones del sistema establecido (*statu quo* o conciencia reinante).[86] La tarea de estos docentes no es, sin embargo, simplemente promover un diálogo entre la realidad del contexto bíblico con la realidad actual, sino que va más allá. Se trata de buscar pautas de acción basadas en principios universales, abstractos y eternos para después aplicarlos a la situación actual.

Además de las implicaciones que el carácter subversivo de la imaginación profética provoca para la educación teológica evangélica en América Latina, también hay que considerar las implicaciones del carácter utópico de esa imaginación. ¿Cómo afecta el carácter utópico de la

84. Se puede hacer un estudio y una peregrinación por los prospectos generales de las instituciones de educación teológica y revisar las descripciones de las materias de Biblia y uno encontrará, precisamente, estos temas como parte de lo que se debe enseñar. Ver *Prospecto General 2009-2010* de seteca (2009).

85. Un buen intento de incorporar la imaginación profética dentro de un curso de seminario, aunque no de Biblia, sino de ministerio, es Christine C. Neuger y Judith E. Sanderson, «Developing a Prophetic Imagination: A Course for Seminary Students», *Religious Education* 87/2 (1992): 269-282. El intento de incorporar la imaginación profética al ministerio más ampliamente se puede observar en Andrew McAuley Smtih, «Prophets in the Pews: Testing Walter Brueggemann Thesis in *The Prophetic Imagination* in the Practice of Ministry» (1999).

86. Ver Brueggemann sobre este carácter subversivo de la imaginación profética aplicado al ministerio de la predicación, «Truth-Telling, as Subversive Obedience», *Journal for Preachers* 20/2 (1997): 2-9.

imaginación profética a la educación teológica en América Latina? Este aspecto de la imaginación profética, como el anterior, está ausente en la educación teológica evangélica. Es posible encontrar algunos destellos del futuro en las clases. Quizá haya un ideal de cómo debería ser, por ejemplo, el ministerio educativo de la Iglesia local. Es muy probable que los profesores de Ministerio vislumbren un futuro idealizado del ministerio eclesiástico y lo transmitan con claridad y pasión a sus estudiantes. Un área donde esto se observa es en la predicación, o más acertadamente, la comunicación cristiana. Los comunicadores cristianos y los que enseñan comunicación en los seminarios sí vislumbran un futuro utópico de ese ministerio. Ellos y sus estudiantes juntamente con ellos sueñan con los medios más ultramodernos de comunicación, con el equipo más sofisticado, con el *software* más avanzado y completo. ¡Qué futuro más atractivo y entusiasmante! De acuerdo, si estas utopías están presentes, en alguna medida, en los seminarios evangélicos de América Latina ¿por qué se afirma al inicio de este párrafo que el carácter utópico de la imaginación profética está ausente?

Un problema con estas «utopías» es que están inscritas dentro del sistema imperante: el eclesiástico para comenzar, pero también el social. Para decirlo de manera más cruel, estas «utopías» son más de lo mismo. ¿Significa esto que todo lo del presente está malo y hay que descartarlo? No necesariamente, pero todo debe ser visto con ojos proféticos, con imaginación profética, con criterios teológicos, es decir, subversiva y utópicamente. Estos educadores están vislumbrando un futuro que es, sencillamente, una continuación del presente. La utopía de la imaginación profética no es eso. Más bien es una novedad completa que contradice el presente y ofrece una alternativa totalmente distinta.[87] Se trata de una imaginación que ve un mundo otro, una Iglesia otra, un ministerio otro. Se trata de una esperanza que expresa insatisfacción con las cosas como son y están ahora y que sueña con otra realidad. ¿Están los educadores teológicos evangélicos transmitiendo esta utopía? No. Por eso se dice que el carácter utópico de la imaginación profética está ausente en los seminarios evangélicos de América Latina. El educador teológico es teológico, precisamente, porque tiene criterios teológicos para ser subversivo y para ser utópico, cualquiera sea el área que enseñe.[88]

El educador teológico debe soñar con una nueva Iglesia, con una nueva sociedad y debe invitar a sus estudiantes a soñar con él, transmitiéndoles con pasión sus sueños, tal como lo hacían los profetas en el Antiguo Testa-

---

87. Así es como Brueggemann describe la esperanza que emana de la imaginación profética. Ver *Prophetic Imagination*: 137; ídem, *Hopeful Imagination*: 65-68.

88. Myron B. Bloy Jr., «Academic Values and Prophetic Discernment», *Christian Century* 93/33 (1976): 889-894.

mento. El educador teológico evangélico en América Latina no solamente debe soñar e invitar a sus estudiantes a soñar, también debe comprometerse con esos sueños y estimular el compromiso de sus estudiantes. Por eso se dice que una meta de la educación teológica es producir agentes de cambio.[89] ¿Qué es lo que los graduados de los seminarios sueñan cuando salen? ¿Más de lo mismo? ¿Una continuación del presente? ¿O una nueva realidad inimaginable para los demás, pero imaginable para ellos? Ojalá sea esto último. El sueño de esta obra es que los estudiantes de los seminarios evangélicos en América Latina salgan soñando un nuevo mundo y comprometiéndose con él, pero para lograr eso se necesitan educadores teológicos evangélicos que aprendan a soñar también.

Se han considerado hasta aquí las implicaciones para la educación teológica evangélica en América Latina del carácter subversivo y del carácter utópico de la imaginación profética. Falta considerar las implicaciones del carácter comunicante de la imaginación profética. Este elemento parece tener más impacto en la práctica de la educación, es decir, la metodología, la didáctica, en fin, la comunicación. Sin embargo, aunque lo anterior es verdad y tiene una importancia grande, también es parte de este carácter comunicante de la imaginación profética el involucramiento emocional del profeta (profesor en este caso). Los profetas no eran meros transmisores fríos de verdades objetivas también frías. Las verdades mismas, el profeta y el ambiente, todo estaba caliente, cargado y muy lleno de emociones, de sentimientos encontrados, de pasión, especialmente por parte del profeta.[90]

En cuanto al aspecto metodológico el carácter comunicante de la imaginación profética provee un estímulo para que los educadores teológicos

---

89. Algunos ejemplos de escritos que tratan este tema específico son: Paul Armstrong y Nod Miller, «Whatever Happened to Social Purpose?: Adult's Educator Stories and Political Commitment and Change», *International Journal of Lifelong Education* 25/3 (2006): 291-305; Elizabeth Atkinson, «The Responsible Anarchist: Postmodernism and Social Change», *British Journal of Sociology of Education* 23/1 (2002): 73-87; Ernest Beaglehole, «A Note on Social Change and Education: The Study of Values», *Journal of Educational Sociology* 29/7 (1956): 316-320; David J. Bosch, «The Nature of Theological Education», *Journal of Theology for Southern Africa* 77 (1991): 3-17; Jean B.Dorlus, «Curriculum Development for Social Transformation», *Caribbean Journal of Evangelical Theology* 6 (2002): 64-72; Edward Farley, «The Reform of Theological Education as a Theological Task», *Theological Education* 17/2 (1981): 93-117; Paulo Freire, *Las iglesias, la educación y el proceso de liberación humana en la historia* (1974); Edward Sands, «What is your Orientation?: Perspectives on the Aim of Theological Education», *Journal of Christian Education* 44/3 (2001): 7-19.

90. Esto es lo que Brueggemann trata de transmitir en todo el contenido de su libro *Finally Comes the Poet: Daring Speech for Proclamation* (1989). Algunos de los títulos de los capítulos del libro son: «Insensibilidad y dolor», «Alienación e ira», «Ansiedad y codicia». Con estas imágenes de emociones fuertes es que los profetas comunicaban su mensaje.

exploren nuevas formas de comunicación. El uso del arte es particularmente interesante, porque los profetas eran artistas de la palabra. La educación teológica tradicional ha sido demasiado formal, seca, fría, objetiva y discursiva, muchas veces carente de pasión y emoción. Los profetas del Antiguo Testamento no eran así. Ellos no se parecen a los clásicos profesores de teología de la modernidad. El arte en general es un excelente vehículo para la transmisión de ideas.[91] Hay profesores que usan obras de la pintura clásica y contemporánea o la música, o la literatura o, incluso la danza y otras expresiones artísticas. Lo importante no es tanto el uso de una metodología diferente en sí. Ese no es el fin. Lo importante es que a través de esa metodología realmente se está transmitiendo el mensaje profético y todo lo que implica.

En cuanto al involucramiento emocional y total del profeta en la entrega de su mensaje, la implicación para la educación teológica es por demás importante. El lenguaje figurado que usaron los profetas para comunicar su mensaje no es solamente un asunto de técnica literaria o de buena retórica. Se trata de toda una explosión de emociones que surgen de la personalidad del profeta, intenso y apasionado, que trata de apasionar a su audiencia.[92] Por momentos las reacciones serían de enojo, o de perturbación, o de alegría o de llanto. Todas las emociones humanas pueden encontrarse en el mensaje profético. Esa es una de las pruebas de la imaginación profética. De manera que las implicaciones para el educador teológico evangélico en América Latina pasan por el grado de involucramiento emocional que se tiene al momento de transmitir el conocimiento a los estudiantes. La pasión es contagiosa. Los oyentes de un sermón en una iglesia o los estudiantes en una clase dada pueden percibir la pasión del predicador o del maestro y se contagian. Es natural. Eso era lo que los profetas buscaban al vestir su mensaje en formas literarias tan bellas como apasionadas. Eso es lo que los educadores teológicos deben buscar al transmitir sus lecciones de teología, Biblia o ministerio cristiano. ¡Imagínese el lector a un educador teológico subversivo, utópico y apasionado! Sería irresistible.

Hasta aquí se han presentado las implicaciones de la imaginación profética para los educadores teológicos de América Latina que provienen de la naturaleza misma de esa imaginación (su carácter subversivo, utópico y comunicante). Lo que sigue explorará las implicaciones que proceden de los alcances de la imaginación profética. Se presentaron tres alcances: 1) el alcance transhistórico, es decir aquel que va desde los tiempos de los pro-

---

91. Esto es lo que presentan Neuger y Sanderson en el artículo citado arriba, «Developing a Prophetic Imagination: A Course for Seminary Students».

92. Aplicado al predicador apasionado, esto es lo que dice Brueggemann en la introducción del libro *Finally Comes the Poet*: 1-11.

fetas en el Antiguo Testamento hasta el presente; 2) el alcance trans pueblo de Dios, es decir, aquel que va desde Israel hasta la Iglesia evangélica de América Latina hoy; y 3) el alcance transministerial, es decir, aquel que va desde las actividades principalmente religiosas hasta todas las esferas de la vida y actividad humanas.

El primer alcance es el más fácil de entender, porque, de una u otra manera, todos los predicadores o educadores teológicos hacen una relación directa entre los tiempos antiguotestamentarios y los del presente. No parece que haya algo muy novedoso en eso. Usualmente a esto se le conoce en el mundo de la predicación y la educación como la aplicación del contenido bíblico a las realidades presentes del pueblo de Dios.[93] Sin embargo, cuando se habla del alcance de la imaginación profética y sus implicaciones para la educación teológica evangélica en América Latina en este aspecto histórico, se tiene en mente algo más profundo. La historia misma es una maestra, no solamente la historia bíblica y la de Israel,[94] sino la historia y la realidad de la Iglesia de hoy también. La implicación principal para la educación teológica evangélica es que los educadores teológicos deben ver los paralelos entre las distintas situaciones históricas no solamente para uso homilético, sino, sobre todo para interpretar teológicamente esas distintas situaciones históricas. El fin es entender aquella realidad para entender esta; y desafiarla así como los profetas desafiaron aquella. Los paralelos históricos, entonces, se vuelven dinámicos; y las realidades históricas sirven como espejos para el presente y como maestras para el pueblo de Dios hoy. Varios de esos paralelos históricos han sido estudiados por Brueggemann y usados para enseñar al pueblo de Dios hoy. Por ejemplo, él usa a la persona del rey David y todo lo que histórica y simbólicamente representa.[95] También usa a la monarquía israelita y su papel de sistema dominante, «conciencia reinante» o *statu quo*, especialmente en tiempos de Salomón.[96] Otro ejemplo muy común que es muy popular en círculos académicos y sociales es el de la monarquía en Israel en el siglo

---

93. Los manuales de homilética, de pedagogía y de andragogía incluyen este elemento como parte esencial de la tarea comunicadora del mensaje bíblico.

94. Brueggemann, en la introducción de su libro sobre introducción al Antiguo Testamento subraya este tema. Ver *An Introduction to the Old Testament: The Canon and Christian Imagination* (2003): 3-4; también se puede observar este acercamiento en ídem, *Texts that Linger, Word that Explode: Listening to Prophetic Voices* (2000): especialmente el capítulo 3, páginas 35-44.

95. Brueggemann, *David's Truth in Israel's Imagination & Memory* (1985).

96. Este es el argumento principal del segundo capítulo del libro clásico de Brueggemann, *Prophetic Imagination*: 21-37; ver también «The Social Significance of Solomon as Patron of Wisdom» en J. G. Gammie y L. G.Perdue, eds. *The Sage in Israel and in Ancient Near East* (1990): 117-132.

viii a. C.[97] Sin embargo, el ejemplo más usado por Brueggemann, debido a su dramatismo y al cúmulo de emociones que evoca, es el exilio, el cual ya fue estudiado como un modelo de imaginación profética en la comunicación del mensaje profético arriba.[98] Estos ejemplos ilustran lo que se quiere decir con el alcance transhistórico de la imaginación profética. Este tipo de percepción histórica-teológica se espera de los educadores teológicos evangélicos en América Latina, particularmente de los que enseñan la Biblia.

El segundo alcance está relacionado con el primero y no se desarrollará tan extensamente como el primero. Se trata del alcance que va desde el pueblo de Israel en el Antiguo Testamento hasta la Iglesia evangélica en América Latina. Algunas de las implicaciones para la educación teológica ya se mencionaron en el apartado anterior, por ejemplo, los paralelos históricos y su uso en la enseñanza. El concepto clave aquí es el «texto de identidad» que ya se ha mencionado antes.[99] La Iglesia evangélica de América Latina debe aprender a verse reflejada en el mensaje profético del Antiguo Testamento. Así se hace realidad la imaginación profética. ¿Cómo aprenderá la Iglesia evangélica latinoamericana a identificarse en el texto del mensaje profético? A través de sus maestros y educadores teológicos. Ellos deben ser los que saben hacer eso y enseñan a hacerlo, no solamente para sacar principios y aplicaciones homiléticas, sino para profundizar teológicamente en la identidad del pueblo y de las realidades que vive.

El tercer alcance, el transministerial, es el que más expande la imaginación del educador teológico y de la Iglesia evangélica latinoamericana. Aquí la imaginación profética equivale a expansión de la mente, de las ideas, de las funciones, de los lugares, en fin, de todo lo que se llama ministerio. Como ya se explicó arriba, el concepto tradicional de ministerio, que ha tenido la Iglesia evangélica, es desafiado por la imaginación profética.

Por tanto, los educadores teológicos, particularmente aquellos dedicados a la enseñanza del ministerio cristiano deben también expandir su imaginación profética a la manera de los profetas del Antiguo Testamento. Pero no solamente los profesores de Ministerio deben hacer eso, sino todos, porque todos están inmersos en el ministerio cristiano. ¿Por qué la educación teológica evangélica en América Latina se ha quedado limitada

---

97. El profeta más popular que es estudiado en este periodoperiodo es Amós. El segundo autor más citado en este capítulo, Daniel Carroll R., es un experto en Amós y en hacer esos paralelos históricos. Ver especialmente «La ética social de los profetas...: El aporte del estudio del trasfondo»; también ver ídem, ed. *Rethinking Contexts, Rereading Texts: Contributions from the Social Sciences to Biblical Interpretations* (2000); ídem, *Contexts for Amos.*

98. Ver arriba notas 50 y 51.

99. Ver nota 74 arriba.

en su concepto de ministerio a básicamente lo eclesiástico y lo religioso? Probablemente se deba a una lectura incompleta y parcial de la Biblia, lo cual a su vez es herencia de un protestantismo espiritualista y pietista que así leía la Biblia.[100] La lectura devocional, individualizada, espiritualizada y religiosa de la Biblia no tiene nada de malo. Esa fue una de las contribuciones importantes del pietismo alemán del siglo XVIII y de las iglesias protestantes que siguieron esa tradición en Norteamérica y la trasladaron a América Latina. Hay que valorar esa contribución, porque ayudó a recuperar la Biblia en medio de un mundo religioso y académico que la estaba desechando. Lo lamentable es que la lectura y la subsecuente hermenéutica pietista fue todo lo que hubo. Es en ese sentido que se habla de un entendimiento incompleto y parcial de las Escrituras. Esta hermenéutica ha tenido impacto en la Iglesia evangélica de América Latina, en su ministerio y en su educación teológica. La Teología de la Liberación, en pleno siglo XX, ha contribuido a rescatar ese sentido integral de las Escrituras que tienen que ver no solamente con lo eclesiástico y religioso, sino con toda la realidad.[101]

Habiendo dicho lo anterior no queda más que reforzar la implicación de que los educadores teológicos evangélicos de América Latina, primero deben leer la Biblia más integralmente para incluir todos los aspectos de la realidad y segundo deben expandir su imaginación a tal grado que abarquen todos esos aspectos de la realidad en su enseñanza. ¿Por qué no desafiar a sus estudiantes a incursionar en el mundo de las comunicaciones contemporáneas, o en el arte público, o en la economía, o en la política, o en los negocios y la empresa? Los graduados del seminario podrían ellos mismos involucrarse directamente en estos ministerios o seguramente se-

100. Ver Jeffrey D. Brown, «Allowing Pietism a Seat at the Table: Understanding Scripture as the Essence of the German Lutheran Pietism», *Covenant Quarterly* 62/3 (2004): 35-49; J. Burton Nelson, ed. «The Pietistic Heritage and the Contemporary Church», *Covenant Quarterly* 28 1-4 (1970): 1-140; F. A. van Lieburg, «Bible reading and Pietism in Dutch Reformed Tradition», en Mathijs Lamberigts y A. A. den Hollander, eds. *Lay Bibles in Europe 1450-1800* (2006): 223-244; Michael Hardin, «The Authority of Scripture: A Pietist Perspective», *Convenant Quarterly* 49/1 (1991): 3-12. Para la influencia del pietismo en América Latina ver Rodolfo Blank, *Teología y misión en América Latina* (1996); Valdir Steuernagel, *Obediencia misionera y práctica histórica* (1996); Arturo Piedra, *Evangelización protestante en América Latina: Análisis de las razones que justificaron y promovieron la expansión protestante 1830-1960* (2000); Alan Perdomo, «Una descripción histórica de la teología evangélica latinoamericana», *Kairós* 32 (2003): 95-127; Roberto Swetsch, «La contribución del luteranismo para la teología de la misión», http//:sustentabilidad. files.wordpress.com/2008/10/luteranismo-y-teologia-de-la-mision-dr-r-zwetsch.pdf 18 de julio de 2009; James A. Scherer, *Evangelho Igreja e reino: Estudios comparativos de teología da missão* (1991).

101. Hay muchos libros de teólogos liberacionistas que abordan el tema, pero baste aquí mencionar el primero de todos, el que sirvió de pauta para el movimiento en general. Se trata de Gustavo Gutiérrez, *Teología de la Liberación: Perspectivas* (1977).

rán luego los que estarán formando y estimulando a los creyentes a que hagan «ministerio» en todas esas esferas de la sociedad. Ese ministerio, por supuesto, no será ir a hacer más de lo mismo, es decir, actividades religiosas en las empresas, instituciones o teatros. Ese ministerio deberá ser profético en el sentido que será subversivo, utópico y comunicante.

## 2.4. Conclusión

Una breve conclusión se hace necesaria aquí. Esta sección ha presentado la imaginación profética basada en las ideas de Walter Brueggemann. La sección consistió en tres subsecciones: 1) ¿Qué es imaginación profética? Aquí se describió la imaginación profética con tres elementos, su carácter subversivo, su carácter utópico y su carácter comunicante. 2) Los alcances de la imaginación profética, que van desde los tiempos antiguotestamentarios hasta el presente; desde Israel hasta la Iglesia evangélica de América Latina y desde los ministerios eclesiásticos y religiosos hasta toda la realidad de la sociedad. 3) Las implicaciones de la imaginación profética para la educación teológica evangélica en América Latina, extraídas de cada aspecto de las subsecciones anteriores.

Lo que sigue en el presente capítulo es una sección dedicada siempre a la voz profética, pero enfocada en la denuncia de la idolatría del pueblo de Israel en el Antiguo Testamento. Esto también se vinculará con la educación teológica evangélica en América Latina.

## 3. La voz profética, la idolatría y la educación teológica evangélica en América Latina

Estudios sobre profetismo en el Antiguo Testamento existen desde hace tiempo, tanto en la tradición judía como en la católica y en la protestante.[102] Más recientemente y concretamente, el tema de voz profética emergió con fuerza en los círculos de la Teología de la Liberación. Las últimas décadas del siglo pasado vieron la publicación de numerosos escritos con la temá-

---

102. Unos pocos ejemplos de estos estudios son los siguientes: Abraham J. Heschel, *The Prophets,* dos volúmenes (1975); James Limburg, *The Prophets and the Powerless* (1977); Robert R. Wilson, *Prophecy and Society in Ancient Israel* (1980); Hans Walter Wolf, *Confrontations with Prophets* (1983); Willem Van Gemeren, *Interpreting the Prophetic Word* (1990); Luis Alonso Schökel y José Luis Sicre Díaz, *Profetas: Comentario,* dos volúmenes (1980); José Luis Sicre, *Los dioses olvidados: Poder y riqueza en los profetas preexílicos* (1979); ídem, *Con los pobres de la tierra: La justicia social en los profetas de Israel* (1984); ídem, *Profetismo en Israel* (1992).

tica de la voz profética.[103] Los teólogos de la Liberación identificaron la voz profética casi exclusivamente con la denuncia de los males sociales de Israel y, consecuentemente, con la denuncia de los males sociales en América Latina, particularmente la opresión y la injusticia.[104]

En la presente sección de este capítulo se hará primero una breve descripción de lo que se entiende por voz profética en general, pero con especial atención a la función de denuncia. En seguida se presentará lo que se entiende por idolatría en general en tiempos de Israel, con especial atención a la idolatría interna, es decir, al culto israelita mismo que fue objeto de la denuncia de los profetas. Por último, como sucedió en la sección anterior, se considerarán las implicaciones de esta temática para la educación teológica evangélica en América Latina.

### 3.1. ¿Cuál voz profética?

Identificar la voz profética se ha vuelto una tarea un poco más complicada en los círculos de la Iglesia evangélica latinoamericana en las circunstancias actuales. Parte del problema ha sido la forma en que los movimientos pentecostales y neopentecostales han interpretado el don de profecía, descrito en el Nuevo Testamento, identificándolo con predicciones específicas y, muchas veces, triviales e intrascendentes sobre asuntos privados de individuos e iglesias.[105] La expresión «voz profética» ha llegado a ser común y aun popular en los círculos cristianos, aunque con diferente significado. La tradición pentecostal y neopentecostal la entiende en los términos arriba descritos. Por ejemplo, Héctor Torres lo expresa así:

> La Iglesia se fundamenta en las bases establecidas por los apóstoles y los profetas. Tienen el don de revelar los planes de Dios para la Iglesia,

103. Por ejemplo, eran populares las tesis de graduación de los estudiantes de teología de los años 70 con esta temática. Un caso es el de José Norberto Saracco, *Praxis profética desde la dependencia y el cautiverio* (1977).

104. Los ejemplos van desde el clásico libro de Gustavo Gutiérrez, *Teología de la Liberación: Perspectivas* hasta libros más técnicos y elaborados exegética y literariamente como: Jorge Pixley, «Oseas: Una propuesta de lectura desde América Latina», RIBBLA 1 (1988): 67-86; J. Severino Croatto, «Desmesura del poder y destino de los imperios: Exégesis de Isaías 10:5-27ª» *Cuadernos de Teología* 8 (1987): 76-96; ídem, «Una liturgia fúnebre por la caída del tirano (Isaías 14:4b-23)», RIBBLA 2 (1988): 59-67; ídem, *Isaías 1-39: Comentario Bíblico Ecuménico* (1989); ídem, *Isaías: La palabra profética y su relectura hermenéutica*, volumen II de *La liberación es posible* (1994). Otros autores, sin ser liberacionistas exactamente también dijeron algo similar, por ejemplo, Edesio Sánchez Cetina, «Lectura de Joel 2:18-32 desde América Latina», *Boletín Teológico* 21-22 (1986): 25-48.

105. He aquí algunos libros que presentan esta perspectiva de los profetas: Juan José Churruarín, *Ministerio profético* (1998); Héctor Torres, *Apóstoles y profetas: La restauración de su influencia en el nuevo siglo* (2000); Toni Higton, *Prophesy!* (1998); C. Peter Wagner, *Apostles and Prophets: The Foundation of the Church* (2000).

ministerio o nación. Cuando un pastor o líder se pregunta ¿Cuál es el futuro? ¿Cuál es mi llamado? O ¿Qué problemas existen para impedir que se cumpla este llamado? Es adecuado que una persona externa (un profeta) pueda presentar los planes que Dios tiene en mente.[106]

Otras tradiciones cristianas han entendido la voz profética de manera diferente. Por ejemplo, en los círculos del evangelicalismo norteamericano y en sus extensiones misioneras a lo largo del mundo, el sistema escatológico conocido como dispensacionalismo ha sido parte de su identidad. En esa tradición la profecía se ha entendido casi exclusivamente en términos de los «eventos del porvenir», es decir, lo que escatológicamente sucederá hacia el final de los tiempos.[107] Muy pocos evangélicos de esta tradición exploraron la profecía en el sentido en que se entiende la voz profética hoy.

Otras tradiciones cristianas fueron las que primero vieron la voz profética de manera diferente a las dos descritas arriba. Los primeros que usaron las expresiones «voz profética» y «denuncia profética» en el sentido en que se usan en esta obra, fueron los teólogos protestantes de ISAL (Iglesia y Sociedad en América Latina) de tradición protestante ecuménica. Ellos empezaron a usar estos conceptos en los inicios de la década del 70 del siglo pasado, aun antes que los teólogos católicos de la Teología de la Liberación.[108] El significado básico de voz profética en la tradición de ISAL es el de la denuncia de la injusticia social, especialmente la que proviene de las estructuras de poder (políticas, sociales y económicas).[109]

Los teólogos de la Liberación siguieron esta tradición de ISAL y también lo hizo la tradición oficial católica a partir del Concilio Vaticano II (1962-1965) y del CELAM, celebrado en Medellín, Colombia en 1968. Ellos se dieron a la tarea de desarrollar más elaboradamente las ideas de voz profética y denuncia profética a fin de criticar y señalar los sistemas políticos, económicos y sociales que imperaban en América Latina en aquel tiempo y que eran considerados los responsables de las injusticias sociales y de la

---

106. Torres, *Apóstoles y profetas*: 55.

107. El libro clásico del dispensacionalismo que más elaboradamente desarrolla este concepto es Dwight Pentecost, *Eventos del Porvenir: Estudios de escatología bíblica* (1984).

108. Un buen resumen histórico que incluye los principales temas abordados por ISAL se encuentra en el libro de Samuel Escobar, *La fe evangélica y las teologías de la liberación* (1987): 76-83.

109. Un libro clásico del movimiento de ISAL, en donde se plasma toda esta «nueva» función profética en América Latina es Rubem Alves, *et al.*, *De la Iglesia y la sociedad* (1971).

pobreza en América Latina.[110] En aquellos años, por tanto, en los círculos ecuménicos, católicos liberacionistas y la izquierda política, se identificó la voz profética con denuncia de los males de los Gobiernos latinoamericanos.

Los teólogos evangélicos latinoamericanos, reunidos en la Fraternidad Teológica Latinoamericana (FTL), sencillamente recogieron las ideas de estas dos últimas tradiciones cristianas, las siguieron y empezaron a interactuar con ellas.[111] De hecho, la FTL se organizó en buena medida, teniendo en mente a los teólogos protestantes ecuménicos de ISAL y a los teólogos católicos de la Liberación como sus principales interlocutores, particularmente en esta temática. Varios autores que se identifican como evangélicos latinoamericanos han escrito sobre el tema, tomando en cuenta el desarrollo los conceptos como se han descrito aquí.[112]

¿Cuál voz profética es la que se seguirá aquí? Obviamente, la que identifica la voz profética básicamente con la denuncia de los males sociales, tanto de los tiempos antiguotestamentarios, como los del tiempo presente. En la introducción de la presente obra se mencionó que la voz profética abarca más que solamente la denuncia de los males sociales, pero en esta sección de la obra en particular, el enfoque estará, precisamente, en la denuncia de los males y más concretamente, en la denuncia de la idolatría.

## 3.2.  ¿Cuál idolatría?

¿Por qué titular esta sección con una pregunta que busca identificar la idolatría que denunciaban los profetas del Antiguo Testamento? Se supone que todo el mundo entiende a qué se refiere idolatría en el Antiguo Testamento. La idolatría es el principal pecado denunciado por los profetas en el Antiguo Testamento. Es imposible hablar de los profetas antiguotestamen-

110. Gutiérrez, *Teología de la Liberación*: 372-386. Aunque la edición citada aquí es la 1977, en realidad, la primera edición fue publicada en 1972, es decir, cuatro años después de Medellín. La sección aquí citada es una de las más impactantes del libro, porque el autor vincula la denuncia profética de la Biblia directamente con la de hoy en América Latina, especialmente en lo relacionado con el escándalo de la pobreza, un pecado mayor, según Gutiérrez.

111. Dos obras clásicas que representan el pensamiento evangélico latinoamericano de aquella época y de aquella temática son Escobar, *La fe evangélica y las teologías de la liberación* (1987) y E. A. Núñez, *Teología de la liberación: Una perspectiva evangélica* (1986).

112. Por ejemplo, Washington Padilla, *Amos-Abdías en Comentario Bíblico Hispanoamericano* (1989); y otros títulos de esta serie; C. René Padilla, *¿Qué es misión integral?* (Buenos Aires: Ediciones Kairós, 2006); Esteban Voth, «El ministerio profético de la Iglesia», *Kairós* 1 (2004): 1-5; George Reyes, «Lectura poética y teológica de Amós 9:11-15: Restauración total», *Kairós* 18 (1996): 59-74.

tarios sin vincularlos directa y naturalmente con la denuncia de la idolatría del pueblo de Israel.[113]

Sin embargo, no siempre se ha entendido cabalmente a qué se refiere la idolatría en el Antiguo Testamento. Lo más común y natural ha sido relacionarla con el culto pagano simple y llanamente, tal como se ve en el muy conocido relato de 1 Reyes 18:16-40, cuando Elías enfrentó a los profetas de Baal.[114] El profeta Oseas describe la idolatría en términos de infidelidad conyugal y prostitución, que es un símbolo muy dramático y elocuente.[115] Profetas como Ezequiel, denuncian la idolatría con detalles históricos que intensifican ese pecado y lo ilustran vívidamente (Ezequiel 16:15-43; 23:1-49). Otros pasajes clave para la idolatría son Ezequiel 8, Isaías 46 y Jeremías 10. Estas descripciones del pecado de idolatría en Israel son correctas, ya que hacen justicia a lo que el texto mismo dice. El pecado de idolatría es visto como una actividad religiosa ajena a lo que Dios ha establecido, ajena, extraña y ofensiva a la relación entre Dios y su pueblo, tal como lo es la infidelidad conyugal y la prostitución a la relación matrimonial santificada por Dios.[116]

Lo sobresaliente en estas descripciones es, precisamente, lo extraño, ajeno del objeto de la adoración. Se trata de «otra» cosa, «otro dios», que no tiene nada que ver con el pueblo ni con el Dios de la creación y del pueblo.[117] Los profetas se enardecen en contra del pueblo porque están abandonando la identidad nacional, la relación con Yahvé, para buscar lo «extraño», lo «ajeno». Eso es una terrible ofensa en contra de Dios y los profetas lo señalan con claridad, elocuencia y severidad. ¿Podría haber algo más malo que eso? ¿Habría un pecado mayor que este?

---

113. Sicre, *Profetismo en Israel*: 367.

114. Abundan los comentarios sobre los profetas que tienen este acercamiento clásico a la idolatría de Israel. Aquí se mencionarán solamente unos pocos comentarios, especialmente sobre los libros de Isaías y Ezequiel que son los que más denuncian la idolatría, aunque también Oseas lo hace bastante, John A. Martin, *Isaiah* en John F. Walvoord y Roy B.Zuck, eds. *The Bible Knowledge Commentaries: An Exposition of the Scriptures by Dallas Seminary Faculty: Old Testament* (1985); J. A. Motyer, *Isaiah: An Introduction and Commentary* en *The Tyndale Old Testament Commentaries* (1999); Terry Briley, *Isaiah*, dos volúmenes, *The College Press NIV Commentary* (2000); J. Vernon McGee, *Ezekiel* en *Thru the Bible Commentary Series*, (1991); John B.Taylor, *Ezekiel: An Introduction and Commentary* (1969); Brandon L. Frendenburg, *Ezekiel* en *The College Press NIV Commentary* (2002); Ralph Alexander, *Ezekiel*, trad. Santiago Escuain, *Comentario Bíblico Portavoz* (1990); Rafael Porter con Dina Quiñonez, *Y sabrán quién soy yo: Ezequiel* (1991).

115. Un autor que usa este tema para describir la infidelidad de Israel con el simbolismo de la prostitución es Raymond C. Ortlund Jr. en *Whoredom: God's Unfaithful Wife in Biblical Theology* (1996).

116. Ibíd., 8.

117. Un autor que trata de manera adecuada y elocuentemente este tema es Christopher J. H. Wright, *The Mission of God* (2006).

Con todo y lo repugnante que pudiera parecer esta idolatría ya descrita arriba, hay todavía otra idolatría peor. Se trata de aquella idolatría que no es «ajena», o «extraña», sino la que es conocida y forma parte de la religiosidad del pueblo. Cuando se lee a profetas como Isaías o Amós, parece que la denuncia de la idolatría se dirige no tanto en contra de la idolatría crasa y llana, como la descrita arriba, que es perfectamente identificable, sino en contra de otra clase de idolatría. Parece que lo que denuncian estos profetas es una clase de sincretismo religioso israelita o de una forma idolátrica del culto israelita propiamente dicho. Se trata de una mezcla israelita-pagana o de una horrible distorsión del culto a Yahvé.[118]

Daniel Carroll R. hace un análisis de lo que esto significa en el libro del profeta Amós y concluye que el culto a Yahvé que tenía Israel en ese tiempo se dirigía a otro Yahvé, no al Dios de Israel.[119] En otras palabras, Israel había creado un ídolo llamado Yahvé y lo adoraba dentro de las actividades religiosas propias, conocidas y reconocidas por el pueblo. Los israelitas pensaban que estaban adorando al verdadero Yahvé, pero estaban equivocados y los profetas se encargan de señalarles el error, que es más que un error ingenuo de comprensión. Se trata de una distorsión deliberada y maliciosa que había torcido por completo todo el sistema cúltico de Israel. Carroll dice que esta idolatría se manifestaba en dos formas: 1) la religión oficial, cuya función principal era legitimar a la monarquía, su poder político y todo el sistema que la respalda y 2) la religión popular que interpretaba y acogía las ideas de la religión oficial, junto con rituales y prácticas semipaganas relacionadas con la vida diaria en la agricultura, la salud y el diario vivir.[120] En última instancia lo que es más importante para los profetas era demostrar que el Yahvé que el pueblo está adorando no es el verdadero Yahvé. Carroll lo expresa así:

> [...] este cuadro equivocado de Yahvé es lo que sostiene religiosamente a esta sociedad. El profeta anuncia que el Yahvé auténtico no quiere tener nada que ver con esta religión y la realidad que ella legitima en su nombre. En resumidas cuentas, lo que está en juego es la persona misma

118. Así ve la denuncia profética el autor latinoamericano Gabriel Cañellas en «Los profetas de Israel: Incidencia religiosa y socio-política», *Biblia y Fe: Revista de Teología Bíblica* 41: *Profetismo y Sociedad: ¿Por qué está hoy el mundo tan necesitado de profetas?* (1988): 33-34. También se ve en Lloyd R. Bailey «The Prophetic Critique of Israel's Cultic Order», *Faith and Mission* 6/2 (1989): 41-60.

119. Carroll R., «La ética social de los profetas», 18-20. También ver los siguientes artículos del mismo autor que enfoca la denuncia profética de la religión en Oseas y en Amós, «The Prophetic Denunciation of Religion in Hosea 4-7», *Criswell Theological Review* 7 (1993): 15-38; «Can the Prophets Shed Light on Our Worship Wars?: How Amos Evaluates Religious Rituals», *Stone-Campbell Journal* 8 (2005): 215-227.

120. Ibíd., 18.

de Dios. Por eso hay tanto énfasis en su nombre, su carácter y sus títulos (véase por ej., 4:13, 5:8-9; 9:5-6).[121]

Aquellos profetas que denunciaron esta idolatría de Israel ¿buscaban la abolición total del culto israelita, su reforma o un cambio radical en el entendimiento del pueblo de quién realmente era Yahvé? Estos profetas no estaban denunciando simplemente los abusos que los israelitas en lo individual hacían en su adoración.[122] Su crítica del culto israelita iba más allá, hasta lo más profundo de la identidad de Dios y del pueblo en relación con ese Dios.[123] J. Philip Hyatt lo dice así:

> Aquellos profetas se opusieron al culto considerado como un medio por el cual los hombres buscaron salvación y seguridad para ellos mismos. Por el contrario, ellos enseñaron que Yahweh demanda la rendición incondicional de los hombres a su soberanía. En el culto ellos encontraron una forma de tal rendición, porque fue entendido como un medio quasi-mágico y automático por el cual los hombres podían asegurarse la bendición divina. Por eso los profetas no abogaban por una reforma del culto, sino que llamaban a los israelitas al arrepentimiento, a recordar las maravillosas obras de Dios a su favor y a brindarle su obediencia. Por eso su oposición al culto significaba rechazo radical.[124]

Esta idolatría interna también se ve en la manera en que el pueblo, especialmente la gente adinerada, observaba el día de reposo. La ley estipulaba que en el día de reposo debían detenerse las actividades comerciales y también otras, porque ese día se dedicaba a Yahvé. Sin embargo, los ricos guardaban el sábado a regañadientes, porque no querían dejar pasar ni un momento sin hacer negocios y continuar explotando al pueblo. Esto lo señala claramente Amós (8:4-6).[125] Esto simplemente pone en evidencia la distorsión del culto israelita en varias formas. Los rituales seguían siendo básicamente los mismos. Los funcionarios cúlticos, los sacerdotes, eran los mismos. El escenario también era el mismo (el Templo). Sin embargo, el culto israelita era idolátrico. ¿En qué sentido? Otra vez es de ayuda lo que dice J. Philip Hyatt:

> Pero el sistema cúltico fue siempre propenso a dos peligros, los cuales bien pueden ser expresados con dos frases latinas: *opus operatum* y *do*

---

121. Ibíd., 19.
122. J. Lindblom, *Prophecy in Ancient Israel* (1962): 351-360.
123. J. Philip Hyatt, *The Prophetic Criticism of Israelite Worship* (1963): 10. Ver también R. B. Y. Scott, «Priesthood, Prophecy, Wisdom and the Knowledge of God», *Journal of Biblical Literature* 80 (1961): 1-15.
124. Ibíd.
125. Brueggemann, *Finally Comes the Poet*: 93-94.

*ut des.* El significado de la primera frase es bien conocido, y expresa la noción de que la mera práctica de ciertas acciones puede influir en Dios de manera que el hombre salga beneficiado, ya sea que el hombre sea penitente y reconozca la soberanía de Dios o no. *Do ut des* significa 'yo doy para que tú me des'; sugiere que el hombre da una ofrenda a Dios simplemente para recibir regalos de Él. La religión puede, de esta manera, ser reducida virtualmente a una transacción comercial, en la cual Dios es puesto bajo obligación hacia el hombre. Esto lleva a la externalización y a la despersonalización de la relación del hombre con Dios.[126]

De manera que el culto israelita se había vuelto idolátrico porque caía en la categoría de lo mágico, es decir, funcionaba como cualquier otro culto pagano de la época en las naciones circundantes de Israel.[127] Israel no tenía necesidad de «hacerse pagana», copiando o asimilando las prácticas cúlticas de los pueblos circundantes (aunque en realidad también hizo esto), porque su propio culto «se paganizó». Con este concepto mágico del culto el pueblo buscaba manipular a Dios, tal como lo hacían los paganos. ¿Quién era más pagano?

Esta idolatría «interna» parece que ofendió mucho a los profetas que, como Amós e Isaías, la denunciaron directa y elocuentemente. Ambas idolatrías, la «externa» y la «interna» fueron denunciadas por los profetas y, aunque ambas han sido tratadas en los comentarios y en los estudios bíblicos sobre voz profética e idolatría, a la hora de aplicar o contextualizar ese mensaje profético al día de hoy y a la Iglesia cristiana del presente, el énfasis ha estado en la primera, no tanto en la segunda. A continuación se considerarán las implicaciones de la denuncia profética en contra de la idolatría israelita, particularmente la «interna», para la educación teológica evangélica en América Latina.

## 3.3. Implicaciones para la educación teológica

Tanto en las iglesias cristianas como en las instituciones de educación teológica, cuando se trata el tema de la idolatría del pueblo de Israel y se aplica a los creyentes del presente, normalmente se hace referencia a aquellas cosas, personas o actividades que usurpan el lugar de Dios, como el dinero, la familia o los amigos, los estudios, el trabajo, las «fiestas», el deporte, etc. Son de amplio conocimiento público las predicaciones populares en las iglesias evangélicas de América Latina, en las que se exhorta a los creyentes empresarios a no dejar que, por ejemplo, el dinero, ocupe el lugar de Dios; o a los jóvenes universitarios, que los

126. Hyatt, *The Prophetic Criticism*: 12-13.
127. Ibíd., 12.

estudios no ocupen el lugar de Dios o a las amas de casa que la familia no desplace a Dios del primer lugar que debe ocupar en la vida de cada creyente. También se ve este tipo de aplicación o exhortación en las notas de clase o en las exposiciones en clase en los seminarios evangélicos de América Latina. Los estudiantes son desafiados en lo personal y en la práctica de su ministerio a no dejar que esas otras cosas usurpen el lugar de Dios. Aunque este enfoque es correcto y necesario, no será el que esta sección de la obra seguirá, sino que se centrará en la «otra» idolatría, la de la propia Iglesia, expresada mayormente en el culto cristiano y en otras actividades religiosas.

Resulta interesante notar que la mayoría de comentaristas, incluso los que abordan el contexto eclesiástico latinoamericano, no toman tanto en consideración esta idolatría «interna».[128] Un autor que sí la toma con mucha consideración para aplicarla a la situación actual del pueblo de Dios en América Latina es Daniel Carroll R., quien dice lo siguiente:

> Por ejemplo, si continuáramos enfocando la cuestión religiosa, podríamos hacernos varias preguntas motivadas por la lectura de esta palabra profética. ¿Cómo describiríamos y cómo podríamos calificar las creencias y prácticas religiosas del pueblo de Dios en América Latina? ¿Es posible discernir la existencia de una religión «oficial» y otra «popular» con algunas de las mismas lagunas que las que mostraba la religión de Israel? ¿La fe del pueblo de Dios hoy se manifiesta en una ética clara y valiente? ¿Qué relación tiene el culto con la dura realidad latinoamericana y la responsabilidad social del pueblo de Dios? ¿Es el Dios de las iglesias cristianas un Dios que busca la paz y el bienestar del ser humano (especialmente de los marginados), o es él el defensor del *statu quo*? ¿Estamos dispuestos a recibir el rechazo (¡y el juicio!) de Dios por una religión inadecuada, desenganchada de las necesidades de tantas personas, hipócrita y engañosa? En otras palabras, el texto nos fuerza a auto-examinarnos.[129]

Las preguntas de la cita anterior son incisivas, incómodas y dolorosas para aquellos cristianos latinoamericanos que son serios y reflexionan su

---

128. Ver por ejemplo, Padilla, *Amós-Abdías* en *Comentario Bíblico Hispanoamericano* (1989); Negre Rigol, Croatto y Pixley, *Misión profética de la Iglesia* (1988); Arturo Piedra, ed. *Haciendo teología en América Latina: Juan Stam un teólogo del camino*, 2 volúmenes (2004/2005); Pixley, «Oseas: Una propuesta de lectura desde América Latina», 67-86.

129. Carroll R., «La ética de los profetas…: La fecundidad de la imaginación profética»: 22.

fe. Hay una religiosidad popular evangélica en América Latina[130] que se parece mucho a la del pueblo de Israel en el Antiguo Testamento, al menos en la manera en que se practica y se concibe. En el movimiento neopentecostal, especialmente en las megaiglesias, hay un culto a la personalidad del líder que no solamente hace que él usurpe el lugar de Dios, sino que distorsiona por completo el concepto de Dios. También hay un culto a la prosperidad en el cual el culto en sí y la ofrenda dentro de ese culto se han convertido en una transacción comercial casi mágica, tal como sucedía en Israel en tiempos preexílicos.[131]

El asunto más peligroso que sucede en el culto evangélico contemporáneo en América Latina es la adoración de un ídolo llamado Jesús, así como los israelitas adoraban a un ídolo llamado Yahvé. Con frecuencia los evangélicos acusan a los católicos de adorar especialmente en Navidad y Semana Santa a un ídolo llamado Jesús, representado por las imágenes de madera o de metal.[132] Los evangélicos no hacen eso, pero ¿adoran a un Jesús que no es el que describe el Nuevo Testamento? ¿Es posible que el culto cristiano evangélico contemporáneo en América Latina haya caído en el peligro de crear «otro Jesús»? Las imágenes de Jesús en el evangelicalismo latinoamericano pueden ser la de un líder empresarial exitoso, un planificador estratégico por excelencia, un simple sanador milagroso, un

130. Un buen análisis histórico e ideológico de los protestantismos en América Latina, especialmente, los pentecostalismos y su descripción como una nueva religiosidad popular es Jean-Pierre Bastian, *Protestantismos y modernidad latinoamericana: Historia de unas minorías religiosas activas en América Latina* (1994). Ver también Martín Ocaña Flores, *Los banqueros de Dios: Una aproximación evangélica a la Teología de la Prosperidad* (2002); Eldin Villafañe, «Espiritualidad cristiana y espiritualidades contemporáneas» en C. René Padilla, ed. *La fuerza del Espíritu en la evangelización: Hechos de los Apóstoles en América Latina* (2006): 15-32; Ricardo Barbosa de Sousa, «Espiritualidad y espiritualidades» en C. René Padilla, ed. *La fuerza del Espíritu en la evangelización: Hechos de los Apóstoles en América Latina* (2006): 213-229; Arturo Piedra, Sidney Rooy y H. Fernando Bullón, *¿Hacia dónde va el protestantismo?: Herencia y prospectivas en América Latina* (2003).

131. Hyatt, *The Prophetic Criticism*: 12.

132. Son conocidas las obras de Juan A. Mackay, *El otro Cristo español: Un estudio de la historia espiritual de España e Hispanoamérica* (1991) y de Emilio A. Núñez, *El Cristo de Hispanoamérica* (1979) donde se desarrolla este tema de las diferentes imágenes de Cristo en el catolicismo latinoamericano. Ver también obras católicas que abordan el tema como Luis Maldonado, *Introducción a la religiosidad popular* (1985); Segundo Galilea, *Religiosidad popular y pastoral* (1979); Juan A. Cavero, «Fermento revolucionario del catolicismo latinoamericano», *Nueva Sociedad* 13 (1973): 3-26; También hay otras obras protestantes que abordan el tema más recientemente como «El Cristo de Latinoamérica», http://www.elamordedios.org/documents/estudios/el_cristo_de_latinoamerica.pdf, 20 julio de 2009; Daniel Chiquete, «Algunas raíces teológicas e históricas de la iconoclastia protestante y pentecostal», http://www.claiweb.org/Signos%20de%20Vida%20%20Nuevo%20Siglo/SdV40/iconoclastia%20protestante%20y%20pentecostal.htm, 20 de julio de 2009.

terapeuta familiar, un consolador, tipo «paño de lágrimas», para el sufriente, un líder eclesiástico carismático y visionario.[133]

Ahora bien, ¿qué tiene todo esto que ver con la educación teológica evangélica en América Latina? Mucho. Para empezar, la temática de la idolatría «interna» de la Iglesia evangélica latinoamericana no es objeto de estudio en la mayoría de seminarios. Como ya se expresó arriba, los educadores teológicos parece que no han adquirido el criterio teológico suficiente[134] para «olfatear» los problemas de la realidad social, ni siquiera los de la comunidad eclesiástica evangélica, al menos no los problemas más serios y profundos como este. Las instituciones, por su parte, como parte del sistema en general, tampoco requieren que sus profesores hagan esa tarea. El resultado es un acomodamiento peligroso a un sistema cúltico que corre el peligro de volverse idolátrico ¡Hay que despertar de ese adormecimiento!

Lo otro que podría estar sucediendo al interior de las instituciones evangélicas de educación teológica en América Latina, que sería más peligroso, es que inconscientemente se esté promoviendo una distorsión del Dios de la Biblia para dar lugar a esas otras imágenes de Dios o de Jesús que pululan por el escenario eclesiástico evangélico de América Latina. Por tanto, tres son las tareas que los educadores teológicos en este contexto deberían hacer: 1) adquirir ese olfato teológico para discernir la realidad eclesiástica circundante. Según Robert N. Bellah, este es el primero y más importante imperativo de la educación teológica hoy;[135] 2) enseñar a los estudiantes ese discernimiento para que ellos también puedan ver y analizar su propia realidad eclesiástica; y 3) ser autocríticos y estar abiertos y sensibles ante las posibles distorsiones de Dios que los propios educadores teológicos o las instituciones estén haciendo.

## 3.4. Conclusión

Al concluir esta sección del presente capítulo se recapitula brevemente de qué se trató. Primero se preguntó cuál voz profética se presentaría, respondiendo que, aunque hay varias formas en que se ha interpretado la voz profética en las diferentes tradiciones cristianas, aquí se presentaría la que identifica voz profética con denuncia de los males de la sociedad, y así se hizo. En seguida se preguntó cuál idolatría se presentaría, respondiendo

133. Es famoso y ampliamente conocido y reconocido el autor John C. Maxwell, quien se ha especializado es escribir libros sobre liderazgo en los que Jesús se presenta como un modelo. Por ejemplo, *Desarrolle el líder que está en usted*, trad. Guillermo Vásquez (1996).

134. Ver el estimulante artículo de Myron B. Bloy Jr., «Academic Values and Prophetic Discernment» *Christian Century* 93/33 (1976): 889-894.

135. Robert N. Bellah, «Discerning Old and New Imperatives in Theological Education», *Theological Education* 19/1 (1982): 9.

que, aunque la idolatría que más comúnmente se trata en círculos eclesiásticos y académicos es la «externa», la de los pueblo paganos alrededor de Israel y en la que Israel muchas veces cayó, la idolatría que se presentaría aquí sería la «interna», es decir, la del propio culto israelita a Yahvé, y así se hizo. Por último, siguiendo la meta principal de esta investigación, se consideraron algunas implicaciones de esta temática para la educación teológica evangélica en América Latina.

Lo que sigue a continuación es una sección que lidiará con el otro gran pecado que denunciaron los profetas de Israel, la injusticia, pero visto desde la perspectiva positiva, es decir, la justicia. La educación teológica es clave para el entendimiento y la práctica de la justicia.

## 4. La voz profética, la justicia y la educación teológica evangélica en América Latina

La voz profética y la justicia se relacionan muy íntimamente en el Antiguo Testamento. Prácticamente todos los profetas del Antiguo Testamento abordan el tema de diversas maneras, pero todos coinciden en que la justicia es una de las demandas más fuertes que Dios hace a su pueblo, si no es que la más fuerte. En cuanto al tema de la voz profética en sí lo que ya se presentó en la sección anterior sirve también para esta, de manera que no se repetirá la descripción de ese concepto.

En esta sección se presentará básicamente una descripción del concepto bíblico de justicia, la denuncia profética de la injusticia, el llamado al arrepentimiento para seguir la justicia y, al final la consideración de algunas implicaciones para la educación teológica evangélica en América Latina. Las primeras tres partes de la sección se presentarán de manera panorámica, ya que el tema ha sido estudiado ampliamente y hay obras y autores que pueden ayudar al lector interesado en profundizar el tema. El propósito de la investigación no es ahondar en este tema, sino utilizarlo como un asunto importante para la función profética de la educación teológica en América Latina. De manera que la voz profética y la justicia se presentarán sucintamente para llegar a su impacto en la educación teológica.

### 4.1. ¿Cuál justicia?

¿Por qué hay que preguntar cuál justicia? Bueno, sucede que al igual que con la voz profética y con la idolatría, en el mundo cristiano ha habido más de una manera de entender y explicar qué es justicia en el sentido bíblico. Tradicionalmente la Iglesia evangélica ha entendido la justicia casi solamente en términos soteriológicos, es decir, la justicia de Cristo aplicada al creyente en el momento de la conversión por causa de la muerte vicaria de Cristo. El concepto teológico derivado es «justificación», la cual es por la fe.[136] Aunque este es un concepto conocido, reconocido y aceptado por la Iglesia evangélica en América Latina y que constituye uno de sus distintivos doctrinales, solamente expresa un aspecto de lo que es la justicia en la Biblia.

Cuando se habla de la justicia en el plano humano, el de los cristianos, usualmente la Iglesia evangélica identifica la justicia en términos individuales y espirituales, es decir, una conducta santa delante de Dios, apegada a lo que Dios demanda, pero básicamente en las cuestiones morales. Muchas veces los vocablos originales del texto bíblico se traducen 'rectitud', especialmente *righteousness* en las versiones inglesas de la Biblia.[137] Voth indica que hay razones contextuales, idiomáticas y teológicas muy fuertes por las que se traduce el vocablo hebreo *sedeq* como 'rectitud' más que como 'justicia' en la versión inglesa de la Biblia conocida como *King James Version* (kjv).[138] Voth va más allá al decir que, aunque en la versión española de la Biblia más popular y usada en América Latina por los evangélicos, la *Reina Valera Revisada* (rvr), se traduce *sedeq* como 'justicia', en realidad el significado ha sido 'rectitud', porque así lo enseñaron los misioneros que trajeron el Evangelio a estas tierras.[139] En síntesis, la teología evangélica ha dado al concepto bíblico de justicia un significado que, aunque es correcto, en realidad es incompleto, parcial y teológicamente condicionado. ¿Qué más se encuentra en el concepto bíblico de justicia?

Una forma sencilla y a la vez profunda de describir la justicia es la que hace Brueggemann cuando define la justicia de Dios en los siguientes términos: «Por justicia nos referimos a la capacidad de Yahvé de estar presente en situaciones difíciles y de intervenir poderosa y decisivamente en pro de la rehabilitación, la restauración y el bienestar».[140] Otra forma sencilla y a la vez profunda de describir la justicia es la que hace John R. W. Stott cuando explica este concepto que aparece en el Sermón del Monte. Aunque en el tercer capítulo de esta obra se tratará más directamente el tema dentro del Sermón del Monte, se trae aquí para describir más integralmente este importante concepto. John Stott dice que en la Biblia la justicia tiene,

136. Se hace referencia solamente a una fuente que expresa de la manera más clara y directa este concepto desde la perspectiva evangélica, aunque hay muchas que podrían citarse. Se trata de John MacArthur, *Justification by Faith* (1985).
137. Este es el tema específico del artículo de Esteban Voth, «'Justicia' y/o 'rectitud': Un análisis contextual de *sedeq* en la rvr (español) y la kjv (inglés)» *Kairós* 29 (2001): 7-40. Ver también Sidney Rooy, «Righteousness and Justice» en *The Responsibility of Christian Institutions of Higher Education to the International Economic Order* (1980): 1-16.
138. Ibíd., 20-27.
139. Ibíd., 20.
140. Walter Brueggemann, *Teología del Antiguo Testamento: Un juicio a Yahvé*, trad. Francisco J. Molina de la Torre (2007), 148.

al menos, tres aspectos: el legal (el de las cortes, los tribunales, los jueces, la administración de justicia en los sistemas judiciales), el moral (la rectitud, la conducta correcta individual, el apego a las normas de santidad moral de Dios) y el social (relaciones entre las personas y los grupos, trato entre los gobernantes y los gobernados, entre autoridades religiosas y el pueblo, entre patronos y trabajadores, entre una cultura dominante y las demás, etc.).[141] Este significado más integral de justicia es el que se sigue en la presente obra.[142]

## 4.2. La denuncia de la injusticia

En relación con el tema de la justicia, se puede ver la voz profética en dos dimensiones: la primera es la negativa, que se identifica con la denuncia de la injusticia y la segunda es la positiva que se identifica con el llamado al arrepentimiento, es decir, a la obediencia activa del pueblo para seguir la justicia. En este apartado se tratará el aspecto negativo.

El segundo pecado más denunciado por los profetas del Antiguo Testamento fue la injusticia con sus componentes de opresión, marginación, abuso de poder aun con violencia y otros males similares. Este tema ha sido explorado, estudiado y analizado abundantemente en la literatura cristiana contemporánea, especialmente desde la perspectiva de la Teología de la Liberación y del movimiento ecuménico en América Latina.[143] También en el lado evangélico latinoamericano ha habido estudios del te-

---

141. John R. W. Stott, *Contra cultura cristiana: El mensaje del Sermón del Monte* (1984)· 49-51.

142. Para un estudio un poco más detallado de este tema, aunque también está relacionado con el Sermón del Monte, ver el artículo de Carlos Calderón, «¿Qué significa 'justicia' en Mateo 5:6?», *Kairós* 37 (2005): 59-80.

143. Una selección de algunos de los escritos representativos es la siguiente: Carmelo E. Álvarez y Pablo Legget, eds. *Lectura teológica del tiempo latinoamericano: Ensayos en honor del Dr. Wilton M. Nelson* (1979); Mortimer Arias, coordinador, *Evangelización y revolución en América Latina: Documentos previos, trabajos y conclusiones de la Consulta Continental de Evangelización, Cochabamba, 1966* (1969); Delir Brunalli, *Profetas del reino: Grandes líneas de la actual teología de la vida religiosa en América Latina*, CLAR 58 (1987); Israel Gabriel, Cañellas, «Los profetas de Israel: Incidencia religiosa y socio-política» *Biblia y Fe* 41 (1988): 30-55; Victoriano Casas, «El compromiso profético: Reflexiones desde la revelación bíblica», *Biblia y Fe* 41 (1988): 5-29; José Severino Croatto, «Del año jubilar levítico al tiempo de liberación profético: Reflexiones exegéticas sobre Isaías 61 y 58 en relación con el Jubileo», RIBBLA 33 (1999): 76-96; equipo de teólogos de CLAR, *Tendencias proféticas de la vida religiosa en América Latina*, CLAR 24 (1975); Folgado F. Segundo, «La misión profética hoy: Hacia una eclesiología encarnada en el hombre», *Biblia y Fe* 41 (1988): 80-107; Pedro Jaramillo R. *La injusticia y la opresión en el lenguaje figurado de los profetas* (1992).

ma.[144] Debido a esta amplia literatura disponible no se hará aquí una exposición más detallada de este tema. Se dirá lo que sea más útil para cumplir los propósitos de la investigación.

La justicia es uno de los valores más importantes en la Biblia, porque refleja de manera muy clara el carácter de Dios. Por tanto, la injusticia sería una de las mayores ofensas en contra del carácter y la persona de Dios mismo. Brueggemann dice que la justicia, incluso se puede hacer equivaler a la santidad de Dios.[145] De manera que la injusticia es un pecado mayúsculo a los ojos de los profetas. La injusticia se puede entender de manera muy general como todo lo opuesto al carácter de Dios, pero los profetas fueron muy concretos y específicos al denunciarla.

Los profetas no solamente denunciaron una situación general de injusticia en Israel, sino que también especificaron problemas y pecados concretos tales como la administración de la justicia (Isaías 10:1-4), el comercio (Amós 8:4-6), la esclavitud en violación de las normas del año de jubileo (Jeremías 34:8-20), el salario (Malaquías 3:5), la riqueza mal habida (Ezequiel 22:12),[146] la persecución de los que denuncian la injusticia (Amós 5:10), el cobro desmedido de impuestos a los pobres (Amós 5:11), los sobornos en los tribunales (Amós 5:12)[147]. Los profetas no solamente denunciaron la injusticia de Israel, sino también la de las naciones (Jonás 3:8; Daniel 4:27).[148] Esto lleva a pensar que la justicia es un valor universal y que no es una demanda de Dios solamente para Israel, o la Iglesia en el presente. Dios espera que aun los pueblos y los líderes de los pueblos paganos practiquen la justicia ¿solamente en los tiempos antiguos o también ahora? En caso contrario se harían merecedores del señalamiento profético y del consecuente juicio divino. Esto tiene tremendas implicaciones para el ministerio profético de la Iglesia hoy, incluyendo la educación teológica.

---

144. También se ofrece aquí una selección de algunos escritos representativos: M. Daniel Carroll R., «La contextualización de los profetas: Una reseña de retos metodológicos» en Oscar Campos, ed. *Teología evangélica para el contexto latinoamericano: Ensayos en honor del Dr. Emilio A. Núñez* (2004): 105-126; Samuel Escobar *et al., Misión en el camino: Ensayos en homenaje a Orlando E. Costas* (1992); Manfred Grellert, *Los compromisos de la misión* (1992); C. René Padilla, *Discipulado, compromiso y misión* (1994); Washington Padilla, *Hacia una transformación integral* (1989); Alberto Fernando Roldán, *Evangelio y antievangelio: Misión y realidad latinoamericana* (1993); Gary Williams, «La justicia seguirás: Prioridades bíblicas y prioridades evangélicas», en Oscar Campos, *Teología evangélica para el contexto latinoamericano*: 127-170.

145. Brueggemann, «Justice: The Earthly Form of God's Holiness», *Reformed World* 44 (1994): 13-27.

146. Sicre, *Profetismo en Israel*: 399-402.

147. Williams, «La justicia seguirás…»: 134-136.

148. Brueggemann, *An Introduction to the Old Testament*: 353.

### 4.3. Buscad la justicia[149]

En el apartado anterior de presentó el aspecto negativo del mensaje profético con respecto a la justicia, la denuncia. Aquí se presentará el aspecto positivo, es decir, el llamado al arrepentimiento y la exhortación a buscar la justicia, en el sentido de practicarla. Este llamado se basa en el carácter mismo de Dios quien es juez justo que ama la justicia (Salmos 11:7). Brueggemann expresa así esta característica de Dios:

> Resulta evidente que la metáfora *juez* presenta a Yahvé comprometido con una normativa legal justa, como alguien con quien se puede contar a la hora de intervenir a favor de los que son tratados injustamente o contra lo que es visto como un tratamiento desigual de acuerdo con las nociones radicales de justicia en Israel, las cuales se oponen al «realismo» explotador de gran parte de la justicia que se sirve y se engrandece a sí misma. Así se afirma que Yahvé es «amante de la justicia» (Salmos 99:4; Isaías 61:8), alguien que se preocupa por ella, que está comprometido con su práctica y en quien se puede confiar que en temas sociales actuará a favor de la justicia basada en la alianza.[150]

En varios pasajes del Antiguo Testamento se ponen en oposición las prácticas religiosas del pueblo de Israel (idolatría interna) con la búsqueda y práctica de la justicia (Amós 4:4-5; 5:4-15, 21-24; Isaías 1:10-17; 58:1-14; Miqueas 6:6-8).[151] Aquí se puede ver una relación directa entre el culto idolátrico de Israel y la injusticia. Los israelitas pensaban que el culto en sí era suficiente para agradar a Dios, cuando los profetas están diciendo que lo que Dios pide es la justicia.[152] Concretamente qué es lo que se debe buscar y cómo se practica la justicia según el mensaje profético. A continuación se hará una breve descripción de qué es lo que Dios pedía a través de los profetas.

Unos cuantos pasajes del Antiguo Testamento servirán de ejemplo. Los primeros dos no forman parte de los profetas según el canon, pero reflejan no solamente el carácter profético de la justicia, sino también las demandas para el pueblo. El primero es Job 29:12-17, el cual, aunque no es parte del «mensaje profético» propiamente dicho, sí sirve para entender las demandas de ese mensaje. En este pasaje Job se describe a sí mismo como un hombre «justo». Se podría decir que Job encarna aquí lo que la

---

149. Isaías 1:17.
150. Brueggemann, *Teología del Antiguo Testamento*: 256.
151. Williams, «La justicia seguirás…»: 127.
152. Ibíd. Esta es la temática completa del artículo de Williams. El autor concluye que el mismo problema que tenían los israelitas en tiempos del Antiguo Testamento lo tienen los evangélicos en el tiempo presente.

bienaventuranza llama «los que tienen hambre y sed de justicia». ¿A cuál justicia se refiere Job en este pasaje? ¿Se refiere a la rectitud moral individual solamente o a algo más? El vr. 17 es particularmente esclarecedor. Job no solamente era una persona íntegra, honesta, generosa y compasiva. Lo más importante es que estaba comprometido con la lucha por la justicia, es decir, por salvar al pobre y al desvalido de las garras del opresor. ¿Qué es la justicia según este pasaje? Además de una conducta recta delante de Dios (moralidad individual, que es como mayormente se describe a Job) es también un anhelo y una lucha en contra de las injusticias sociales y por hacer que prevalezcan condiciones de libertad y de equidad, en fin una ética social, no solamente individual.

Un segundo pasaje es el Salmo 112, que tampoco es de los profetas, pero ayudará. De manera similar a Job 29, el Salmo 112 describe al justo. Muchos dan énfasis a la teología de la prosperidad incluida en este salmo, pero pasan por alto las características de este hombre justo y próspero. Se trata de un creyente cuya justicia permanecerá para siempre (vrs. 3 y 9). Él maneja sus asuntos o negocios con justicia (vr. 5), vence a sus adversarios, es decir, los que no manejan sus negocios con justicia (vr. 8), está comprometido con los pobres (vr. 9) y les causa molestias a los impíos, es decir, se compromete con la lucha en contra de los que hacen injusticia (vr. 10). La justicia, entonces, se identifica aquí con acciones concretas que favorecen a los desfavorecidos y confronta a los que hacen el mal.

Un tercer pasaje es Isaías 1:17, 21, 26. Este es, sin duda, un pasaje esclarecedor, porque define la justicia y luego ejemplifica esa justicia en la ciudad de Jerusalén. El vr. 17 define qué es justicia: es hacer el bien, es reprender al opresor, es defender al huérfano, es abogar por la viuda.[153] Hubo un tiempo en que Jerusalén estaba llena de esa justicia (vr. 21), pero ya no está presente esa justicia. Sin embargo, vendrá un tiempo en que habrá de nuevo justicia en ella (vr. 26). De modo que la justicia aquí es algo social, no meramente individual. Tiene que ver con estructuras, con relaciones entre los grupos sociales (pobres, huérfanos, viudas, jueces, opresores, asesinos).

Un cuarto y último pasaje es Jeremías 22:13-19. La importancia de este pasaje es que relaciona directamente la justicia con el conocimiento de Dios (vr. 16). El pasaje contrasta las actitudes y las acciones injustas del rey Joacim con las actitudes y las acciones justas de Josías, su padre. Josías fue un rey que vivió bien, tal y como se entiende normalmente que vive un rey. Lo sobresaliente en el texto es que Josías sí hizo justicia, a diferencia de Joacim, que vivía lujosamente, pero no hacía justicia. El vr. 16 declara, en forma de pregunta retórica que conocer a Dios es hacer justicia, o dicho al

---

153. Ibíd., 140-143.

revés, hacer justicia es conocer a Dios. Esto implica una relación profunda con Dios que incluye compromiso y obediencia.[154]

Los cuatro pasajes antiguotestamentarios aquí presentados son solamente una muestra pequeña de lo que la Biblia enseña sobre la justicia.[155] La exhortación profética a buscar la justicia dirige al pueblo de Dios en la dirección de hacer lo que estos pasajes identifican como justicia.

### 4.4. Implicaciones para la educación teológica

Como se hizo en las secciones sobre la imaginación profética y sobre la idolatría aquí también se considerarán algunas implicaciones del tema de la voz profética y la justicia. La manera en que se hará esto es similar a las anteriores. Se mencionarán implicaciones a partir del concepto de justicia, a partir de la denuncia de la injusticia y a partir del llamado al arrepentimiento y la exhortación a buscar la justicia. ¿Qué tiene que ver este tema con la educación teológica evangélica en América Latina?

Pensando en cuál justicia, la educación teológica evangélica en América Latina bien haría en reconsiderar el concepto bíblico de justicia. Más exactamente, se debe ampliar el concepto enseñado tradicionalmente a fin de incorporar todos los aspectos que la Biblia enseña y que han sido presentados aquí. Los dos primeros aspectos, el soteriológico y el moral individual sí han sido parte de la enseñanza clásica evangélica, pero el aspecto social, cuando se enseña se queda encerrado en el tiempo del Antiguo Testamento, en Israel y en el mensaje profético original. Muy poco o casi nada se contextualiza a la Iglesia y al mundo contemporáneo.[156] Parte del problema ha sido que los educadores teológicos, especialmente los misioneros europeos y norteamericanos que enseñan en las instituciones teológicas evangélicas en América Latina han sido formados en escuelas teológicas tradicionales, cuyo énfasis es el aspecto técnico, científico, racional, «objetivo», centrado en lo académico y en el texto, no tanto en el

---

154. J. A. Thompson, *Jeremías: Introducción, comentario y notas* (1992): 457.

155. Un libro que abunda en pasajes bíblicos sobre la justicia y la injusticia es Gary Haugen, *Buenas noticias acerca de la injusticia,* trad. Luis Alonso Vargas (2002).

156. Para una mejor comprensión de las causas de por qué los comentaristas y teólogos europeos y norteamericanos no ponen atención a los asuntos socio-políticos del texto bíblico o del contexto contemporáneo ver Gary Williams, «Influencias contextuales en lecturas de Nehemías 5: un caso de estudio», *Kairós* 32 (2003): 39-60. Un libro que se ha convertido en un clásico para analizar las ideologías, las metodologías exegéticas y las conclusiones teológicas de la teología europea es Juan Luis Segundo, *Teología de la Liberación: Respuesta al Cardenal Ratzinger* (1985). También es clásico el libro de Jon Sobrino, *Jesucristo liberador: Lectura histórico-teológica de Jesús de Nazaret,* cuarta reimpresión (2008) donde el autor explica que es necesaria esta nueva cristología porque las cristologías clásicas no ven a Jesucristo como se ve ahora desde América Latina.

contexto. Cuando estos misioneros, particularmente los norteamericanos, vienen a América Latina, a las escuelas evangélicas para enseñar Biblia o teología lo que traen es lo que aprendieron en sus escuelas.[157] El problema se agranda a medida que estos educadores enseñan eso a los estudiantes, quienes salen a las iglesias y a enseñar en instituciones de educación teológica, prácticamente lo mismo que aprendieron. Muy diferente es lo que sucede en las instituciones ecuménicas, donde sí se hace más énfasis en estos aspectos de justicia social,[158] aunque los evangélicos piensan que los ecuménicos no le hacen justicia a la autoridad de la Biblia, considerada doctrina fundamental del protestantismo. Una clave siempre es la relectura, a la luz de los diversos contextos y épocas históricas para recuperar toda la riqueza que la Biblia tiene. El tema de la justicia es uno de los que más se necesita recuperar en todo su significado.

Pensando en la denuncia profética de la injusticia, la educación teológica evangélica en América Latina ha hecho menos. La Iglesia evangélica latinoamericana no ha considerado que la denuncia profética de la injusticia sea parte de su misión en este mundo y así se ha enseñado en las instituciones de educación teológica. El autor de la presente obra recuerda lo que se ha enseñado por décadas en las materias de Antiguo Testamento en los seminarios evangélicos de América Latina, donde se ha dicho que la denuncia de la injusticia se limitaba a Israel y al tiempo de los profetas y que no tenía nada que ver con el mundo de hoy. Si acaso hubiera alguna relación, la denuncia profética de la injusticia se limitaría hoy al interior de la Iglesia solamente. Esto ha sido enseñado especialmente por profesores norteamericanos. Lo interesante es que nadie enseñaba a denunciar las injusticias ni siquiera dentro de la Iglesia misma. Sin embargo, algo ha cambiado con el correr de los años, porque uno de esos profesores norteamericanos ahora enseña y escribe sobre este tema y ha sido citado en la presente obra.[159] Este profesor dice algo muy interesante con respecto a la denuncia de los profetas en contra de los males de las naciones fuera de Israel y cómo afecta eso a la denuncia profética hoy:

> El pecado de las naciones no israelitas más denunciado en Ezequiel, así como en los profetas en general, es el maltrato para con Israel. El se-

---

157. Resulta chocante para los educadores teológicos norteamericanos trabajando fuera de Estados Unidos la ponencia de Jonathan Bonk, «The mouse in bed with the elephant: Contextualizing theological education outside the United States» (1998).

158. Sherron Kay George, «Ecumenical Theological Education in Latin America, 1916-2005», *International Bulletin of Missionary Research* 31/1 (2007): 15-21.

159. Se trata del Dr. Gary Williams, quien enseña materias de Antiguo Testamento, Hebreo, Exégesis del Antiguo Testamento y Teología del Antiguo Testamento tanto a nivel de pregrado, como a nivel de postgrado en el Seminario Teológico Centroamericano en la ciudad de Guatemala.

gundo pecado más denunciado de Ezequiel, y probablemente el segundo pecado más denunciado en los profetas en general (Amós 1-2 sería una excepción), es la soberbia. Particularmente se les tacha a las naciones poderosas de este pecado (léase, hoy día, EE. UU.), pues se creían demasiado, atribuyéndose a sí mismos el éxito que gozaban, en vez de atribuirlo a Dios. Llama la atención que algunos de los profetas, Ezequiel entre ellos, no resaltan demasiado la idolatría en sus mensajes contra las naciones. Menos aún hablan de la injusticia interna en las naciones no israelitas (si bien el rey de Asiria, durante la campaña profética de Jonás, de alguna manera concluyó que dejar la opresión y el robo tal vez salvaría a su pueblo del juicio divino, ver Jonás 3:8)... Las normas de Dios, principalmente en cuanto a la justicia son de carácter universal (ver Daniel 4:27), pero esta cuestión no nos afecta demasiado en las Américas, donde casi todos nuestros países profesan ser cristianos. Por otro lado, en este mundo globalizado, y pensando en el envío de misioneros a naciones que no profesan ser cristianas, sí debemos analizar la cuestión con nuestros estudiantes y con la Iglesia.[160]

Parece que estas son buenas noticias, porque se ha entendido que el Israel del Antiguo Testamento es un paradigma no solamente para la Iglesia, sino para todo el mundo que profesa ser cristiano. Esto, por supuesto incluiría los Gobiernos de las naciones «cristianas» y todas las estructuras sociales, económicas, judiciales, políticas de esas naciones y sus Gobiernos, tal y como sucedía con Israel en el Antiguo Testamento, que profesaba ser creyente y seguidor de Yahvé. ¿Se debe enseñar la denuncia profética de la injusticia de las naciones en las materias y clases de las instituciones evangélicas de educación teológica en América Latina? Instituciones católicas y ecuménicas ya lo hacen.[161]

Mucho más incómodo que denunciar las injusticias de los Gobiernos o de las empresas o de las instituciones públicas es denunciar las injusticias de la Iglesia misma, y peor aún, las de las instituciones de educación teológica. ¿Cometen injusticias las iglesias y las instituciones? ¡Claro que sí!

160. Ver David Suazo J., «La educación teológica y la voz profética: Pautas de la profecía de Ezequiel», tarea presentada en cumplimiento de DET 203: Teología Bíblica de la Educación Teológica, SETECA (2005): 4.

161. Ver por ejemplo: Robin Joan Burns, «Education for Social Change: Proactive or Reactive Role?», *International Review of Education* 48/1,2 (2002): 21-45; Patrick W. Carey y Earl C. Müller, *Theological Education in the Catholic Tradition: Contemporary Challenges* (1997); Dhyanchand Carr y Wielenga Bastiaan, «A Mandate for Theological Education», *International Review of Mission* 81 (1992): 47-56; Juan Carlos Carrasco, «El rol profético de la educación» <http://kairos.org.ar/articuloderevista.php?ID=195> 24 de enero de 2009; Joseph C. Hough, «Ecumenical Seminaries and Constituencies: Theological Education and the Aims of the University», *Christian and Crisis* 50/9 (1990): 111-115; William Reiser, S. J. ed. *Love of Learning: Desire for Justice: Undergraduate Education and the Option for the Poor* (1995); Daniel S. Schipani, *Teología del ministerio educativo: Perspectivas latinoamericanas* (1993).

¿Quiénes las denuncian y llaman al arrepentimiento? Parece que, de alguna medida, los educadores teológicos son los llamados a funcionar como profetas. El problema se complica y se agrava cuando no se trata simplemente de una injusticia cometida por aquí u otra cometida por allá, sino cuando se percibe que el sistema en sí es injusto y está basado en normas y reglas injustas que favorecen a algunos, perjudican a otros u oprimen a otros. ¿Qué hacer allí? Esto no es asunto de la temática de alguna materia en particular, sino del compromiso ético del educador teológico con la justicia que trasciende el salón de clases. Esto no solamente puede ser arriesgado, sino peligroso.

El educador teológico, especialmente el que enseña el mensaje profético de la Biblia, se convierte en una especie de profeta contemporáneo, casi por obligación, debido a su compromiso con las Escrituras. Si la tarea negativa de denunciar las injusticias es incómoda y peligrosa, también lo es la tarea positiva de exhortar a buscar y practicar la justicia. La voz profética se torna una carga que hay que descargar para ser fieles a Dios, a la Palabra de Dios y al pueblo de Dios.

## 5.  Conclusión

Se ha llegado al final de este segundo capítulo, donde se planteó lo que la función profética en el Antiguo Testamento tiene que decirle a la educación teológica evangélica en América Latina. Primero se desarrolló el concepto de imaginación profética, siguiendo las pautas que establece el conocido escritor Walter Brueggemann en varios de sus escritos. Los desafíos para la educación teológica son abundantes, comenzando por el carácter subversivo de esa imaginación profética, siguiendo por su carácter utópico y concluyendo con su carácter comunicante. Cada una de estas ideas tiene impacto en la educación teológica evangélica latinoamericana.

Segundo se elaboró el concepto de voz profética en relación con el pecado más denunciado por los profetas: la idolatría. Hubo énfasis en describir la voz profética en su aspecto de denuncia. Esta sección se concentró en describir la idolatría «interna» de Israel con el fin de hacer una relación directa con el culto en las iglesias evangélicas latinoamericanas del presente y el papel de la educación teológica en tal situación.

En tercer lugar se desarrolló el concepto de voz profética en relación con el segundo pecado más denunciado por los profetas: la injusticia. Se continuó con el énfasis en el aspecto de denuncia de la voz profética aplicado a la injusticia. Esta sección le dio importancia al asunto de esclarecer el concepto bíblico de justicia para contrarrestar las ideas que, aunque correctas que hay en los círculos evangélicos, son limitadas, parciales y teológicamente prejuiciadas. Se propuso un entendimiento más integral del concepto bíblico de justicia. Luego se desarrolló, tanto el elemento negativo de la voz profética, es decir, la denuncia de la injusticia, como el elemento positivo, el llamado al arrepentimiento y la exhortación a buscar y practicar la justicia. Son enormemente desafiantes las implicaciones que todo esto tiene para la educación teológica evangélica en América Latina.

# La función profética en el Nuevo Testamento y sus implicaciones para la educación teológica evangélica en América Latina

## 1. Introducción

Este capítulo explorará la función profética del Nuevo Testamento, y al igual que se hizo en el capítulo anterior con respecto al Antiguo Testamento, se intentará buscar aquellas situaciones que proveerán implicaciones para la educación teológica evangélica en América Latina. Al igual que el Antiguo Testamento, el Nuevo también se ha usado para extraer principios educacionales que alimentan la historia y la filosofía de la educación en general y de la cristiana en particular, señalando sobre todo las enseñanzas de Jesús y los apóstoles.[1] Este capítulo tampoco seguirá esa línea de estudio. Al acercarse al Nuevo Testamento con ojos educacionales muchos buscan simplemente las prácticas pedagógicas de Jesús, y de los apóstoles, sus métodos de enseñanza, sus recursos didácticos para ver en eso algunos ejemplos que los educadores cristianos de hoy pueden imitar.[2] En este capítulo tampoco se seguirá esta línea de pensamiento. En vez de concentrarse en buscar los elementos y principios de la práctica educacional del Nuevo Testamento que serían aplicables a la práctica educacional de la Iglesia en el presente, se buscarán aquellos principios, ideas y reflexiones que dan orientación y proveen fundamento teológico para esa práctica.

---

1.  Ver nota 1 en el capítulo 2 de esta obra, donde se ofrecen unos ejemplos de libros y autores que hacen este tipo de estudio.
2.  Además de los libros mencionados arriba que también tratan algo de este tema, unos ejemplos de este acercamiento más específico son los siguientes: Brojendra Nath Banerjee, *Jesus my Teacher* (2000); Herman Harrell Horne, *Jesus, the Teacher: His Expertise in Education* (1998); ídem, *Teaching Techniques of Jesus* (1971); ídem, *Jesus the Master Teacher* (1964); Daniel Hayden King, *At the Feet of the Master Teacher: Studies in the Background, Content and Methods of Jesus' Teaching* (1997); Stephen D. Jones, *Rabbi Jesus: Learning form the Master Teacher* (1997); Pheme Perkins, *Jesus as Teacher* (1990); Clifford A. Wilson, *Jesus the Master Teacher* (1974); John Milburn Price, *Jesus, the Teacher* (1946); Bruce Wilkinson, *Dynamic Bible Theaching* (1982); ídem, *Las siete leyes del aprendiz* (2006); LeRoy Ford, *Modelos para el proceso de enseñanza-aprendizaje: Una guía de autoestudio para la planeación de lecciones*, trad. Jorge E. Díaz y Nelda B. de Gaydou (1985).

El tema de la voz profética en el Nuevo Testamento ha sido menos explorado que en el Antiguo Testamento. Algunos estudiosos trasladan el tema desde el Antiguo Testamento hasta el Nuevo, enfocándose particularmente en Jesús.[3] Como en círculos evangélicos ha sido muy poco lo que se ha hecho en el tema de voz profética desde el Nuevo Testamento, el presente capítulo busca aportar alguna enseñanza y reflexión al respecto con enfoque en las implicaciones para la educación teológica.

Hay muchas ideas, pasajes y personajes del Nuevo Testamento que se podrían estudiar con este enfoque de voz profética, pero aquí se hará un estudio más limitado, seleccionando solamente unos cuantos personajes y pasajes bíblicos. Obviamente, se estudiará con mayor atención a Jesús con énfasis en sus enseñanzas y sus acciones, pero también con algunas reflexiones tocantes a aspectos de su vida y ministerio. Al final habrá una breve presentación del libro de Apocalipsis desde la perspectiva de la voz profética.

Todo lo anterior seguirá la misma línea de pensamiento iniciada ya en el capítulo anterior. Las pautas presentadas sobre la voz profética y la imaginación profética en el capítulo del Antiguo Testamento se aplicarán también aquí. Por tanto, se seguirán utilizando las ideas de Walter Brueggemann junto con las ideas de otros teólogos y biblistas del Nuevo Testamento, entre quienes sobresalen N. T. Wright y Craig L. Blomberg. Se ha seleccionado a estos dos autores porque ambos han hecho aportes significativos a los estudios del Nuevo Testamento, especialmente en el tema de Jesús. N. T. Wright representa la tercera búsqueda del Jesús histórico, hecha con un acercamiento más próximo a la corriente más evangélica de

---

3. Craig L. Blomberg, «Your Faith Has Made You Whole: The Evangelical Liberation Theology of Jesus», en Joel B. Green y Max Turner, eds., *Jesus of Nazareth: Lord and Christ: Essays on the Historic Jesus and New Testament Christology* (1994); Leonardo Boff, *Jesucristo el Liberador: Ensayo de cristología crítica para nuestro tiempo* (1980); John Bolt, «Who Was Jesus», *Calvin Theological Journal* 28/2 (1993): 548-549; Hugo Echegaray, *La práctica de Jesús* (1972); George R. Edwards, *Jesus and the Politics of Violence* (1972); Epifanio Gallego, «La misión profética de Jesús: Reto a una sociedad con ansias de ser feliz», *Biblia y Fe* 41 (1988): 68-74; Morna D. Hooker, *The Signs of a Prophet: The Prophetic Actions of Jesus* (1997); Donald B. Kraybill, *El reino al revés* (1995); Juan Luis Segundo, *El hombre de hoy ante Jesús de Nazaret* (1982); Jon Sobrino, *Cristología desde América Latina: Esbozo a partir del seguimiento del Jesús histórico* (1977); ídem, *Jesucristo liberador: Lectura histórico-teológica de Jesús de Nazaret* (1991); ídem, *La fe en Jesucristo: Ensayo desde las víctimas* (1999).

esa búsqueda.[4] Blomberg es un biblista evangélico del Nuevo Testamento cuyo aporte principal estará en el tema de las parábolas de Jesús que es un tema en el que él se ha destacado. Algo de lo que ya se expresó en el capítulo anterior sobre varios temas sirve para el presente. De manera que no habrá necesidad de repetir, por ejemplo, la definición y descripción de voz profética, de imaginación profética, de denuncia profética. Se usará como base lo dicho allá.

## 2.   Jesús, el profeta por excelencia

La primera sección de este capítulo tiene a Jesús como el personaje principal. Se estudiará, principalmente lo que en los evangelios se dice de Él como profeta. Tradicionalmente los creyentes evangélicos han sido enseñados a ver a Jesús en los evangelios como el Hijo de Dios que vino básicamente para morir.[5] Por tanto, su ministerio terrenal, sus enseñanzas, sus confrontaciones con el liderazgo religioso y político de Israel, se entienden como solamente preámbulos de su muerte, sin considerarlos ni elementos soteriológicos, ni proféticos. Si, además se habla del seguimiento de Jesús, este se limita a los aspectos individuales de carácter espiritual y devocional (oración, intimidad con Dios, modelo como maestro, y otros), lo cual

---

4.   No obstante, es necesario decir que N. T. Wright ha sido objeto de críticas por parte de eruditos y estudiosos del Nuevo Testamento. Hay varias críticas y objeciones, como la de no tomar en cuenta trabajos serios sobre la búsqueda de Jesús entre la primera de Albert Schweitzer y la segunda de Käsemann en Maurice Casey, «Where Wright is Wrong: A Critical Review of N. T. Wright's Jesus and the Victory of God», *Journal of the Study of the New Testament*, 69 (1998): 96. Sin embargo, la crítica más fuerte y que más afecta a los evangélicos es aquella que señala que Wright considera las enseñanzas escatológicas de Jesús como algo simplemente metafórico. Ver Ibíd., 97ss. N. T. Wright responde a estas críticas en «Theology, History and Jesus: A Response to Maurice Casey and Clive Marsh», *Journal of the Study of the New Testament* 69 (1998): 105-112. Ver también Carey C. Newman, ed. *Jesus and the Restoration of Israel: A Critical Assessment of N. T. Wright's Jesus and the Victory of God* (1999); Clive Marsh, «Theological History? N. T. Wright's Jesus and the Victory of God», *Journal of the Study of the New Testament* 69 (1998): 77-94.

5.   Esta interpretación de la misión de Jesús viene desde tiempos antiguos. Por ejemplo, Anselmo de Canterbury en su clásica obra *Cur Deus Homo (¿Por qué Dios se hizo hombre?)* estableció que el propósito único de la encarnación era la muerte de Jesucristo, *Obras completas de San Anselmo,* trad. Julián Alameda (Madrid: Biblioteca de Autores Cristianos, 1952). Ver también James Oliver Buswell, *Cristo, su persona y su obra,* tercera edición (2002): 82-83. Las obras clásicas de teología sistemática que han sido utilizadas en la educación teológica evangélica en América latina enseñan esto: por ejemplo L. Berkhof, *Teología Sistemática,* trad. Felipe Delgado Cortés, tercera edición (1974); L. S. Chafer, en su *Teología Sistemática,* tomo I, trad. Rodolfo Mendieta, Evis Carballosa y Francisco Lévano (1974): 360-370 menciona siete razones de por qué el Hijo se encarnó, pero todas ellas apuntan a su muerte.

está bien. Sin embargo, muy poco se dice de Jesús el profeta[6] quien confrontó los poderes de su tiempo, denunció los males de la sociedad judía del primer siglo y anunció tanto el juicio como el Reino de Dios. De esto último, que ha sido descuidado en la Iglesia evangélica latinoamericana, se trata en esta sección.

Habrá un estudio primero de algunos signos proféticos de la narración de la vida de Jesús[7] (como su nacimiento —Lucas 1:46-55; 67-79; 2:1-21—, su crucifixión y su resurrección[8]). También se presentarán en sentido profético algunos de los milagros de Jesús, así como algunas parábolas y enseñanzas seleccionadas. Siendo que esta obra no es una exégesis ni una exposición de pasajes bíblicos, la presentación se limitará a hacer un breve comentario no técnico, pero con reflexión teológica siguiendo la pauta ya establecida de la voz profética.[9] La sección terminará, como es de esperarse con la consideración de las implicaciones para la educación teológica evangélica en América Latina.

## 2.1. El nacimiento de Jesús: Un acto profético desafiante

Desde que comienzan los relatos del nacimiento de Jesús ya se ven elementos proféticos. Jesús nació como un signo de contradicción y como una llamada de atención a la sociedad acostumbrada a ver a sus reyes con todo el esplendor. Jesús protesta ya desde su nacimiento en contra de esa manera de pensar. En esta parte se enfocará el carácter profético del nacimiento de Jesús y sus implicaciones para la Iglesia y para la educación teológica.

«El nacimiento de Jesús por sí mismo representa una crítica decisiva de la conciencia dominante».[10] Tanto el relato de Mateo como el de Lucas apuntan al surgimiento de una conciencia alternativa que entra en conflic-

---

6. Es interesante observar que los teólogos sistemáticos del pasado sí hablaban del «oficio profético» de Jesús, pero no lo relacionaban con lo que es la voz profética ni lo describían en esos términos. Ver por ejemplo, L. Berkhof, *Teología Sistemática*, 425-428.

7. En este aspecto sigue siendo muy valioso lo que dice Walter Brueggemann con respecto a la imaginación profética. Se seguirá básicamente lo que él dice en *Prophetic Imagination*, segunda edición (2001), especialmente el capítulo 5 (págs. 81-99), donde se hace énfasis en algunos momentos cruciales en la vida de Jesús. Las ideas y acercamiento al texto de Brueggemann seguirán siendo fundamentales incluso en la sección sobre el Apocalipsis, aunque él no tenga algún escrito específico sobre ese libro.

8. Ver N. T. Wright «Resurrection is Politically Revolutionary», *Christianity Today* 47/5 (2003): 66; ídem, *Surprised by Hope: Rethinking Heaven, The Resurrection, and the Mission of the Church* (2008), especialmente el capítulo 15 (págs. 255-290).

9. Uno de los mejores retratos de Jesús como profeta se encuentra en N. T. Wright, *Christian Origins and the Question of God*, vol. 2: *Jesus and the Victory of God* (1996), especialmente la parte dos, págs. 145-197.

10. Brueggemann, *Prophetic Imagination*, 82.

to con los poderes de aquel tiempo representados por Herodes y el César.[11] N. T. Wright, basado en el relato de Lucas dice lo siguiente:

> Aquí está el viejo rey en Roma (Augusto), llegando a los 60 en el año en que Jesús nació: él representa quizá lo mejor que los reinos paganos podían hacer. Al menos él reconoce que la paz y la estabilidad son buenas cosas; desafortunadamente, él ha tenido que matar a mucha gente para conseguirlas y establecerlas y matar a mucha más gente, normalmente, para preservarlas. También desafortunadamente, su interés real es su propia gloria. Incluso antes de su muerte muchos de sus súbditos habían empezado a darle tratamiento divino.
>
> En contraste, aquí está el joven rey en Belén, nacido ya con un precio por su cabeza. Él representa la alternativa peligrosa, la posibilidad de un imperio diferente, de un poder diferente, de una gloria diferente, de una paz diferente. Los dos imperios se enfrentan uno contra el otro.[12]

El nacimiento de Jesús fue en sí mismo un acto profético y con esa intención fue registrado por los evangelistas en sus relatos. Con Jesús la utopía del Antiguo Testamento sí ha venido, pero no en su plenitud. Jesús mismo nota la diferencia entre el «ya» y el «todavía no» (Mateo. 5:10-12; 19:28; 26:29; Hechos 1:7). En el relato de Mateo el contraste no es con el emperador de Roma, sino con Herodes, el rey de la provincia romana de Palestina. Este relato pone en evidencia dos realidades contrarias: por un lado está la furia destructiva del falso rey (Mateo 2:16) y por el otro el lamento de la tradición profética (Mateo 2:17).[13] Brueggemann describe de la siguiente manera esta construcción narrativa de Mateo:

> En esta construcción de Mateo 2, los vrs.16 y 17 sobre el rey y el profeta son preliminares, mientras que los vrs. 18-23 llevan la acción. El contraste es completo. el rey está muerto y el ángel trae al niño a su futuro. Claramente Herodes ha sido superado; él no es el verdadero rey. Jesús es el verdadero rey (2:11) y el verdadero rey se mantiene como la negación decisiva del falso rey. El lamento de Raquel es un lamento por un final que parece que el rey puede manejar, pero termina superando al rey. En realidad el lamento de Raquel tiene que ver tanto con la crítica final como con la novedad que surge de esa crítica. Que Jesús es presentado como la alternativa es señalado en vrs. 22-23. Él es un nazareno, lo cual es equivalente a decir, un creyente marginado. Él es marginado geográficamente (como un galileo de Nazaret; vrs. 22-23ª); y es también marginado religiosamente (como un nazareo, es decir, un consagrado, ver Números 6:1-21), encarnando una conmo-

---

11. Ibíd.

12. N. T. Wright, «The Most Dangerous Baby: How an Infant in a Cow Shed Overturns the Brute Force of Ceasar», *Christianity Today* 40/14 (1996): 35.

13. Brueggemann, *Prophetic Imagination*, 82.

vedora contra-rrealidad —realidad siempre para contrarrestar y finalmente para destruir la realidad dominante.[14]

En resumen, el nacimiento de Jesús es un acto profético porque pone
en evidencia los poderes de este mundo como una realidad que no preva-
lecerá, sino que será ampliamente superada por otra realidad que fue celebrada por los ángeles, la cual sí puede derrotar al mal y a la vez, anuncia
un nuevo día de paz.[15]

> El nacimiento de un nuevo rey marca un nuevo comienzo de una cla-
> se distinta tanto en el cielo como en la tierra. Así la versión lucana del
> nacimiento es un eco del Segundo Isaías, con la fórmula de entronización
> y un nuevo cántico para el nuevo rey. El nacimiento del nuevo rey, aquel
> que Roma no anticipó ni Herodes pudo detener, comienza otra historia,
> que lleva en sí misma el final de todas las historias de la realeza humana.
> El nacimiento de este nuevo rey, característicamente, marca un jubileo de
> todas las deudas, una amnistía de los antiguos crímenes y el comienzo
> otra vez de un movimiento de libertad (así Lucas 4:18-19).[16]

El nacimiento de Jesús, entonces, es el signo profético, la imaginación
profética de Dios, que describe la irrupción de Dios mismo en la historia
humana para anunciar que las cosas serán diferentes, que la utopía de los
profetas del Antiguo Testamento ha venido a ser una realidad. Lo que se
soñaba antes, se hace realidad ahora. ¡Qué maravilla! ¡Con razón los ángeles lo celebraron!

## 2.2. Los milagros de Jesús: Acciones proféticas

El segundo aspecto de Jesús presentado como el profeta por excelencia
son sus milagros, los cuales forman una parte importante de su ministerio
según el registro de los evangelistas. Los milagros de Jesús han sido estudiados e interpretados de diferentes maneras. La mayoría ve los milagros
de Jesús como actos de autenticación de su identidad como Mesías e Hijo
de Dios, especialmente los del Evangelio de Juan. Esta interpretación es correcta debido a que los propios evangelistas así lo atestiguan, por ejemplo
el exorcismo en Mateo 12:22 tiene la clara intención de probar que Jesús es
el hijo de David, o el milagro de caminar sobre el agua (Mateo 14:33).

Los milagros también han sido estudiados como acciones didácticas
simbólicas, así como lo son las parábolas, es decir, los milagros no son un

---

14. Ibíd., 83.
15. Wright, «The Most Dangerous Baby…», 35.
16. Brueggemann, *Prophetic Imagination*, 103.

fin en sí mismos, sino que tienen una función didáctica profunda.[17] Sin embargo, lo que más interesa aquí es un nuevo acercamiento a los milagros de Jesús como acciones proféticas que hablan del poder de Dios que da vida y de la persona de Jesús que trae salvación y el Reino de Dios.[18] Los milagros sí indican la llegada del Reino, pero son señales aisladas no generalizadas. También son una forma de protesta contra el mundo religioso, como se verá más adelante. Esto se ve en algunos milagros de Jesús que también se presentan como voces proféticas que protestan en contra de una sociedad extremadamente religiosa e insensible a las necesidades de los demás. Para los propósitos de este capítulo se incluirán solamente dos milagros, ambos en el Evangelio de Juan, ambos son sanidades de problemas graves de salud, y ambos denuncian a la sociedad judía y su insensibilidad. Se trata de la curación del paralítico en Juan 5:1-18 y la curación del ciego de nacimiento en Juan 9:1-41. Se seleccionaron estos milagros precisamente porque ayudan a ver de manera clara y evidente la función profética de Jesús.

La historia de Juan 5:1-18 parece ser simplemente la narración de otro milagro más en el ministerio de Jesús. Si se adentra un poco más en ella se notará que hay enseñanzas más profundas.[19] En este caso Jesús hace el milagro en un día de reposo. El paralítico representa a las personas sin esperanza, abandonadas por la sociedad. La «medicina» o la «cura» estaba disponible y al alcance del paralítico. Lo único que hacía falta era la compasión de las personas para ayudar a este necesitado a meterse en el estanque.[20] Con ocasión de este milagro Jesús enfrenta al liderazgo religioso y condena su actitud insensible y legalista de preocuparse más por una norma de la ley que por las necesidades de las personas. Jesús realizó este milagro en día de reposo deliberadamente, para desafiar a las autoridades judías. No es extraño entonces que después de la narración del milagro siga una enseñanza sobre la persona misma de Jesús y su autoridad, aún

17. Ver especialmente Plutarco Bonilla, *Los milagros también son parábolas* (1978).

18. Ver la descripción que Morna D. Hooker hace de los milagros de Jesús como acciones proféticas en *The Signs of a Prophet: The Prophetic Actions of Jesus*, 36-37. Ver también «N. T. Wright on the Purposes of Jesus' Healings» http://jollyblogger.typepad.com/jollyblogger/2006/09/n_t_wright_on_t.html; 19 de septiembre de 2006, consultado el 21 de julio de 2009; N. T. Wright, *Jesus and the Victory of God* (1996): 191; Craig L. Blomberg, *Jesus and the Gospels: An Introduction and Survey,* segunda edición (2009): 270ss., y 310-318.

19. Un artículo interesante e iluminador es el de Patricia Bruce, «John 5:1-18 the Healing at the Pool: Some Narrative, Socio-Historical and Ethical Issues», *Neotestamentica* 39/1 (2005): 39-56. Ver también Jeffrey L. Staley, «Stumbling in the Dark, Reaching for the Light: Reading Character in John 5 and 9», *Semeia* 53 (1991): 55-80. De mucha ayuda para comprender este milagro es también John Meier, *A Marginal Jew: Rethinking the Historical Jesus,* vol. 2: *Mentor, Message and Miracles* (1994): 680.

20. Ibíd., 43.

sobre el sábado. El propósito de Jesús no era simplemente denunciar el mal de su sociedad, sino hacer el bien movido por la compasión y presentar sus credenciales como Hijo de Dios para que creyesen en Él.

Este otro milagro, el de la curación del ciego de nacimiento registrado en Juan 9 es muy parecido al anterior. También se trata de una curación milagrosa, hecha en un día de reposo. En ambos casos la persona beneficiada era alguien sin esperanza, abandonado por la sociedad. En ambos casos Jesús enfrenta al liderazgo religioso[21] y condena la insensibilidad y el legalismo de una sociedad bien organizada para proteger sus normas, pero no para velar por las necesidades de los más necesitados.[22] El relato comienza con una discusión teológica común entre los judíos y entre la gente hoy, es decir, ¿cuál es la causa de la enfermedad y el sufrimiento humano?[23] Esto coloca a la educación teológica en el centro de atención, porque los educadores teológicos comienzan casi todo con una cuestión teológica. Jesús parece no seguir el patrón de los educadores teológicos, porque no le da tanta atención a la pregunta teológica de sus discípulos, sino que se enfoca en otra dirección.

El versículo clave para entender esta narración es el 9:39. Allí Jesús dice cuál es la razón de su venida y de este milagro en particular. Por un lado, está mostrar compasión, al dar la vista al ciego, pero por el otro lado, está el juicio a una sociedad ciega que no es capaz de ver lo que tiene que ver. De manera que la proyección social de Jesús fue no solamente expresar su compasión por medio de hacer un acto de misericordia, dando la vista al ciego, sino también denunciar los males de la sociedad, particularmente del liderazgo.[24] Con todo, hay que mantener siempre en mente que el principal propósito de este milagro, como el de todos los milagros en el Evangelio

21. Para un estudio de las relaciones entre Jesús y los fariseos en el contexto social de aquel tiempo ver David Smith, «Jesus and the Pharisees in Socio-Anthropological Perspective», *Trinity Journal* 6/2 (1985): 151-156. John R. W. Stott, *Las controversias de Jesús* (1975); Sobre los fariseos ver especialmente N. T. Wright, *The New Testament and the People of God* (1989): 181-203; ídem, *El desafío de Jesús* (2003): 55; ídem, *Jesus and the Victory of God*, 125-131.

22. Es interesante ver cómo desarrolla la narrativa de este milagro David S. Dockery en «John 9:1-41: A Narrative Discourse Study», *Ocassional Papers in Translation and Textliguistics* 2/2 (1988): 14-26. También ver Jeffrey L. Staley, «Stumbling in the Dark, Reaching for the Light…»; Meier, *A Marginal Jew: Rethinking the Historical Jesus*, 694-698.

23. Para los detalles de la discusión teológica y sus implicaciones ver Guillermo Hendriksen, *Comentario del Nuevo Testamento: El Evangelio según san Juan* (1981): 338-339; Herman Ridderbos, *The Gospel of John: A Theological Commentary* (1997): 332-333; Raymond E. Brown, *El Evangelio según san Juan: I-XII*, trad. J. Valiente Malla (1979): 614; Leon Morris, *The New International Commentary on the New Testament: The Gospel According to John* (1977): 477-478.

24. Para un análisis profético de este pasaje ver Guillermo Cook, «Ver, juzgar y actuar: La evangelización al estilo de Jesús en Juan 9» en Valdir R. Steuernagel, ed. *Al servicio del reino en América Latina* (1991): 69-79.

de Juan, es autenticar e identificar plenamente a Jesús como el Hijo de Dios para que creyesen en Él, tal como sucedió con el exciego. (vrs. 35-37).

Un vistazo más profundo a los milagros de Jesús ha permitido extraer de ellos un elemento profético que, por lo regular, no ha estado presente en los estudios de este tema en los círculos evangélicos de América Latina. Los milagros de Jesús, entonces, también son proféticos y tienen una voz de denuncia a la vez que anuncian las buenas nuevas de salvación y del Reino de Dios,[25] lo cual encaja bien en el carácter utópico de la imaginación profética. Los milagros, vistos como acciones proféticas de Jesús, contribuyen al cuadro general de ver a Jesús como el profeta por excelencia, algo que no ha sido objeto de estudio en la educación teológica evangélica en América Latina.

### 2.3. Las parábolas de Jesús: Enseñanzas subversivas

Algo similar a lo que se dijo con respecto a los milagros de Jesús se puede decir también de las parábolas. A decir verdad, las parábolas han sido estudiadas abundantemente. No es el propósito de este capítulo profundizar en las parábolas. Para eso hay excelentes obras escritas por autores reconocidos.[26] El punto que se quiere resaltar aquí es el que va en consonancia con lo que ya se ha dicho antes sobre el carácter subversivo de la imaginación profética. Un autor que ha desarrollado este concepto, usando al conocido educador latinoamericano Paulo Freire como base, es William R. Herzog II.[27] Aunque no se está del todo de acuerdo con lo que él dice respecto a la naturaleza y propósito de las parábolas,[28] vale la pena reproducir unas palabras textuales de su libro:

---

25. Hooker, *The Signs of a Prophet*, 37.

26. Para mencionar solamente uno de los autores que sirve como ancla en este capítulo, se incluyen aquí libros y algunos artículos de Craig Blomberg, *Preaching the Parables: From Responsible Interpretation to Powerful Proclamation* (2004); *Interpreting the Parables* (1990); «Interpreting the Parables of Jesus: Where are We and Where Do We Go from Here?», *Catholic Biblical Quarterly* 53/1 (1991): 50-76; «New Horizons in Parable Research», *Trinity Journal* 3/1 (1982): 3-17; «When is a Parallel Really a Parallel a Test Case: The Lucan Parables», *Westminster Theological Journal* 46/1 (1984): 78-103; «Poetic Fiction, Subversive Speech, and Proportional Analogy in the Parables: Are We Making Any Progress in the Parable Research?», *Horizons in Biblical Theology* 18/2 (1996): 115-132; «The Parables of Jesus: Current Trends and Needs in Research», en Bruce D. Chilton y Craig A. Evans, eds. *Studying the Historical Jesus: Evaluations of the State of Current Research.* Leiden: E. J. Brill, (1994): 231-254.

27. William R. Herzog II, *Parables as Subversive Speech: Jesus as Pedagogue of the Oppressed* (1994).

28. Para ver algunos argumentos que cuestionan algunas ideas de Herzog ver: Craig L. Blomberg, «Poetic Fiction, Subversive Speech and Proportional Analogy...», 120-123.

Las parábolas, tal como yo las estaba leyendo tienen sentido si ellas funcionan para Jesús como la codificación funcionó en la *Pedagogía del oprimido* de Freire. Esto significa que las parábolas no fueron historias terrenales con significados celestiales, sino historias terrenales con significados densos, cargadas con una conciencia de la explotación en el mundo de los oyentes. El enfoque de las parábolas no era sobre una visión de la gloria del Reino de Dios, sino sobre los escandalosos detalles de cómo la explotación servía a los intereses de la clase gobernante. En vez de reiterar la promesa de la intervención de Dios en los asuntos humanos, ellas exploraban cómo los seres humanos podrían responder para romper la espiral de violencia y el ciclo de pobreza creada por la explotación y la opresión. La parábola era una forma de análisis social tanto como una forma de reflexión teológica.[29]

No hay razón para excluir, como lo hace Herzog, el propósito de presentar el Reino de Dios a través de las parábolas de Jesús, porque los evangelistas sí subrayan este aspecto. Sin embargo, es necesario darle otro vistazo a las parábolas para descubrir esos significados densos de los que habla Herzog. Al ver con más cuidado las parábolas de Jesús sí se puede ver, al menos en varias de ellas, ese carácter subversivo que se opone a la realidad de la sociedad judía de aquel entonces y que también proponen una nueva realidad, como lo expresa el siguiente comentario:

> Jesús hizo algo que Sócrates no hizo, es decir, Él cuenta historias o parábolas que simbólicamente evocan y promulgan la «basileia» de Dios, el «proyecto de liberación» de Dios, en el cual la lógica de dominación, violencia, premios y castigos, que prevalecen en el mundo cotidiano es desafiado y reemplazado por una nueva lógica, la lógica de la gracia, la compasión, la libertad, que apunta a una nueva clase de existencia comunitaria, en la cual cada persona existe para el beneficio del otro, una comunidad de completa reciprocidad e inclusión.[30]

Para ilustrar las ideas expresadas arriba sobre el carácter subversivo de las parábolas de Jesús, bastará con incluir un par de ejemplos de dichas parábolas. El primer ejemplo se trata de la muy conocida, estudiada y predicada, parábola del hijo pródigo que se encuentra registrada en Lucas 15:11-32. Una razón por la que se escogió esta parábola es, precisamente, porque es tan conocida para los evangélicos que parece que ya se conoce todo acerca de ella y no hay nada nuevo que encontrar. Se hará una presentación que incluirá este aspecto subversivo del cual se ha hablado aquí. El segundo ejemplo es la misteriosa y enigmática parábola de los obreros de la viña que se encuentra registrada en Mateo 20:1-16. Esta parábola fue

29. Herzog., *Parables as Subversive Speech*, 3.
30. Peter C. Hodgson, *God's Wisdom: Toward a Theology of Education* (1999): 99.

escogida por la dificultad de su interpretación por un lado, y por la relativa facilidad con que se podrían hacer comparaciones con situaciones laborales del día de hoy por el otro lado.

La parábola del hijo pródigo es demasiado conocida por los cristianos y por los no cristianos. Es tal el conocimiento que se tiene de ella que muchas veces los cristianos no se percatan de que aun el nombre de la parábola es un tanto equívoco. Quizá podría llamarse mejor «la parábola del padre amoroso» o «la parábola de los dos hermanos» o «la parábola del hermano mayor del hijo pródigo».[31] Blomberg escoge un título inclusivo y la llama «la parábola de los hijos pródigos y su padre».[32]

Más importante que el nombre de la parábola es un significado que, muchas veces, en los círculos evangélicos se queda en el plano soteriológico del perdón incondicional de Dios, lo cual, por supuesto, es una enseñanza de la parábola. El autor de la presente obra tuvo un «encuentro» chocante, pero iluminador con esta parábola cuando hace varios años tomó una materia sobre las parábolas de Jesús con el Dr. Blomberg. El Dr, Blomberg invitó a los estudiantes a ponerse en los zapatos de cada personaje de la parábola. Fue relativamente fácil ponerse en los zapatos del hijo menor, porque todos, de una u otra manera podían identificarse con él y su situación. Un poco más difícil fue ponerse en los zapatos del padre, porque representa un amor incondicional de Dios que los creyentes no logran expresar, pero al fin y al cabo se puede entender y se puede tomar como un ideal. Francamente lo más difícil fue ponerse en los zapatos del hijo mayor. Eso sí fue chocante, porque el hijo mayor representa en la parábola a los fariseos y los escribas (15:2). Es incómodo descubrir que la actitud autojustificante, santurrona y despreciativa hacia «los pecadores», que demostró el hijo mayor, es la actitud que describiría a la mayoría de cristianos de las iglesias evangélicas del día de hoy, incluido este servidor. Lo subversivo de esta parábola está en que invierte el concepto que la sociedad judía tenía de la dignidad, la categoría, el valor y la importancia de las personas. En aquella sociedad las personas importantes, santas y dignas eran los fariseos y los escribas. Las personas pecadoras, insignificantes e indignas eran los recaudadores de impuestos, las prostitutas y otra «chusma»[33] parecida. ¿Quién es el «bueno» y quién es el «malo» en esta historia? Jesús pone las cosas al revés y deja la historia inconclusa para que los oyentes saquen sus propias conclusiones. ¿Cuán subversiva

31. Craig L. Blomberg, *Preaching the Parables: From Responsible Interpretation to Powerful Proclamation* (2004): 38.
32. Ibíd., 40, citando a su vez a Collin Brown, «The Parable of the Rebellious Son(s)», *Scottish Journal of Theology* 51 (1998): 391-405.
33. Expresión popular despectiva que se usa en varios países de América Latina para identificar a personas de baja condición social.

sería la enseñanza de esa parábola hoy en los círculos de las iglesias evangélicas latinoamericanas?

El segundo ejemplo a considerar aquí es la parábola llamada los obreros de la viña de Mateo 20:1-16. Como se indicó arriba, esta parábola fue escogida porque ha causado no pocos dolores de cabeza a los comentaristas y estudiosos de las parábolas, tratando de entender su significado, que parece muy enigmático. Además, la parábola presenta un contexto que se parece mucho a las realidades laborales que viven millones de personas en América Latina y los inmigrantes en todas partes del mundo.

¿Cómo se ve el carácter subversivo de esta parábola? Se puede ver de varias maneras. Un acercamiento radical se encuentra en lo que dice William R. Herzog II en su libro ya citado arriba.[34] Este autor considera que la parábola es subversiva porque pone en evidencia la realidad de explotación que vivían los campesinos en tiempos de Jesús. Para concluir así, Herzog tiene que decir que el dueño de la viña no representa a Dios, ni su generosidad, sino a un terrateniente explotador que se aprovecha de la necesidad de los trabajadores.[35] Además, hay que interpretar la frase introductoria de la parábola: «El Reino de los cielos es semejante a» como una adición posterior de Mateo que no formó parte de la parábola original de Jesús.[36] El autor tiene que decir también que el salario acordado (un denario) era un salario de hambre y no un acto de generosidad.[37] En conclusión, la parábola es, entonces, una protesta en contra del sistema de explotación de parte de la élite terrateniente hacia los campesinos. Aunque es innegable el contexto socio-económico en que se mueve la parábola, no es necesario hacer lo que hace Herzog para encontrar su carácter subversivo. Blomberg argumenta, basado en estudios judíos y cristianos desde la antigüedad que, por ejemplo, hay que identificar al dueño de la viña como una figura que representa a Dios y que la frase introductoria es original de Jesús.[38]

Otra manera de ver el carácter subversivo de esta parábola es la que propone Blomberg.[39] Él propone que aquí se observa de nuevo el reverso de la sociedad judía, usando como punto clave las palabras concluyentes del vr. 16: «Así, los últimos serán primeros y los primeros, últimos» (BLA). Los primeros, en este caso serían los fariseos, quienes se considerarían con el derecho de merecer «el salario completo», porque han trabajado más.

---

34. Herzog, *Parables as Subversive Speech*, 79-97.

35. Ibíd., 96.

36. Ibíd., 97.

37. Ibíd., 89.

38. Blomberg, «Poetic Fiction, Subversive Speech and Proportional Analogy...», 121-123.

39. Blomberg, *Interpreting the Parables*, 221-225.

Los últimos serían los pecadores y publicanos que se verían como los más favorecidos por la gracia inmerecida de Dios.[40] De esta manera Jesús subvierte el orden socio-religioso judío, porque los buenos son los malos y los malos son los buenos. Aunque Blomberg está en lo correcto al ver de esta manera la parábola, él no va más allá de aplicarla a cuestiones personales y espirituales de los creyentes en relación con la gracia de Dios y el trato generoso que Él da a todos.

Una tercera manera de ver el carácter subversivo de esta parábola es la que presenta Justo L. González.[41] Para no perder detalles importantes de esta interpretación se citará textualmente lo que dice este autor:

> Cuando esta historia se lee en la mayoría de iglesias, hay reacción general de que todo el asunto es injusto. No es correcto que a las personas que trabajan más se les pague lo mismo que a las que trabajan menos. En tal contexto social todo lo que se ve es la injusticia, y el sermón, entonces, usualmente argumenta que la gracia de Dios está por encima de la justicia.
>
> Por el contrario, cuando esta parábola se lee en alguna de nuestras iglesias hispanas pobres, hay gente que inmediatamente se identifica con los obreros de la viña, porque ellos entienden el infortunio de aquellos que deben ir temprano en la mañana a pararse en un lugar donde alguien pueda venir en un *pickup* y contratarlos. Puede ser que ellos tengan suerte un día y encuentren trabajo para un día entero. Otros días, ellos podrían pasar horas esperando, sin encontrar trabajo, o ser contratados solamente por un par de horas. Ellos entienden claramente, porque lo han experimentado, la conversación entre el dueño de la viña y aquellos que todavía están parados esperando alrededor de las cinco de la tarde: «¿Por qué han estado aquí parados todo el día sin trabajar?». «Porque nadie nos ha contratado». Entonces viene el sorpresivo final, donde el dueño de la viña paga a aquellos que solamente trabajaron un par de horas (sic) el salario completo de un día y la reacción no es de perplejidad o enojo, como en una congregación de clase media, sino de gozo y celebración. Ellos pueden ver que esto no es un acto de injusticia, sino un acto de suprema justicia. Aquellos contratados a las cinco de la tarde no eran culpables por no haber encontrado trabajo más temprano. Ellos habían estado en realidad parados allí todo el día, esperando contra esperanza que alguien pudiera contratarlos. En un sentido ellos tenían más esperanza y resistencia que aquellos a quienes se les garantizó un trabajo temprano en el día. El hecho de que nadie los haya contratado, no significa que ellos no tenían que comer o que sus necesidades iban a ser menores. Ellos también necesitan el salario de un día para sobrevivir. Así, el acto del dueño de la viña al pagarles a ellos el salario de un día completo no es una muestra de la gracia

---

40. Ibíd., 224.
41. Justo L. González, *Santa Biblia: The Bible Through Hispanic Eyes* (1996): 62-64.

que va contra la justicia, sino de la gracia que entiende la justicia a un nivel más profundo que el de costumbre. El dueño de la viña les paga justo lo que ellos necesitan y justo lo que ellos merecen, no lo que la sociedad, con su torcido entendimiento de la justicia, les pagaría. La justicia común se lavaría las manos de cualquier responsabilidad por estos desafortunados que no encontraron suficiente trabajo para ganarse la vida. Este totalmente justo terrateniente, por el contrario, les paga lo que ellos necesitan y lo que ellos habrían ganado si hubieran sido contratados más temprano.[42]

Salen sobrando comentarios adicionales a lo expresado en la cita anterior.[43] En las tres interpretaciones aquí presentadas se puede ver que esta parábola sí tiene un mensaje muy subversivo que, lamentablemente, no ha sido visto ni entendido en los círculos de la Iglesia ni de la educación teológica evangélica latinoamericana.

Los dos ejemplos de parábolas subversivas presentadas en esta sección: la del hijo pródigo (Lucas 15:11-32) y la de los obreros de la viña (Mateo 20:1-16) han servido para demostrar la voz profética de Jesús en maneras y situaciones en las que los evangélicos normalmente no la verían. Sería muy sorprendente descubrir que algún profesor de Nuevo Testamento en alguno de los seminarios evangélicos de América Latina esté enseñando de esta manera las parábolas de Jesús. Si así fuera, sería algo excepcional. Lo normal es espiritualizar las enseñanzas de las parábolas, como se ha hecho casi siempre en la tradición evangélica.[44]

Antes de seguir adelante con la presentación de Jesús como el profeta por excelencia, se debe decir aquí que los dos temas siguientes se han escogido de manera un poco arbitraria, dejando a un lado otros temas o episodios en la vida de Jesús que pudieron haberse escogido. Por ejemplo, se pudieron haber escogido las enseñanzas de Jesús en el Sermón del Monte, pero es tanto lo que se ha dicho sobre ese sermón, incluso desde la pers-

---

42. Ibíd., 62-63.

43. No todos estarían de acuerdo con la interpretación que González ofrece de esta parábola, especialmente con su concepto radical y funcional de justicia.

44. Un libro nuevo que presenta el género de las parábolas, escrito desde América Latina es Edesio Sánchez C., ed. *Enseñaba por parábolas: Estudio del género «parábola» en la Biblia, Homenaje a Plutarco Bonilla Acosta* (2004).

pectiva de la voz profética que no es necesario repetirlo aquí.[45] También se pudieron haber escogido las controversias de Jesús, especialmente aquellas con el liderazgo religioso judío.[46] O, como hace Brueggemann, se pudieron haber escogido los actos de compasión de Jesús que son, según este autor una forma radical de crítica y denuncia, porque toma en serio a los desvalidos y enfermos al contrario de lo que hace la sociedad.[47] Se han escogido deliberadamente los dos eventos más importantes de la vida de Jesús: su crucifixión y su resurrección, porque estos no son considerados normalmente como acciones proféticas de Jesús, al menos, entre los evangélicos.

## 2.4. La crucifixión de Jesús: Denuncia profética del poder

La crucifixión de Jesús, incluyendo los anuncios y la pasión, es el episodio que más espacio ocupa en los registros de los evangelios. También es el acto más conmemorado por la cristiandad a lo largo los siglos en todas las tradiciones cristianas. La interpretación tradicional de la muerte de Cristo a través de la historia ha sido la del sacrificio expiatorio a favor de los seres humanos pecadores y necesitados de la salvación. Esta interpretación, por supuesto, le hace justicia al texto bíblico, no solamente de los evangelios, sino también de las epístolas, donde los apóstoles hacen primariamente esa interpretación de la muerte de Cristo. Sin embargo, como bien dice Brueggemann, la crucifixión de Jesús no debe entenderse simplemente, en buena «teología liberal», como el sacrificio ejemplar de un noble hombre, ni se debería asignar tan apresuradamente una teoría de la expiación cúltica y sacerdotal, a dicho evento.[48] No se trata de negar o rechazar la expiación sustitutoria de la muerte de Cristo. Se trata de entender todo lo

---

45. Se hace referencia aquí a unas pocas fuentes seleccionadas en español que estudian y exponen el Sermón del Monte o alguna parte de él. Carlos Calderón, «¿Qué significa 'justicia' en Mateo 5:6?», *Kairós* 37 (2005): 59-80; Fernando Camacho, *La proclama del reino: Análisis semántico y comentario exegético de las bienaventuranzas de Mateo 5:3-10* (1987); W. D. Davies, *El sermón de la montaña* (1975); Juan Driver, *Siguiendo a Jesús: Comentario sobre el sermón del monte Mateo 5-7*, segunda edición (1998); Marcel Dumais, *El sermón de la montaña: Mateo 5-7* (1997); Joachim Jeremías, *Palabras de Jesús: El sermón de la montaña* (1974); D. Martyn Lloyd-Jones, *Estudios sobre el sermón del monte*, 2 volúmenes (1991); Jerome Neyrey, *Lectura cultural del Evangelio de Mateo* (2005), atención especial a la parte III; Luis Heriberto Rivas, «El "pacifismo" del sermón de la montaña: Mateo 5:30-40 y 44-48; Lucas 6:27-38», *Revista Bíblica* 64/1 y 2 (2002): 5-52; Sergio Rubiolo, «Las preocupaciones cotidianas y la providencia de Dios: Exégesis de Mateo 6: 25-34», *Revista Bíblica* 63/1 y 2 (2001): 1-45; John R. W. Stott, *La contracultura cristiana: El mensaje del sermón del monte* (1984).

46. Una ayuda para entender este aspecto del ministerio de Jesús es John R. W. Stott, *Las controversias de Jesús* (1975).

47. Brueggemann, *Prophetic Imagination*, 88.

48. Ibíd., 94.

que esa muerte significa en todas sus dimensiones. Es de ayuda tratar de entender el significado socio-histórico de la crucifixión y el simbolismo de fuerza y poder que representa, como bien lo dice N. T. Wright:

> La crucifixión era un poderoso símbolo a lo largo y ancho del mundo romano. No solamente era un medio para liquidar a los indeseables. La crucifixión sí hacía eso, pero con la máxima degradación y humillación posibles. La crucifixión anunciaba a voces y claramente: nosotros estamos en control aquí; ustedes son nuestra propiedad. Nosotros podemos hacer con ustedes lo que queramos. La crucifixión insistía, fría y brutalmente en la absoluta soberanía de Roma y del César.[49]

En la teología europea de la segunda mitad del siglo veinte sobresale un teólogo alemán que es considerado por muchos como un precursor de la teología latinoamericana de la Liberación. Se trata de Jürgen Moltmann, quien publicó en alemán en 1964 su famosa obra *Teología de la esperanza*,[50] considerada por algunos como una obra clave en el desarrollo de las ideas de la Teología de la Liberación.[51] Sin embargo, otra obra de Moltmann que es particularmente importante para el tema de la crucifixión es *El Dios crucificado*, publicada en alemán en 1972 y traducida al español en 1975, en pleno auge de la Teología de la Liberación en América Latina. En esa obra Moltmann interpreta ya la cruz de Jesús con señales socio-políticas, como lo harían los teólogos de la Liberación.[52] El siguiente comentario de Moltmann sirve de ejemplo de esas ideas:

> Por su pasión y muerte se identificó Jesús con los esclavizados, cargando con su tormento, y si él no estuvo solo en su pasión, tampoco estuvieron ellos abandonados en los tormentos de su esclavitud. Jesús estaba con ellos. En eso radicaba también su esperanza de liberación gracias a su resurgimiento para la libertad de Dios. Jesús era su identidad para con Dios en un mundo que les había robado toda esperanza, destruyendo su identidad humana hasta hacerla irreconocible.

> ¿Se pueden aplicar a esta mística de la cruz de los pobres, enfermos y esclavos aquellas palabras de Marx: «La religión es el gemido de la criatura oprimida, el corazón de un mundo sin corazón, así como es el espíritu de una situación carente de espíritu»? No se alcanza el meollo de esta mística de la cruz, cuando se ve en ella únicamente «el opio del pueblo» que le suministran sus señores, para mantenerlos tranquilos, como sugiere la expresión de Lenin al hablar de que la religión es «opio para el pueblo». Es verdad que la mística del sufrimiento puede fácilmente

---

49. Wright, *Jesus and the Victory of God* (1996): 543.
50. Jürgen Moltmann, *Teología de la esperanza* (1969).
51. E. A. Núñez, *Teología de la liberación* (1986): 38-39.
52. Moltmann, *El Dios crucificado: La cruz de Cristo como base y crítica de toda teología cristiana* (1975).

acabar en una justificación del sufrimiento mismo. Es cierto que mística de la cruz puede alabar el sometimiento al destino como su virtud, acabando en una apatía melancólica. Compadecer con el crucificado puede igualmente llevar a tener lástima de sí mismo. Pero es que entonces la fe se desentiende del Cristo sufriente, tomándolo solo como un ejemplo más del propio camino del sufrimiento, y lo entiende únicamente como «sufridor» ejemplar para el propio soportar un destino ajeno. Su pasión no tiene entonces ninguna significación especial para la aceptación del propio sufrimiento. Nada cambia en este, ni tampoco en el hombre que sufre. Se ha abusado mucho de la teología de la cruz y la mística del sufrimiento por parte de la Iglesia en interés de aquellos que han causado el sufrimiento. Con demasiada frecuencia se exhortó a los campesinos, los indios y los esclavos negros a aceptar el sufrimiento como «su cruz» y a no rebelarse contra él. Lutero no necesitó recomendar a los campesinos que llevaran la opresión como su cruz. Ellos soportaban las cargas de sus señores sin necesidad de que tuvieran que decírselo. Mientras que les hubiera venido muy bien a los príncipes y ciudadanos que los dominaban una predicación sobre la cruz que les hubiera liberado de su soberbia, moviéndolos a la conversión en la solidaridad con sus víctimas.[53]

Los teólogos católicos de la Liberación introdujeron una interpretación de la crucifixión y de la muerte de Cristo que va un poco más allá de lo que Moltmann había propuesto Esta interpretación incluye aspectos socio-políticos que no habían sido tomados en cuenta en interpretaciones clásicas anteriores. La crucifixión de Cristo es vista por estos teólogos como una confabulación política entre las autoridades religiosas judías y las autoridades políticas y militares romanas para deshacerse de un molesto y subversivo profeta.[54] Boff lo expresa de manera muy cruda en la siguiente cita: «La muerte de Jesús es un asesinato "legal". No se trata de un error jurídico ni de una equivocación. Es fruto de un interés malévolo y de una mala voluntad. Si queremos precisar la naturaleza del crimen podemos decir que es un asesinato religioso-político con abuso de la

---

53. Ibíd., 74-76. Ver también Ignacio Ellacuría y Jon Sobrino, *Mysterium Liberationis: Conceptos fundamentales de la teología de la liberación* tomo II (1991): ver especialmente la sección «Sufrimiento, muerte, cruz y martirio», págs. 477-494.

54. Para captar estas ideas más completa y exactamente ver especialmente: Leonardo Boff, *Jesucristo el liberador* (1980); ídem, *Pasión de Cristo: Pasión del mundo: Hechos, interpretaciones y significado ayer y hoy* (1981); Gustavo Gutiérrez, Ignacio Ellacuría y Jon Sobrino, *Cruz y resurrección: Presencia y anuncio de una iglesia nueva* (1978); Juan Luis Segundo, *El hombre de hoy frente a Jesús de Nazaret*, dos tomos en tres volúmenes (1982); Jon Sobrino, *Cristología desde América Latina: Esbozo a partir del seguimiento del Jesús histórico* (1977); ídem, *Jesús en América Latina* (1982); ídem, *Jesucristo liberador: Lectura histórico-teológica de Jesús de Nazaret* (1991); ídem, *La fe en Jesucristo: Ensayo desde las víctimas* (1999); ídem, «El Jesús histórico nos llama al discipulado en América Latina y el Caribe», *Theologica Xaveriana* 57/161 (2007): 127-157.

justicia».[55] Según estos teólogos la crucifixión es un acto violento, opresor y humillante que representa y reproduce la muerte y el sufrimiento de tantos en América Latina. Por ejemplo, así lo dice Jon Sobrino:

> El que Jesús muriese crucificado, condenado como blasfemo y subversivo, es en América Latina —donde tantos son asesinados también como blasfemos y subversivos— la prueba más fehaciente de que Jesús buscó una transformación de su sociedad; de que su amor no estaba dirigido solo a los pobres o ricos individuales, sino a las mayorías pobres; de que su amor fue, por tanto, también un amor político, liberador.[56]

La interpretación liberacionista de la muerte de Cristo despertó muchas sospechas en la Iglesia católica romana, porque se quitaba el carácter salvífico espiritual a la cruz y se le daba un carácter expiatorio, sí, pero en términos mayormente socio-políticos. La cruz de Cristo fue interpretada y usada por estos teólogos como un paradigma del sufrimiento de los pobres en América Latina y como un ejemplo de aquel que se ofreció para liberarlos. Se ha analizado esta interpretación desde la perspectiva de la Iglesia católica[57] y desde la perspectiva evangélica.[58] De esta manera se ve a Cristo como alguien cercano, plenamente identificado con el dolor y el sufrimiento humano en todas sus expresiones, pero víctima del poder político y religioso opresor y violento.[59]

Sin embargo, con todo y el aporte que la Teología de la Liberación ha hecho a una interpretación más abarcadora de la cruz de Cristo, tomando en cuenta los aspectos históricos y socio-políticos de la crucifixión,[60] todavía hay una visión aún más desafiante de la cruz de Cristo. Esta visión

---

55. Leonardo Boff, *Jesucristo y la liberación del hombre*, trad. F. Cantalapiedra (1981): 335.

56. Jon Sobrino, «El Jesús histórico nos llama al discipulado en América Latina y el Caribe», 136; Gustavo Gutiérrez, *Teología de la liberación: Perspectivas,* octava edición (1977): 303-309; Leonardo Boff, *Jesucristo el liberador: Ensayo de cristología crítica para nuestro tiempo,* trad. Jesús García-Abril (1980): 113-132; ídem, *Jesús y la liberación del hombre* (1981): 335.

57. Por ejemplo un escritor católico norteamericano comenta lo que dice la Congregación para la Doctrina de la Fe sobre las ideas de Jon Sobrino con respecto a Jesús y su obra salvífica. Ver Robert A. Krieg, «Jesus as Savior», *America* 197/7 (2007): 16-18; Congregación para la Doctrina de la Fe, *Instrucciones sobre la Teología de la Liberación* (1986): 32-38.

58. Ver Gerardo Alfaro, «La interpretación de la muerte de Cristo según la Teología de la Liberación», *Kairós* 12 (1993): 43-61.

59. Sobrino, «El Jesús histórico nos llama al discipulado en América Latina y el Caribe», 136.

60. Es interesante notar cómo un teólogo de la talla de N. T. Wright ha lidiado con los elementos históricos y teológicos de la crucifixión. Ver N. T. Wright, *The Challenge of Jesus: Rediscovering Who Jesus Was and Is* (1999): 82-83.

contempla la cruz de Cristo como una denuncia profética de los poderes de este mundo. Brueggemann lo expresa elocuentemente en el siguiente comentario:

> debemos ver en la crucifixión de Jesús el acto fundamental de crítica profética con el que Jesús anuncia el final de un mundo de muerte (el mismo anuncio que hizo Jeremías), asumiendo personalmente esa muerte. Por eso afirmamos que la crítica esencial consiste en el hecho de que el propio Dios asume y abrace la muerte que los suyos se ven obligados a padecer. La crítica consiste no en estar enfrente-de, sino en estar-con; la crítica verdaderamente decisiva no es la de la indignación triunfante, sino la de la pasión y la compasión que socavan completa e irresistiblemente el mundo de la competición y la rivalidad.[61]

La cruz de Cristo es profética porque ofrece una manera distinta de enfrentar los poderes del mundo, una manera distinta de ganar las batallas, una manera radicalmente opuesta a la manera que el mundo usa. N. T. Wright lo expone de la siguiente manera:

> Él había anunciado el juicio de YHWH sobre su pueblo recalcitrante. Ahora, como con los profetas del tiempo antiguo, ellos estaban planeando matarlo. Jesús ha declarado que la forma en que el Reino actúa es a través de la paz, a través del amor, a través de la cruz. Pelear la batalla con las armas del enemigo significaba que uno ya la había perdido en términos de principios y que muy pronto la perdería terriblemente en la práctica. Jesús determinó que era su tarea y su función, su vocación como representante de Israel, perder la batalla en beneficio de Israel. Esta sería la forma en que Israel vendría a la Luz, y no solo Israel mismo, sino el mundo entero.[62]

Jesús no perdió la batalla frente a los poderes de este mundo, sino que la ganó, pero la ganó de una manera radicalmente diferente, a través de la cruz, de la muerte. Esta es la forma más insólita de ganar una batalla. Jesús ya había enseñado «bienaventurados los mansos, porque ellos heredarán la tierra» (Mateo 5:5). Parece que esta lección de las bienaventuranzas y la de la cruz no han sido muy bien aprendidas por la Iglesia institucional ni por los creyentes. Casi nadie piensa ni actúa así. Este es un mensaje profético desafiante para todos. ¿Será la educación teológica capaz de reproducir este mensaje profético desafiante? Ahí está el reto.

---

61. Brueggemann, *Prophetic Imagination*, 94-95.
62. Wright, *The Challenge of Jesus*, 89.

## 2.5. La resurrección de Jesús: La utopía invade la realidad[63]

Si la crucifixión es una denuncia de los poderes malvados de este mundo la resurrección es la obra que hace posible la llegada del futuro al presente. Así lo expresa Brueggemann:

> La resurrección de Jesús es la última obra energizadora del nuevo futuro. La violenta sacudida del viernes había dejado lugar solamente para la desesperanza del sábado (Lucas 24:21), y los discípulos no tenían razón alguna para esperar el domingo después de semejante viernes. La resurrección no puede ser explicada sobre la base de una realidad previamente existente. La resurrección solamente puede ser recibida, afirmada y celebrada como la nueva acción de Dios, cuya función es crear nuevos futuros para la gente y dejar que ellos se sorprendan en medio de la desesperanza.[64]

Prácticamente todos los cristianos (excluyendo por supuesto a aquellos que niegan la historicidad de la resurrección) están de acuerdo en que la resurrección de Jesús es el acto supremo que valida todo lo que Jesús es, hizo, enseñó y padeció. Aunque en ciertos círculos cristianos como la Iglesia católica romana, especialmente en sus expresiones de religiosidad popular, hacen más énfasis en la crucifixión que en la resurrección, en realidad la resurrección sí es considerada el punto culminante de la obra de Dios en Jesús de Nazaret. Sin embargo, el reconocimiento de la resurrección como lo más importante parece haber quedado en un plano litúrgico ceremonial o en un artículo de fe frío que no hacen justicia a la grandeza del evento y a todo su significado profético. En esta ocasión se pretende subrayar la sorpresa de la esperanza[65] y la invasión del futuro en el presente. Ese futuro que soñaron los profetas, que parecía utópico, ahora, en virtud de la resurrección, se ha hecho presente y trae esperanza que sorprende, pero que alienta.

---

63. Este concepto tiene validez e impacto, pero no está exento de riesgos. Ya en la nota 4 de este capítulo se advertía de las objeciones que se hacen a N. T. Wright sobre el uso metafórico de las enseñanzas escatológicas de Jesús. El peligro de decir que el futuro invade el presente es que se pierda de vista que en verdad sí hay un futuro y que el uso metafórico de la resurrección de Jesús no anula la esperanza en las promesas hechas por Jesús acerca de su segunda venida. Ver Carey C. Newman, ed. *Jesus and the Restoration of Israel: A Critical Assessment of N. T. Wright's Jesus and the Victory of God* (1999). Lo que N. T. Wright y otros escritores han hecho es llamar la atención sobre el hecho de que lo que Jesús enseñó sobre el Reino y lo que prometió debe tener impacto real y desafiante en el presente. Brueggemann, Prophetic Imagination, 112.

64. Brueggemann, *Prophetic Imagination,* 112.

65. Este es el sugestivo título de uno de los últimos libros escritos por N. T. Wright, *Surprised by Hope: Rethinking Heaven, the Resurrection and the Mission of the Church* (2008).

No es el propósito de esta investigación tratar la discusión sobre la historicidad de la resurrección corporal de Jesús.[66] Se toma la postura que acepta generalmente la Iglesia evangélica, es decir, que Jesús sí resucitó corporalmente en el tercer día después de su crucifixión. Esto es lo que cree y sostiene el principal autor que se está usando como base para la exposición del tema de la resurrección en la presente obra.[67]

Los cristianos han interpretado la resurrección casi solamente como un extraordinario milagro de Dios que vindica a Jesús, que comprueba la veracidad de todo lo que Jesús dijo ser y que explica la existencia misma de la comunidad cristiana (la Iglesia).[68] Desde la perspectiva apologética y de las evidencias cristianas esta es una verdad incuestionable y valiosa para la defensa de la fe cristiana[69] y para afirmar la identidad misma de la Iglesia. Sin embargo, lo que aquí se quiere enfocar es un elemento teológico que va más allá de lo apologético para incursionar en lo ético, lo socio-político, lo cósmico. Se trata de una explicación de la invasión, o para no usar un vocablo tan bélico, mejor dicho, la irrupción del futuro (la utopía) en el presente (la realidad). «La resurrección de Jesús es un acontecimiento escatológico, la irrupción de lo último en la historia».[70]

La resurrección, entendida como un acontecimiento profético, contiene los elementos de todo mensaje profético: una denuncia del mal cuando pone al descubierto la maldad del sistema (Mateo 28:11-15), un llamado al arrepentimiento (en este caso al seguimiento de Jesús)[71] cuando los discípulos son confrontados con la resurrección y la proclamación del arrepentimiento (Lucas 24: 45-47) y el anuncio de la nueva realidad con la presencia y el poder del Espíritu Santo (Lucas 24:48-49; Hechos 1:8). Brueggemann lo expresa así:

> La resurrección es un acontecimiento genuinamente histórico en el que adquiere el mando el que había muerto. Pero tal acontecimiento genuinamente histórico tiene unas importantes dimensiones políticas,

66. Un libro reciente que recoge algo de esta discusión en el presente a través de un diálogo entre dos autores que tienen posturas divergentes es Robert B. Stwart, ed. *The resurrection of Jesus: John Dominic Crossan y N. T. Wright in Dialogue* (2006).

67. Wright, *The resurrection of the Son of God* (2003).

68. Esta es la manera en que, acertadamente, se acercan al tema de la resurrección autores conocidos como John R. W. Stott en el libro clásico *Cristianismo básico,* segunda edición, trad. Daniel E. Hall, (1968), especialmente la sección comprendida entre las páginas 53 y 69 y el famoso apologista norteamericano Josh McDowell en *Más que un carpintero* (1978).

69. Hay abundante información al respecto en la conocida y popular obra de Josh McDowell, *Evidencia que exige un veredicto,* trad. René Arancibia Muñoz (1975): 179-265.

70. Sobrino, *La fe en Jesucristo: Ensayo desde las víctimas,* 25. Gorge E. Ladd había dicho algo semejante varios años antes. Ver Ladd, *Teología del Nuevo Testamento* (2002): 453

71. Ibíd., 27-31.

como se reconoce especialmente en el Evangelio de Mateo. Por una parte, la resurrección es vista como una amenaza para el régimen (Mateo 28:11-15), mientras que, por otra, el Jesús resucitado proclama su nueva autoridad regia. Ahora es él el Rey que desplaza al rey. Su resurrección significa el final de la no-historia enseñada en la escuela monárquica y el comienzo de una historia nueva para quienes habían estado fuera de la historia. Esta historia nueva confiere a las personas nueva identidad (Mateo 28:19) y una nueva ética (vr. 20) en el momento mismo en que se produce su comienzo a la orilla del mar y en medio de los cadáveres de los antiguos esclavizadores (Éxodo 14:30).[72]

¿Cómo debe entenderse esa irrupción del futuro en el presente (la utopía en la realidad)? Una manera de ver la resurrección como la irrupción del futuro en el presente es considerar la resurrección como un acto revolucionario. N. T. Wright dice que la resurrección es políticamente revolucionaria. Reaccionando en contra de las ideas de los liberales que objetan la resurrección corporal de Cristo Wright dice lo siguiente:

> Los liberales parecen imaginar que la resurrección corporal es solamente una manera de decir que lo que importa es una existencia futura *post mortem*. Ellos piensan que si tú le dices a la gente que todo va a estar bien en alguna vida futura ellos no se preocuparán acerca de sus inquietudes políticas y sociales en el presente.
>
> Está claro que en el primer y segundo siglos esto no es así. Los saduceos se oponían a la doctrina de la resurrección, porque ellos sabían que la gente que creía esta clase de cosa probablemente estaría más vigorosamente tratando de corregir la injusticia que aquella gente que no creía en la resurrección.[73]

La irrupción del futuro en el presente puede entenderse también como una transformación total de la cosmovisión de los primeros cristianos. Así deberían entenderse las últimas enseñanzas de Jesús antes de su ascensión en Hechos 1:3-8. Jesús anuncia una nueva realidad: la presencia del Reino de Dios se verifica con la resurrección y con el testimonio de los testigos de Jesucristo. Todo cambió para esos primeros cristianos (su praxis, su simbología, su teología básica, su historia).[74] Esa transformación no pasó solamente con los primeros cristianos, debe suceder, a partir de entonces, con todos los cristianos de todas las épocas. De esta manera la cosmovisión del

---

72. Brueggemann, *Imaginación profética,* 113. Según esta cita, se podría sacar la conclusión de que Brueggemann sí considera la resurrección como un hecho verdaderamente histórico.

73. Wright, «Resurrection is Politically Revolutionary», *Christianity Today* 47/5 (2003): 66.

74. Wright, *The Challenge of Jesus: Rediscovering Who Jesus Was and Is* (1999): 136.

futuro irrumpe en el presente. Las cosas no son las mismas. La vida ya no se ve igual. Todo se reordena a la luz de la resurrección.[75]

La irrupción del futuro en el presente es también un compromiso de los cristianos con esa utopía proclamada por los profetas, anunciada por Jesús en su vida y ministerio y establecida en su resurrección. La utopía ya llegó. Ese otro mundo posible ya está aquí. El cielo viene a la tierra. Así se debe entender, por ejemplo, Filipenses 3:20-21, no tanto en el sentido de que los cristianos son ciudadanos del cielo porque van en camino hacia allá, sino que son del cielo, porque proceden del cielo, de manera que los ciudadanos del cielo colonizan la tierra.[76] El Reino de Dios no solamente llegó con Jesús, sino que se estableció cuando él resucitó, dejando a sus seguidores como los representantes y continuadores de ese Reino. De nuevo N. T. Wright lo dice de una manera clara en el siguiente comentario:

> Si tú crees en la resurrección, entonces tú crees que el Dios Viviente pondrá este mundo en orden y si Dios desea hacer eso en el futuro, es correcto tratar de anticiparlo en el presente por cualquier medio posible. Es tu tarea como cristiano, en el poder del Espíritu, anticipar tanto como te sea posible, ese glorioso estado final. Vive ahora por el poder que viene a ti desde el futuro, por el Espíritu. Es nuestra responsabilidad producir signos de resurrección en el presente mundo social, cultural y político.[77]

El anuncio de la resurrección de Jesús es el anuncio de que el futuro ya llegó y llegó para quedarse. Los discípulos de Jesús son ahora los encargados de continuar anunciando ese futuro, de contar la historia de Jesús como en realidad es y no como se piensa que es.

> El nuevo orden mundial de Dios ha llegado. El exilio ha terminado, no solamente el exilio de Israel en la Babilonia real y espiritual, sino el exilio de la raza humana, expulsada del Jardín del Edén. El nuevo orden mundial no se parece a lo que el pueblo pensaba que sería, pero ellos deben darse cuenta del hecho de que ese nuevo orden ya está aquí y que ellos no son solamente sus beneficiarios, sino también sus embajadores y testigos.[78]

Pero no es suficiente el anuncio de que el futuro ha llegado, también los discípulos de Jesús deben vivir ese futuro ahora. El anuncio es una voz profética, pero la vivencia es la acción profética más necesaria en el mundo

---

75. Ibíd., 139.
76. Wright, *Surprised by Hope,* 100.
77. Wright, «Resurrection is Politically Revolutionary», 66.
78. Wright, *The Challenge of Jesus,* 164. Esta cita está tomada del capítulo donde el autor usa la historia de Lucas 24 donde se narra lo sucedido camino a Emaús con los dos discípulos que se encuentran con Jesús, para interpretar la misión de los discípulos en el mundo postmoderno, es decir, «contar de nuevo la historia de Jesús» tal y como es y no como la ha contado la modernidad.

postmoderno. La evangelización en el mundo moderno se especializó en «tirar» la doctrina correcta en las mentes de las personas.[79] N. T. Wright cita las famosas palabras de san Francisco de Asís cuando dio instrucciones a sus seguidores al enviarlos en misión: «Prediquen el Evangelio por todos los medios posibles y, si es realmente necesario pueden incluso usar palabras».[80] De manera que la forma más pertinente de vivir ese futuro que ya llegó es por medio de acciones proféticas que reflejen los valores del Reino de Dios que Jesús predicó y vivió. Wright resume estas acciones proféticas en tres áreas que él llama espacio, tiempo y materia. En relación con el espacio él dice lo siguiente:

> Así la Iglesia que toma en serio el espacio sagrado no como retirarse del mundo, sino como una avanzada dentro de ese mundo va a ir directamente desde la adoración en el santuario a debatir en el concilio de la ciudad (discutiendo asuntos como la planificación de la ciudad, armonizando y humanizando la belleza en la arquitectura, en áreas verdes, en esquemas del tráfico vehicular, en trabajo ambiental, en saludables formas de cultivos y crianza de animales, etc.). Si esto es verdad, como he argumentado antes, que el mundo entero es ahora la tierra santa de Dios no deberíamos descansar mientras esa tierra es destruida y arruinada. Esto no es un asunto extra en la misión de la Iglesia. Es central.[81]

En relación con el tiempo Wright dice lo siguiente, reconociendo que él escribe desde y para su contexto en su natal Inglaterra:

> La Iglesia que toma en serio el hecho de que Jesús es Señor de todo el tiempo no celebrará simple y silenciosamente cada vez que escribe la fecha en una carta o un documento, no simplemente apartará el domingo tanto como sea, humana y socialmente posible como una celebración de la nueva creación de Dios (y señalará la locura humana de una semana laboral de siete días), no buscará simplemente ordenar su propia vida en un apropiado ritmo de adoración y trabajo. Tal Iglesia también buscará traer sabiduría y un nuevo orden fresco y más humano a los ritmos de trabajo en oficinas y tiendas, en los Gobiernos locales, en los feriados cívicos y en darle forma a la vida pública. Estas cosas no pueden darse por sentado… Reclamar del tiempo como una buena dádiva de Dios (como lo opuesto al tiempo simplemente como un bien para ser gastado en el beneficio propio, lo cual a menudo significa formas de esclavitud para otros) no es un asunto extra en la misión de la Iglesia. Es central.[82]

Por último, en relación con la materia Wright dice lo siguiente, siempre teniendo en mente el contexto inglés y anglicano en que él vive y ministra:

79. Ibíd., 168.
80. Ibíd.
81. *Surprised by Hope*, 265-66.
82. Ibíd., 266.

Y, por supuesto, la Iglesia que toma en serio el hecho de que en y a través de Jesús el Dios Creador ha agarrado el mundo de la materia una vez más y lo ha transformado por su propia persona y presencia, y que un día lo llenará con su conocimiento y gloria como las aguas cubren el mar, no solamente buscará celebrar la venida de Dios en Cristo en y a través de los elementos sacramentales, sino que también irá directo del bautismo y de la eucaristía a hacer sanidad de Dios, transformando la presencia en una realidad en la materia física de la vida real. Una de las cosas que más he disfrutado siendo un obispo es observar a cristianos ordinarios (no que haya cristianos ordinarios, pero ustedes saben lo que quiero decir) yendo directamente de adorar a Jesús en la iglesia a hacer una diferencia radical en la vida de personas calle abajo, dirigiendo juegos para hijos de madres solteras trabajadoras, u organizando cooperativas de crédito para ayudar a aquellos que están en el fondo de la escalera financiera para que encuentren su manera de ser responsablemente solventes, luchando por mejores viviendas, luchando contra calles o rutas peligrosas, creando centros de rehabilitación de drogadictos, buscando leyes más sabias con respecto al alcohol, bibliotecas decentes e instalaciones deportivas y por mil y una otras cosas en las que el gobierno soberano de Dios se extiende para cubrir la realidad concreta. Una vez más, todo esto no es un asunto extra para la misión de la Iglesia. Es central.[83]

¿Qué más se puede decir? El futuro llegó con la resurrección de Jesús. El nuevo orden de Dios ha hecho su entrada triunfal en el presente. El Reino de Dios, proclamado, vivido y encargado a sus discípulos por Jesús ha hecho su irrupción en el mundo y en la realidad presente. Este futuro ya presente ahora tiene que ver con la totalidad de la realidad, no solamente con las realidades religiosas, espirituales y eclesiásticas. Los cristianos celebran cada domingo y cada Semana Santa la resurrección de Jesús en actividades religiosas llenas de significado. Con todo y lo importante y valioso que esto es, la resurrección de Jesús es un evento que trasciende estas celebraciones para invadirlo todo. Sí, hay que celebrarla, pero también proclamarla como un acto profético que denuncia, anuncia y sueña con un mundo «otro» y además, hay que vivirla por medio de actos concretos que reflejen ese futuro ya presente en el mundo.

Habiendo visto a Jesús como el profeta por excelencia en esta sección a través de los eventos sobresalientes de su vida (nacimiento, muerte y resurrección) y a través de algunas de sus acciones durante su ministerio (milagros y parábolas), se procederá a exponer algunas implicaciones para la educación teológica evangélica en América Latina. Tal como se hizo en el capítulo segundo, aquí también se buscarán implicaciones que surgen de cada aspecto visto de Jesús como el profeta por excelencia.

83. Ibíd., 267.

## 2.6. Implicaciones para la educación teológica

Cada una de las cinco áreas presentadas aquí de Jesús como el profeta por excelencia provee implicaciones para la educación teológica evangélica en América Latina, principalmente en el tema de los contenidos de las materias más directamente relacionadas (Exposición de los Evangelios, Cristología, Andragogía y otras). Además, surgen implicaciones que tienen que ver con las formas del proceso de enseñanza-aprendizaje e incluso con las metas ulteriores de la educación teológica.

¿Cuáles serían algunas implicaciones para la educación teológica que surgen del nacimiento de Jesús? Aquí se presentó ese grandioso acontecimiento como un acto profético que denuncia los poderes de este mundo y anuncia una nueva manera de ver el poder. Para empezar, hay que mencionar el efecto que este acontecimiento, visto como una acción profética, tiene sobre los contenidos en materias como cristología o la exposición o exégesis de los evangelios. En la mayoría de instituciones evangélicas de educación teológica en América Latina los contenidos de estas materias están condicionados por una filosofía educacional que se enfoca en la información que se considera necesaria para que los estudiantes puedan absorberla y luego repetirla en su ministerio de predicación o de enseñanza.

En las materias de Biblia se espera que los profesores y los estudiantes dominen los datos del texto bíblico, no tanto la teología que surge de allí, ni las implicaciones que tendría para la Iglesia y para el ministerio profético de los pastores y predicadores.[84] En las materias de teología se espera que los profesores y los estudiantes dominen los temas básicos que la teología cristiana ha establecido a lo largo de los siglos.[85] De esa cuenta el nacimiento de Jesús es estudiado como un dato histórico singular y sumamente importante, sí, pero no mucho más que eso si el estudio es en

---

84. Un ejemplo de un acercamiento teológico con sentido profético a los evangelios es John Howard Yoder, «The Prophetic Task of Pastoral Ministry: The Gospels», en Earl E. Shelp y Ronald H. Sunderland, eds. *The Pastor as Prophet* (1985): 78-98.

85. Ver por ejemplo lo que dice el prospecto académico oficial más reciente del Seminario Teológico Centroamericano, *Prospecto Académico 2009-2010* (2009): 42-52.

los evangelios.[86] Si se trata de la cristología el tema se estudia con el enfoque teológico-histórico de la encarnación, especialmente las controversias antiguas, su inclusión en los credos y confesiones de fe de las principales iglesias cristianas y el proceso histórico del desarrollo y elaboración de la cristología encarnacional.[87] El misiólogo sudafricano David Bosch[88] y otros teólogos y misiólogos contemporáneos[89] han usado la encarnación como un paradigma para la misión de la Iglesia. El autor de la presente obra enseña Cristología y ha incluido el tema de la encarnación como tradicionalmente se ha hecho y también como se hace en el presente con el enfoque misiológico.[90] Por ejemplo, se hace mención allí de una misión «desde abajo» a partir del pasaje de Filipenses 2:5-11 en contraste con la misión hecha «desde arriba» en la mayoría de casos a lo largo de la historia de la Iglesia. La expresión «desde abajo» tiene un uso intencional, ya que ha formado parte de la discusión cristológica en el siglo xx. Aquí se aplica a la misión de la Iglesia al estilo de Jesús fundamentada en su encarnación. En otras palabras, se debe enseñar que la Iglesia ha de hacer la misión «desde abajo», teniendo «el mismo sentir» que Jesús (Filipenses 2:5).

86. Así exponen el nacimiento de Jesús la mayoría de comentarios bíblicos sobre Mateo y Lucas antiguos y recientes. Ver por ejemplo, Guillermo Hendriksen, *Comentario del Nuevo Testamento: El Evangelio según San Mateo* (1986); ídem, *El Evangelio según San Lucas* (1990); David Gooding, *According to Luke: A New Exposition of the Third Gospel* (1987); R. C. H. Lenski, *Commentary on the New Testament:* tomo 1: *Mateo* y tomo 3: *Lucas* (1946); Juan Mateos y Fernando Camacho, *El Evangelio de Mateo: Lectura comentada* (1981); D. A. Carson, *Mateo: Comentario bíblico del expositor,* trad. Ricardo Acosta (2004); Craig S. Keener, *A Commentary on the Gospel of Matthew* (1999); W. D. Davies y Dale C. Allison, *A Critical and Exegetical Commentary on the Gospel According to Saint Matthew* en *International Critical Commentary* (1991); Robert H. Gundry, *Matthew: A Commentary on his Handbook for a Mixed Church under Persecution* (1994); Joseph A. Fitzmyer, *El Evangelio según Lucas,* trad. Dionisio Mínguez (1986); Paul N. Benware, *Lucas: El evangelio del hijo del hombre,* trad. Santiago Escuain (1995); Alfred Plummer, *A Critical and Exegetical Commentary on the Gospel According to St. Luke* en *International Critical Commentary* (1975); Leon Morris, *Luke: An Introduction and Commentary* en *Tyndale New Testament Commentaries* (1988); Darrell L. Bock, *Luke* (1994).

87. Un excelente libro que resume todo este proceso y lo lleva hasta el presente mundo postmoderno y sus efectos en la cristología es Millard J. Erickson, *The Word Became Flesh: A Contemporary Incarnational Christology* (2000).

88. David J. Bosch, *Misión en transformación: Cambios de paradigma en la teología de la misión* (2000).

89. Por ejemplo, Stephen B. Bevans y Roger P. Schroeder, *Constants in Context: A Theology of Mission for Today* (2005); Stephen B. Bevans, *Models of Contextual Theology* (2004); Samuel Escobar. *Tiempo de misión: América Latina y la misión cristiana hoy* (1999); ídem *et al., Misión en el camino: Ensayos en homenaje a Orlando E. Costas* (1992); Donal Dorr, *Mission in Today's World* (2002); Tito Paredes, *El Evangelio: Un tesoro en vasos de barro* (2000).

90. David Suazo J., «La encarnación de Cristo: Misterio y modelo» y «La misión mundial de la iglesia "desde abajo": Reflexiones basadas en la encarnación de Cristo según Gálatas 4: 4», (notas de la materia de Cristología, seteca, 2008): 1-5 y 1-4 respectivamente.

Sin embargo, aunque el enfoque de la encarnación como modelo de contextualización y de misión de la Iglesia es correcto y uno de los aportes más importantes de la misionología evangélica contemporánea, el acercamiento profético de la encarnación que se ha presentado en esta sección no ha sido objeto de estudio en la educación teológica evangélica de América Latina. La idea no es simplemente agregar otro terma más a la ya cargada agenda curricular de las escuelas teológicas, sino cambiar el enfoque de las materias para que sean más «proféticas», es decir, que la encarnación permee la cristología de tal manera que todo se vea con ojos encarnacionales en el sentido profético. La encarnación sería, entonces un eje temático transversal, no solamente un tema más.

Por otro lado, la encarnación también desafía a la educación teológica en asuntos que trascienden las labores docentes o los contenidos curriculares para afectar también el mundo institucional. Por ejemplo, ¿Qué implicaciones tiene la encarnación de Jesús para el ejercicio del poder y de la autoridad en las instituciones de educación teológica? Si el nacimiento de Jesús denuncia el poder regio e imperial debería también cuestionar el poder institucional. Las instituciones cristianas (incluidos los seminarios) con demasiada frecuencia reflejan las estructuras, las acciones y las actitudes del poder que se ven en la sociedad. ¿Quién sirve a quién? ¿El rey a su pueblo o el pueblo a su rey? El nacimiento de Jesús transforma la mentalidad del mundo en que el poder se sirve a sí mismo y se aprovecha del servicio de los demás para enseñar que las cosas son al revés. ¿Habría una teología encarnacional para las instituciones, sus estructuras organizativas, sus funciones, sus relaciones de poder? Seguro que sí.[91] Las instituciones han llegado a convertirse en un fin en sí mismas y existen para su beneficio, muchas veces a expensas de la gente. Es interesante el siguiente comentario de Linda Cannell: «Deseamos organizaciones eficientes, escuelas excelentes, corporaciones exitosas, e iglesias grandes. Creyendo que la eficiencia es muy importante, los líderes organizacionales dirigen el talento humano hacia la protección y el cuidado del sistema».[92] Las instituciones han llegado convertirse en algo tan dominante y poderoso que ya nadie cuestiona su legitimidad. Eso es peligroso.[93]

El peligro que nos confronta en el siglo veintiuno es que la sociedad será definida por sus instituciones, llevándonos a la despersonalización del individuo y al debilitamiento de la vida comunitaria… Sin embargo, el peligro es igualmente grande ya que la Iglesia misma será definida por

91. Robert Greenleaf, «The Need for a Theology of Institutions», en Larry Spears y Anne Fraker, eds., *Seeker and Servant: Reflections on Religious Leadership* (1996).

92. Linda Cannell, *Theological Education Matters: Leadership Education for the Church* (2006): 45.

93. Ibíd.

su expresión institucional y que el liderazgo de la Iglesia será definido en relación con las destrezas requeridas para hacer que esa institución sea exitosa… Si estas instituciones son motivadas por una demanda de líderes que puedan a su vez crear instituciones exitosas o por la búsqueda simplemente de superioridad académica, ellas perderán su carácter profético y servicial.[94]

Por tanto, una teología encarnacional para las instituciones evangélicas de educación teológica en América Latina es necesaria. Es interesante el comentario que al respecto tiene Robert Greenleaf:

> Si uno mira todas las instituciones como redes intrincadas de seres humanos compañeros, intentando encontrar significado, orden y luz, entonces el problema esencial de todas las instituciones es (como siempre ha sido) teológico. Si se toma esta declaración como valedera, entonces esto coloca a los seminarios en lo más alto de la jerarquía institucional, aunque no todos estarían de acuerdo con esta posición… Yo veo el papel de los seminarios como determinante y crucial para la calidad de la sociedad entera.[95]

A la luz de lo anterior las implicaciones para las instituciones evangélicas de educación teológica son desafiantes. Es posible que los profesores y los estudiantes lleguen a reflejar el significado de la encarnación en su enseñanza y ministerio eclesiástico, pero ¿lo harán las instituciones donde ellos se desempeñan y ministran? ¿Será posible creer que el desafío es para los individuos, pero no para las instituciones? ¿En qué sentido las instituciones podrían reflejar lo que significó la encarnación de Jesús? ¿Serán necesarias estructuras organizacionales menos verticales y más horizontales? ¿Será necesario reorientar las metas y propósitos institucionales para que las instituciones estén más al servicio de la gente y menos al servicio de ellas mismas? ¿Cuál es el propósito de las normas, reglamentos y procedimientos? ¿Simplemente hacer eficientes a las instituciones, controlando, dirigiendo, vigilando y castigando la vida y la actividad de los demás? Estas son preguntas para pensar y repensar. No es el propósito de esta investigación intentar responder concreta y específicamente cada pregunta, ni dar las recetas preelaboradas para todos. Simplemente se ponen en el tapete las cuestiones que deberían ser objeto de discusión entre las personas responsables de tomar las decisiones en las instituciones de educación teológica. Sin embargo, algo se debe decir aquí al respecto, aunque sea muy poco y representativo. Con demasiada frecuencia las autoridades

---

94. Ibíd., 46.
95. Greenleaf, «The Seminary as Institution», en Larry Spears y Anne Fraker, eds. *Seeker and Servant: Reflections on Religious Leadership* (1996): 203.

responsables de las finanzas y de la administración de los recursos toman decisiones buscando más la rentabilidad, la eficiencia, el mercado, la publicidad, es decir, todo aquello que representa utilidad, imagen y prestigio para la institución que el servicio a los demás, el sacrificio, la humildad y el bienestar de los usuarios. Una buena manera de revertir esto es pensar en el bienestar de los demás antes que en el bienestar institucional. Esto se podría ver reflejado, por ejemplo, en las cuotas estudiantiles, en las tarifas por los servicios académicos ofrecidos. Una cosa es que la institución busque la autosuficiencia económica y la autosostenibilidad, pero no magnificando el lucro, ni castigando al usuario. Todo esto parece algo fuera de lugar, imposible y un suicidio institucional. No obstante, ese fue el sentir que hubo en Cristo Jesús. ¿Se aplica a las instituciones o solamente a los individuos?

Al pasar al siguiente segmento de la sección sobre Jesús se debe hacer de nuevo la pregunta ¿Cuáles son las implicaciones que surgen de los milagros de Jesús para la educación teológica evangélica en América Latina? Obviamente, el aspecto sobrenatural de los milagros no está en duda dentro del mundo evangélico. Se reconoce y se afirma la realidad sobrenatural, aunque las experiencias y manifestaciones «sobrenaturales» que se presentan en la escena neopentecostal contemporánea han hecho dudar a muchos evangélicos acerca de lo sobrenatural.[96] El tema va por otro lado, el lado que se expuso arriba, es decir, el carácter profético de los milagros de Jesús.

De nuevo, una serie de implicaciones para la educación teológica evangélica en América Latina tiene que ver con los contenidos de las materias donde se enseñan los milagros de Jesús. Ha habido varios acercamientos al tema, uno ha sido apologético, tratando de defender la fe cristiana, vía la argumentación racional a favor de la probabilidad de la existencia de los milagros bíblicos, particularmente los de Jesús. Esto se ha hecho para responder a los desafíos racionalistas de la teología liberal que negaron los milagros bíblicos. En este sentido el acercamiento tradicional de la apologética como evidencias cristianas ha sido muy común en los seminarios

---

96. Un interesante testimonio de un excarismático que explica su propia experiencia en este sentido se encuentra en Neil Babcox, *En busca de la realidad carismática: La experiencia sincera de un hombre* (1987).

evangélicos en América Latina y lo sigue siendo.[97] Casi inexistente ha sido el acercamiento que se propone en esta obra, es decir, estudiar los milagros como algo más que solamente actos sobrenaturales de Dios o como evidencias de la veracidad de la fe cristiana.

Los milagros también son actos proféticos que denuncian el mal de la sociedad religiosa de los tiempos de Jesús, al mismo tiempo que anuncian nuevas realidades en donde sobresale la compasión por el necesitado, la vida plena de los seres humanos y un futuro mejor. Las acciones de los cristianos y de las iglesias hoy en beneficio de los demás no serían consideradas como milagros en el sentido estricto, aunque en muchos casos lo serían, simbólica o literalmente. Sin embargo, basadas en los milagros de Jesús, estas acciones benéficas, al igual que las actitudes y los valores del Reino dentro la Iglesia y en los cristianos deberían ser compasivas, desafiantes y anunciadoras de nuevas realidades. Cada vez que se hace algo bueno por la salud de una persona necesitada todo esto debería estar representado. Este enfoque de los milagros de Jesús hace falta en la educación teológica evangélica de América Latina. No es necesario hacer grandes cambios curriculares para introducir este enfoque; basta con que esté presente en la mente y en la enseñanza de los profesores. Una cosa concreta que se podría hacer es diseñar alguna tarea que requiera de los estudiantes y el profesor realizar alguna acción benéfica a favor de algún grupo vulnerable o necesitado, por ejemplo, proveer comida para una casa hogar de niños huérfanos que siempre tienen necesidad. Esto ayudará también a que esté presente, vía los estudiantes, en la práctica de las iglesias.

Hasta aquí se han presentado las implicaciones del nacimiento de Jesús y de sus milagros para la educación teológica evangélica en América Latina. En seguida se dará consideración a las implicaciones de las parábolas de Jesús. Otra vez hay que preguntar ¿Cuáles son las implicaciones para la educación teológica evangélica en América Latina que surgen de las parábolas de Jesús? Ya algo se adelantaba en la parte donde se expuso el tema de las parábolas arriba. Dos aspectos se quieren resaltar aquí: 1) la

---

97. Algunos de los libros de texto que se han usado para defender los milagros bíblicos son los siguientes: McDowell, *Evidencia que exige un veredicto* (1975); ídem, *Razones: ¿Tiene sentido la fe cristiana para el hombre de hoy?*, trad. Jorge Arbeláez (1983); ídem, *Más que un carpintero* (1978); E. Y. Mullins, *Evidencias cristianas,* trad. E. G. Domínguez (s. f.); Arthur T. Pierson, *Muchas pruebas infalibles: Las evidencias del cristianismo o la palabra escrita y viva de Dios* (1908); Alberto Pieters, *Hechos y misterios de la fe cristiana,* segunda edición, trad. David Ais Caula y Samuel Vila (1966); Charles A. Rowe, *Evidencias cristianas* (1921); William Dyrness, *Apologética cristiana: Una respuesta a los desafíos actuales de la fe* (1988); Timothy R. Phillips y Dennis L.Okholm, eds. *Christian Apologetics in the Postmodern World* (1995); Paul Lalonde, *301 sorprendentes pruebas y profecías,* trad. Miguel A. Mesías (1997); Josh McDowell, *En defensa del cristianismo,* trad. Héctor Aguilar (1998); Ralph O. Muncaster, *La evidencia para el cristianismo,* trad. Andrés Carrodeguas (2007).

enseñanza misma de las parábolas, es decir, su temática social subversiva y 2) la parábola como una forma de enseñanza que está en consonancia con aquello que hacían los profetas en el Antiguo Testamento con otras formas de expresión (narración, poesía y lamento, símbolos, etc.).[98]

Hablando del primer aspecto hay que ser honesto para reconocer que es verdad que varias de las parábolas, si no todas, tienen un mensaje controvertido y subversivo o, por lo menos, contracultural. Los dos ejemplos que se presentaron arriba (la parábola del hijo pródigo, Lucas 15:11-32 y la de los labradores de la viña, Mateo 20:1-16) son representativos de muchas otras parábolas que se podrían considerar igual o más subversivas. Por ejemplo, la parábola del rico y Lázaro (Lucas 16:19-31) pone de cabeza los conceptos convencionales de «creyente fiel igual a riqueza» y «pecador igual a pobreza». O la parábola famosa del buen samaritano (Lucas 10:25-37) donde Jesús también pone de cabeza la idea de que el odiado y enemigo samaritano pueda ser el «bueno» de la historia y que los «respetables» religiosos judíos los «malos». Al considerar este elemento no cabe duda que la temática subversiva debería estar presente en la enseñanza formal e informal de las parábolas de Jesús. No es necesario arribar a las mismas conclusiones de William R. Herzog II[99] para descubrir y enseñar este carácter subversivo de las parábolas. Más importante aún es la contextualización de esas parábolas a las realidades sociales, económicas, políticas y eclesiásticas del tiempo presente, tal como lo hace Craig Blomberg en el contexto norteamericano.[100] De nuevo, es en las materias que tratan los evangelios y la cristología donde más directa y apropiadamente se puede incorporar esta temática. Sin embargo, materias como Predicación, Proyección social de la Iglesia o Misión integral también pueden incorporar esta temática de manera natural. El autor de la presente obra enseña la materia de Cristología y ha incorporado allí la enseñanza de la cristología a través de varias de las parábolas de Jesús.

Hablando del segundo aspecto, que trata más la forma misma de enseñanza de Jesús por medio de parábolas, sería bueno considerar algunas implicaciones para la docencia teológica. En el mundo contemporáneo se ha vuelto popular el uso de fábulas, historias ficticias, cuentos y parábolas

---

98. Ver capítulo 2 de la presente obra.
99. Herzog II, *Parables as Subversive Speech*
100. Blomberg, *Preaching the Parables: From Responsible Interpretation to Powerful Proclamation.*

para enseñar una diversidad de temas en el ámbito secular.[101] El mundo del activismo social en América Latina también ha hecho uso de la parábola para enseñar al pueblo asuntos relacionados con su situación dentro de las comunidades.[102] La educación teológica en general y la evangélica en particular han sido muy discursivas en su docencia, apelando más que todo a la forma tradicional de enseñanza (conferencias, discursos, debates, grupos de discusión y otras formas). Tanto el mundo de la antigüedad como el de la postmodernidad usan abundantemente otras formas de enseñanza (la narración, la poesía, los símbolos, las parábolas). Ahora, con los recursos tecnológicos y la multimedia las opciones se multiplican. Con todo y lo antiguo que pudieran parecer la narración y las parábolas su impacto sigue siendo grande, especialmente en el contexto latinoamericano que ha estado acostumbrado a este tipo de comunicación. ¿Deben los educadores teológicos usar más este tipo de comunicación? ¡Claro que sí! Requiere el uso de la imaginación profética para no solamente hacer atractiva la enseñanza, sino a la vez profunda por su pensamiento crítico, por su denuncia del mal y por su invitación a soñar con un mundo mejor. Al fin y al cabo eso es lo que Jesús hizo al enseñar con parábolas. Marcos Vidal, el cantautor cristiano español, tiene una canción basada en la parábola del buen samaritano, pero con un toque contemporáneo de la España de hoy. Él interpreta muy bien el mensaje subversivo de la parábola y lo expresa por medio de esta canción, al identificar al samaritano con un gitano que, en el contexto español, sí encaja bien con el mensaje original de Jesús. La letra de la canción está a continuación:

## La parábola

Regresaba a casa un poco más temprano de lo normal,
cuando vio que sobre él venían tres
y navaja en mano le atacaron sin contemplación.
Le dejaron inconciente bajo el sol.

Y camino de la iglesia iba el pastor poco después.
La reunión ya estaba a punto de empezar;
iba tarde y discutiendo en el camino con su mujer,
intentando no perder su autoridad.

---

101. En el mundo del liderazgo empresarial se usa este tipo de formas literarias para explicar ideas como el cambio, el desarrollo del capital humano o el carácter servicial del liderazgo. Ver Pablo Cardona, *Las claves del talento: La influencia del liderazgo en el desarrollo del capital humano* (2002); James C. Hunter, *La Paradoja: Un relato sobre la verdadera esencia del liderazgo* (1999); Spencer Johnson, *¿Quién se ha llevado mi queso?: Cómo adaptarnos a un mundo en constante cambio* 17.ª edición (2000).

102. Ver por ejemplo, Edward Bellamy, *La parábola del agua* (1977).

¡Ay! si el Maestro nos volviera a contar
alguna historia que nos hiciera recapacitar
¡piénsalo, piénsalo!

Tres minutos más y el líder de alabanza apareció;
dos teclados, siete cables y un atril
y aunque sí le parecio ver algo rojo en el arcel
prefirio pasar de largo y de perfil.

¡Ay! Si el Maestro nos volviera a contar
alguna historia que nos hiciera recapacitar
¡piénsalo, piénsalo!

Un gitano despeinado que pasaba por allí
no sabia ni leer ni escribir,
pero al ver el panorama le dolió en el corazón
y acercándose hacia el hombre le ayudó

¡Ay! Si el Maestro nos volviera a contar
alguna historia que nos hiciera recapacitar
¡piensalo, piensalo![103]

Si el contexto fuera los Estados Unidos de América ¿quién sería el samaritano? ¿El inmigrante hispano indocumentado? ¿El negro de los barrios bajos de Nueva York? Si el contexto fuera Guatemala ¿quién sería el samaritano? ¿El indígena del altiplano? ¿El niño de la calle? Transmitir el mensaje subversivo de las parábolas de Jesús a los diferentes contextos contemporáneos requiere no solamente entender el mensaje en sí de las parábolas, sino también la forma. Los educadores teológicos serían los llamados a hacer ambas cosas, es decir, transmitir el mensaje subversivo de las parábolas y explorar formas diversas para hacerlo, incluyendo modernas parábolas,[104] pero quizá los artistas serían de mucha ayuda. Por ejemplo, un famoso comediante guatemalteco con trasfondo cristiano reinventa cuentos infantiles antiguos para hacer sátiras y señalar los males de la sociedad guatemalteca. Otras veces hace canciones con el mismo propósito. Esta manera de decir las cosas tiene más impacto que los sermones y enseñanzas tradicionales. Haciendo la enseñanza de esta manera se podrá influir e inspirar a los estudiantes a ministrar con más sentido profético y más atractivamente a la hora de predicar o enseñar las parábolas que son

103. Para la letra ver <www.musica.com/letras.asp?letra=1087438>. Para la música en audio ver la siguiente dirección web: <www.youtube.com/watch?v=24EJ6GegM48>. Ambos sitios fueron consultados el 24 de febrero de 2007.

104. En este sentido es digno de elogio lo que ha hecho Craig Blomberg en el libro ya citado anteriormente, *Preaching the Parables: From Responsible Interpretation to Powerful Proclamation,* en donde él contextualiza varias parábolas de Jesús a diversos contextos dentro de los Estados Unidos.

tan populares en las iglesias evangélicas de América Latina. Ser educador teológico y profeta al mismo tiempo parece difícil, pero más difícil parece ser pastor y profeta al mismo tiempo.[105] Las parábolas de Jesús son un buen lugar para comenzar este ministerio profético, tanto en los salones de clase de los seminarios como en los templos de las iglesias.

Ahora corresponde considerar las implicaciones para la educación teológica en América Latina del mensaje profético de la crucifixión de Jesús. Arriba se expuso con suficientes detalles el carácter profético de la crucifixión de Jesús, haciendo énfasis en la denuncia de los poderes de este mundo y en las formas agresivas, violentas, crueles y humillantes en que actúan. La crucifixión de Jesús ha dicho de manera clara y contundente que en el Reino de Dios las cosas no se hacen así. El triunfo está en el lado opuesto, en la mansedumbre, en la paz, en el amor al enemigo. Jesús padeció en silencio, excepto cuando pronunció palabras de perdón y esperanza.[106] Arriba se preguntaba si la educación teológica era capaz de reproducir este mensaje profético desafiante. La cruz es símbolo no de derrota, sino de victoria, «pero no de la victoria del César, ni de aquellos que se oponían al César con los métodos del César. Estaba llamada a convertirse en el símbolo de la victoria de Dios, porque era el medio a través del cual se conseguiría esta».[107]

Jesús había enseñado que todo el que ganara su vida la perdería y todo el que la perdiera la ganaría (Mateo 10:39; 16:25). Eso es precisamente lo que Él hizo. Ganó la batalla, perdiendo la vida. Es como una bofetada en el rostro del mundo prepotente y altivo que gana sus batallas con la fuerza y la violencia. ¿Cómo se ganan las batallas en la Iglesia? ¿Cómo gana la Iglesia sus batallas? ¿Y los cristianos? ¿Cómo se resuelven los conflictos internos en las iglesias y las instituciones de educación teológica? ¿Cómo se ganan argumentos? ¿Cómo se establecen políticas, normas y procedimientos? ¿Cómo se adquiere influencia, autoridad y poder? Estas incómodas preguntas ponen en evidencia que ni los cristianos ni la Iglesia institucional han aprendido esta desafiante lección de la muerte de Jesús. En algún lugar tiene que enseñarse esta lección y alguien tiene que hacerlo. Hasta ahora se ha estado diciendo con insistencia que los educadores teológicos y la educación teológica son los responsables de esto. Como ya se expresó arriba, no se trata de abandonar las lecciones soteriológicas que son parte de la enseñanza bíblica y de la teología a lo largo de la historia, sino de

---

105. Este dilema lo aborda muy bien Stanley M. Hauerwas en «The Pastor as Prophet: Ethical Reflections on an Improbable Mission», en Earl E. Shelp y Ronald H. Sunderland, eds. *The Pastor as Prophet* (1985): 27-48.

106. N. T. Wright, *El desafío de Jesús*, trad. María del Carmen Blanco Moreno y Ramón Alfonso Díez Aagón (2003): 118.

107. Ibíd., 119.

incorporar este elemento, no tomado en cuenta antes, en los contenidos de las materias correspondientes (Cristología, Soteriología, Evangelios, Historia de las doctrinas, Ética, Predicación, por lo menos). Además, como ya se expresó arriba, también hay implicaciones institucionales, no solamente académicas o docentes. Las instituciones cristianas en general, incluyendo las de educación teológica, tienden a actuar de la misma manera en que actúan las instituciones de la sociedad. Todo esto hace pensar en lo que en círculos educacionales se llama el currículo oculto o implícito, el cual revela los valores culturales de las instituciones, que muchas veces están muy alejados de los valores del Reino.[108] Linda Cannell lo dice de la siguiente manera:

> Las instituciones no son neutrales, sin valores o entidades inertes. En maneras que se podrían interpretar como casi místicas, una institución asume el poder, la energía y formas de conducta para servirse a sí misma que pueden ser bastante diferentes de los valores y del carácter de la mayoría de los individuos que han formado dicha institución.[109]

Si la crucifixión de Jesús es un mensaje de cómo Dios mismo ganó la batalla, muriendo, ¿por qué la Iglesia y las instituciones cristianas siguen peleando sus batallas a la manera del César? Se podría argumentar que los valores del Reino que Jesús enseñó y ejemplificó, incluso con su crucifixión, son para los individuos discípulos de Jesús, pero no necesariamente para las instituciones que ellos inventan. ¿Se podrá sostener este argumento? Las instituciones cristianas deben reflejar los valores que poseen los individuos que las componen. Lamentablemente esto no es lo que sucede normalmente en las instituciones cristianas, incluyendo los seminarios. Las instituciones actúan como si esos valores no formaran parte de su identidad, aunque se diga lo contrario. De nuevo Linda Cannell dice algo cierto, pero inquietante al respecto:

> Vea, por ejemplo, cuánto tiempo toma para la gente dentro de una organización nombrar valores y procesos problemáticos y movilizar la voluntad y los recursos para actuar. La dinámica institucional tiende a crear la impresión de que los problemas son percibidos solamente por una persona, que esta percepción es incorrecta, que nada se puede hacer sobre ese problema de todas maneras, y que cualquier crítica implica irrespeto o desobediencia, conduciendo a castigo o a aislamiento.[110]

---

108. Ver Jackson W. Carroll, Barbara G. Wheeler, Daniel O. Aleshire y Penny Long Marler, *Being There: Culture and Formation in Two Theological Schools* (1997); También ver Geert Hofstede, *Cultures and Organizations, Software of the Mind: Intercultural Cooperation and its Importance for Survival* (1997); Leroy Ford, A *Curriculum Design Manual for Theological Education: A learning Outcomes Focus* (2002).

109. Cannell, *Theological Education Matters*, 47.

110. Ibíd.

Los seminarios y otras instituciones de educación teológica deberían ser los primeros en reflejar los valores del Reino que, en relación directa con la crucifixión de Jesús, serían el abandono del ejercicio del poder a la manera del mundo, de la coerción, de la prepotencia, de la injusticia y asumir el sacrificio, el servicio, la humildad y la justicia. Robert Greenleaf señala que los seminarios están a la cabeza entre las instituciones que más deberían impactar a la sociedad:

> En la base está la legión de instituciones «operativas», tales como las escuelas, los gobiernos, los sindicatos, las empresas, los hospitales, las agencias sociales y las familias. En el siguiente nivel uno puede poner las iglesias y las universidades. Estas instituciones están, de alguna manera, aparte debido a su rol como «goma» de la sociedad, dando forma y transmitiendo la cultura y clarificando los valores. Al nivel más alto están dos instituciones que se distinguen de las otras debido a su oportunidad singular de albergar voces proféticas que dan visión y esperanza, y que tienen, quizá, la más amplia visión de cómo piensan que debería ser y actuar la sociedad. Estas instituciones son los seminarios teológicos y los recursos independientes y confiables como las fundaciones.[111]

Quizá este autor le está dando demasiada importancia o sobrevaloración al papel de las instituciones de educación teológica en la sociedad, pero una cosa sí está clara, estas instituciones deberían reflejar bien los valores del Reino de Dios que surgen de la crucifixión de Jesús. ¿Lo hacen? Una forma concreta en que las instituciones de educación teológica pueden identificarse con estos ideales del Reino de Dios extraídos de la crucifixión de Jesús es sirviendo como mediadoras en conflictos que se dan en otras instituciones o en iglesias. Esto requiere inversión de tiempo, energía y recursos, pero a la larga tiene un efecto beneficioso. Sin embago, lo más impactante al interior de las instituciones mismas sería la renuncia al ejercicio del poder con prepotencia por parte de las autoridades, especialmente cuando tienen que dirimir diferencias, disciplinar a algún estudiante, despedir a algún empleado, reaccionar frente a una queja o un reclamo, o resolver alguna desaveniencia entre ellas.

Por último solamente hace falta considerar las implicaciones para la educación teológica evangélica en América Latina del mensaje profético de la resurrección de Jesús. Arriba también se expuso con detalles el carácter profético de la resurrección de Jesús, haciendo énfasis en la invasión del futuro en el presente. El futuro ya llegó, porque Jesús ya resucitó. La utopía invadió la realidad. ¿Cómo impacta esto a la educación teológica? La resurrección de Jesús ha sido tratada soteriológicamente en el sentido que es la prueba que valida la obra salvífica de Cristo. También ha sido tratada

---

111. Greenleaf, «The Seminary as Institution», 203.

apologéticamente como la obra suprema de Dios que confirma la validez de la fe cristiana frente a los ataques de los que la objetan o la rechazan o la niegan o la persiguen.

La resurrección de Jesús vista como un símbolo-mensaje profético no ha sido objeto de estudio en la educación teológica evangélica en América Latina. Es cierto que el tema del Reino de Dios aquí y ahora (el «ya» del Reino) ha sido enseñado en la escatología contemporánea, pero no a partir de la resurrección de Jesús, sino a partir de sus enseñanzas sobre el Reino en los evangelios. Partiendo concretamente de la resurrección de Jesús algunos autores, ya citados antes, inyectan el futuro en el presente de una manera muy clara.[112] De nuevo se comienza esta consideración con el contenido de la enseñanza en las materias más directamente relacionadas con este tema (Cristología, los Evangelios, la Escatología, Teología del Reino y otras). Sin embargo, como este tema se relaciona directamente con el Reino de Dios en el presente, este tema debería servir también como uno de los componentes de este eje temático que es el Reino de Dios.[113] Se espera que el tema del Reino de Dios permee toda la teología y la enseñanza teológica. De manera que, siendo la resurrección de Jesús la prueba categórica de que ese Reino ya se ha hecho presente, entonces es obligatorio incluirlo en la enseñanza teológica evangélica del día de hoy y no solamente en las materias directamente relacionadas, sino, como ya se ha expresado, en la forma de un eje temático transversal, a través de todo el currículo.[114] Además de pensar en el tema en sí dentro de los diferentes componentes del currículo, también se debe pensar en los educadores como esos profetas que entienden lo que significa que el futuro ya llegó, que sueñan con ese futuro, pero sobre todo, que contagian a sus estudiantes con ese futuro, los invitan a soñar y a comprometerse con ese futuro.

Una cosa es enseñar el tema, así friamente y otra es inyectar pasión por y compromiso con un mundo mejor que la resurrección de Jesús ha hecho realidad. Los educadores teológicos deberían ser las personas más

---

112. En esta obra se han usado las ideas principalmente de dos autores: Walter Brueggemann y N. T. Wright. También se agrega a Jürgen Moltmann, especialmente en su obra *La venida de Dios: Escatología cristiana* (2004).

113. Este asunto ya había sido tratado y recomendado en círculos evangélicos latinoamericanos desde la década de los 70 del siglo pasado. Ver C. René Padilla, ed. *El reino de Dios y América Latina* (1975).

114. En un ensayo de hace unos años el autor de la presente obra exploró algunas ideas en torno a la educación teológica, incluyendo el tema de los ejes temáticos, con énfasis en la Palabra de Dios como el eje temático por excelencia en la educación teológica evangélica en América Latina. Ver David Suazo J., «La educación teológica y el contexto global: Hacia una teología de la educación teológica evangélica» en Oscar Campos, ed. *Teología evangélica para el contexto latinoamericano: Ensayos en honor del Dr. Emilio A. Núñez* (2004).

apasionadas con ese mundo «otro».[115] Inspirar y contagiar a los estudiantes con el sueño de un mundo mejor es, quizá, una de las mejores tareas proféticas de los educadores teológicos y una de las mejores metas de la educación teológica. ¿No fue eso lo que hicieron los profetas en el Antiguo Testamento? ¿No es eso lo que hizo Jesús con sus enseñanzas, sus milagros, su crucifixión y su resurrección? Los educadores teológicos no son meros transmisores de un conocimiento y una tradición cristianas milenarias, sino sobre todo, son los formadores apasionados de aquellos que harán la tarea de «trastornar al mundo» (Hechos 16:20). Lamentablemente los educadores teológicos evangélicos en América Latina no se ven a sí mismos de esa manera. Muchos se siguen viendo como esos transmisores del conocimiento y tradición milenarios. Otros se ven como los formadores de líderes o funcionarios eclesiásticos que encajarán bien en el sistema.[116] Otros más, se ven como los formadores de los hombres y mujeres santos y santas que impactarán al mundo con su carácter cristiano, mayormente enfocado en la vida devocional personal. Los más audaces se ven como los innovadores en materia de estrategias de liderazgo, de organización eclesiástica, de comunicación. Todo esto está bien y merece estar incluido como parte de las metas de la educación teológica,[117] pero ¿no hay algo más de fondo en todo esto? Eso más profundo es lo que se ha tratado de señalar aquí. Una cosa concreta que los educadores teológicos pueden hacer es, por ejemplo, lanzarse a iniciar algún proyecto nuevo de Iglesia con los ideales aquí expuestos o acompañar a aquellos, especialmente estudiantes o exalumnos que intentan hacer eso. Estos esfuerzos, aunque imperfectos, sirven de varias maneras a la educación teológica. Por un lado, proveen un elemento práctico y testimonial a la enseñanza, pero por el otro lado, sirven de desafío, estímulo e inspiración a los estudiantes. El autor ha hecho y sigue haciendo lo segundo, es decir estimular y luego acompañar estos experimentos.

---

115. Se toma esta idea prestada de un libro que trata alternativas económicas, desde la perspectiva teológica, al mercado global. Ver Jorge Pixley, coordinador, *Por un mundo otro: Alternativas al mercado global* (2003).

116. Daniel Carroll R. expresa muy bien este asunto en «Tendencias y retos de la educación teológica evangélica en América Latina», *Kairós* 25 (1999): 40-41.

117. En las últimas décadas se ha desarrollado un debate muy valioso y desafiante sobre las metas de la educación teológica que ha producido no pocos ensayos, artículos y libros. Un resumen de los asuntos discutidos al respecto se encuentra en Andrew Wingate, «Overview of the History of the Debate about Theological Education», *International Review of Mission* 94/373 (2005): 235-247. También se puede consultar otro resumen más específico desde la perspectiva de la Iglesia de Inglaterra en Gary Wilton, «From ACCM22 to Hind via Athens and Berlin: A Critical Analysis of Key Documents Shaping Contemporary Church of England Theological Education with Reference to the Work of David Kelsey», *Journal of Adult Theological Education* 4/1 (2007): 31-47.

## 2.7.    Conclusión

La sección que aquí finaliza ha explorado la persona de Jesús como el profeta por excelencia, incluyendo cinco aspectos sobresalientes de su vida y ministerio: 1) su nacimiento, 2) sus milagros, 3) sus parábolas, 4) su crucifixión y 5) su resurrección. Cada uno de estos aspectos fueron considerados en su dimensión profética. Primero se expuso el contenido profético de cada uno y luego se dio consideración a las implicaciones para la educación teológica en América Latina.

En la exposición se resaltó lo que se había resaltado también en el capítulo 2, es decir, la denuncia o señalamiento de los males del mundo, el llamado al arrepentimiento y el anuncio de una realidad nueva donde se manifestará plenamente ese mundo «otro» que se identifica con el Reino de Dios. La diferencia con lo dicho en el capítulo 2 es que aquí esa utopía, anticipada por los profetas en el Antiguo Testamento, ya se hace realidad con Jesús, particularmente después de su resurrección.

En la parte de las implicaciones se subrayaron los desafíos que los educadores teológicos encaran en el diseño y exposición de las materias más pertinentes.También se dio consideración a las implicaciones para las instituciones de educación teológica como tales, haciendo énfasis en el hecho de que si los individuos, discípulos de Jesús deben reflejar los valores de esa nueva realidad, las instituciones llamadas cristianas también. A fin de cuentas, la función profética de Jesús también es paradigmática para la educación teológica evangélica en América Latina. En la sección siguiente se explorará el libro de Apocalipsis desde la perspectiva de su voz profética.

## 3.    El Apocalipsis: Profecía crítica

¿Por qué saltar de Jesús en los Evangelios hasta el Apocalipsis? ¿No sería necesario dar un vistazo al ministerio apostólico, tanto en la narración del libro de Hechos, como en las enseñanzas de las epístolas? ¿Hay «voz profética» en esas partes del Nuevo Testamento? Por supuesto que sí. No es mucha la literatura que se ha producido con esta temática, pero hay algo.[118] Sin embargo, en esta obra se ha optado por pasar por alto esta parte del Nuevo Testamento y escoger el Apocalipsis. Varias son las razones de haber decidido así. Por un lado, los Hechos de los Apóstoles y las epístolas conforman un cuerpo de literatura neotestamentaria muy extenso y requeriría más espacio del que está disponible en una obra como esta. Además, esta literatura es un poco más conocida y relativamente más fácil de estudiar para descubrir el mensaje profético que allí se encuentra. Seguramente no todos estarían de acuerdo con esta aseveración, pero esa es la opinión del autor.

Por otro lado, se escogió Apocalipsis, al menos en parte, por la misma razón por la que se dejó a un lado Hechos y las epístolas, es decir, porque es muy conocido y usado, especialmente por la Iglesia evangélica. Además, está el hecho de que, tratándose del libro más profético del Nuevo Testamento, los evangélicos no lo ven «profético» en el sentido en que se ha expuesto aquí lo profético. Apocalipsis ha sido interpretado proféticamente por la Iglesia evangélica latinoamericana (de tradición dispensacional) exclusivamente en sentido escatológico, es decir, predicción del futuro, organización de eventos políticos, económicos y religiosos del futuro, alrededor de la nación de Israel y del papel de esa nación en todo eso. En otras palabras, a excepción de los primeros tres capítulos, el resto del libro de Apocalipsis es interpretado como totalmente futurista, sin nada que decirle a la Iglesia ni al mundo del presente. ¿Tiene el Apocalipsis un mensaje profético de denuncia, anuncio, llamado al arrepentimiento e imaginación?[119] Sí, definitivamente el Apocalipsis es un libro profético en todo el sentido de la palabra y eso será lo que se buscará descubrir en esta sección. Varias son las evidencias internas que muestran que el Apo-

---

118. Por ejemplo ver Charles H. Cosgrove, Herold Weiss y K. K. Yeo, *Cross-Cultural Paul: Journeys to Others, Journeys to Ourselves* (2005); Justo L. González, *Hechos de los Apóstoles: Introducción y comentario* en *Comentario Bíblico Iberoamericano* (2000); Eugenio Green, «El anuncio del evangelio ante el poder imperial en Tesalónica», *Kairós* 39 (2006): 9-21; ídem, «La muerte y el poder del Imperio: 1 Tesalonicenses 4: 13-18», *Kairós* 40 (2007): 9-26; ídem, «La Pax Romana y el día del Señor: 1 Tesalonicenses 5: 1-11», *Kairós* 41 (2007): 9-27; ídem, «El Imperio y la parusía: 2 Tesalonicenses 2: 1-12», *Kairós* 42 (2008): 9-29; George W. McRae, «Paul, Prophet and Spiritual Leader», en Earl E. Shelp y Ronald H. Sunderland, eds. *The Pastor as Prophet* (1985): 99-113; John R. W. Stott, *The Message of Acts: To the Ends of the Earth* (1990); ídem, *The Message of Romans: God's News for the World* (1994); David Suazo J., «El poder de la verdad para transformar culturas: El Evangelio transforma a individuos, estructuras y sociedades (Hechos 16:11-40)», *Kairós* 37 (2005): 97-110; Elsa Támez, *Santiago: Lectura latinoamericana de la epístola* (1985); ídem, *Justicia de Dios: Vida para todos* (1991); ídem, *Contra toda condena: La justificación por la fe desde los excluidos* (1991); ídem, «Injusticia, pecado y justificación en Romanos 1-3», *Vida y Pensamiento* 21/1 (2001): 89-108; N. T. Wright, *Surprised by Hope: Rethinking Heaven, the Resurrection and the Mission of the Church* (2008).

119. Aunque Brueggemann no trata el Apocalipsis en la misma manera en que se trata en esta obra, el concepto genérico de la imaginación profética sigue estando presente.

calipsis es una obra profética: el autor mismo declara ser profeta (22: 9),[120] el autor da a su libro el título de profecía (1:3; 22:7, 10, 18, 19),[121] hay un llamado a escuchar (1:3; 3:3, 20; 13:9; 22:17-18),[122] se anuncian bendiciones y maldiciones y el autor es inspirado por el Espíritu (1:10; 4:2; 7:3; 21:10). Dos serán los temas a tratar en esta sección: 1) la denuncia del Imperio (y de cualquier imperio) que usurpe el nombre, el lugar y la función de Dios y 2) la imaginación profética en la presentación de la utopía llamada cielos nuevos y tierra nueva. Al final se hará, como ya se ha hecho en la sección anterior, es decir, una consideración de las implicaciones para la educación teológica evangélica en América Latina.

## 3.1. Denunciando al Imperio: La usurpación de Dios

El Apocalipsis ha sido estudiado por la Iglesia evangélica latinoamericana casi exclusivamente desde la perspectiva escatológica del fin del mundo, poniendo énfasis en la cronología de eventos y en los detalles relacionados con la nación de Israel y su futuro. Abundan los comentarios de este tipo sobre el libro de Apocalipsis, especialmente los de tradición dispensacional.[123] No se está descartando de entrada, ni se rechaza este acercamiento al Apocalipsis. Lo que se quiere hacer es sencillamente resaltar el hecho de que este acercamiento ha sido casi el único que ha habido entre los círculos evangélicos de América Latina, incluso en aquellas tradiciones protestantes que históricamente no han sido dispensacionales, como los presbiterianos en Guatemala. Acercarse al Apocalipsis como una denuncia del Imperio romano es algo inusual e impensable, porque los estudios sociológicos, políticos y religiosos del entorno del libro no han formado parte de la hermenéutica evangélica sino hasta muy recientemente, a diferencia de los círculos liberales, ecuménicos y liberacionistas donde este acercamiento ha estado

---

120. George E. Ladd, *El Apocalipsis de Juan: Un comentario,* trad. Arnoldo Canclini (1978): 11.

121. Ibíd.

122. G. K. Beale, *The Book of Revelation: A Commentary on the Greek Text* (1999): 177.

123. Unos pocos ejemplos son los siguientes: H. A. Ironside, *Notas sobre el Apocalipsis,* sexta edición, trad. B. Montllau (s. f.); J. A. Seiss, *The Apocalypse: Lectures on the Book of Revelation,* tercera edición (1957); Ivan Barchuk, *Explicación del libro de Apocalipsis,* trad. José A. Holowaty (1975); Charles C. Ryrie, *Apocalipsis,* trad. José Flores Espinosa (1974); L. Stanford Orth, *Apocalipsis: La consumación de los tiempos* (1998); Evis L. Carballosa, *Apocalipsis: La consumación del plan eterno de Dios* (1997); Wim Malgo, *Apocalipsis de Jesucristo: Una exposición para nuestro tiempo* (1980); Tim LaHaye, *Apocalipsis sin velo,* trad. Cecilia de Romanenghi Francesco (2000).

presente desde la década de los 70 del siglo xx.[124] Juan Stam, un autor que se ha movido en círculos ecuménicos y liberacionistas en América Latina, también representa el pensamiento evangélico latinoamericano y ha contribuido a este acercamiento profético al Apocalipsis desde esa plataforma más evangélica. En esta sección se seguirán algunas de sus ideas.[125]

El primer asunto que se considerará aquí, de una manera más o menos breve, es el contexto socio-político y religioso en el que Juan escribió el Apocalipsis.[126] No es asunto de discusión aquí si Juan el Apóstol es el escritor del Apocalipsis o se trata de otro Juan,[127] o la fecha de composición del libro. Para el estudio de estos asuntos introductorios las fuentes ya mencionadas son de utilidad. Se dará por sentado lo que la tradición cristiana, los estudiosos y eruditos evangélicos y muchos otros no tan evangélicos han afirmado: Juan el Apóstol es el autor del Apocalipsis en la última década del siglo primero de la era cristiana, reconociendo que hay diversidad de opiniones, tanto con respecto al autor como a la fecha de composición.[128] Habiendo establecido el autor y la fecha cabe mencionar las condiciones sociales, políticas y religiosas de esa década para entender mejor el mensaje profético del libro.

124. Unos pocos ejemplos de autores que se acercan al Apocalipsis desde esta perspectiva son los siguientes: Xavier Alegre, «El Apocalipsis, memoria subversiva y fuente de esperanza para los pueblos crucificados», *Revista Latinoamericana de Teología* 26 (1992): 201-229; 27: 293-323; David E. Aune, «The Social Matrix of the Apocalypse of John», *Biblical Research* 26 (1981): 16-32; Allan A. Boesak, *Confort and Protest: The Apocalypse from South African Perspective* (1987); Adela Yarbro Collins, «Roma como símbolo del mal en el cristianismo primitivo», *Concilium* 220 (1988): 417-427; ídem, «The Political Perspective of the Revelation of John», *Journal of Biblical Literature* 96/2 (1977): 241-256; J. Severino Croatto, «El discurso de los tiranos en textos proféticos y apocalípticos», RIBLA 8 (1991): 39-53; Elizabeth Schüssler Fiorenza, *Apocalipsis: Visión de un mundo justo* (1997); Ricardo Foulkes, *Apocalipsis de Juan: Una lectura desde América Latina* (1989); Pablo Richard, *Apocalipsis: Reconstrucción de la esperanza* (1994).

125. Algunos de los escritos más recientes de Juan Stam son los siguientes: *Apocalipsis y profecía: Las señales de los tiempos y el tercer milenio* (1998); *Escatología bíblica y la misión de la Iglesia: Hasta el fin del tiempo y los fines de la tierra* (1999); *Apocalipsis. Comentario Bíblico Iberoamericano*, 3 tomos (1999, 2003 y 2009); *Las buenas nuevas de la creación* (2003). También se han publicado muchos de los escritos anteriormente inéditos de Juan Stam que incluyen ponencias, artículos, sermones, cartas, etc. en Arturo Piedra, ed. *Haciendo teología en América Latina: Juan Stam un teólogo del camino*, 2 tomos (2004 y 2005).

126. Este asunto está muy bien expuesto en la mayoría de comentarios recientes, pero particularmente en los comentarios hechos en América Latina y con un enfoque latinoamericano. Ver Pablo Richard, *Apocalipsis* (1994): 38-41; Juan Stam, *Apocalipsis*, tomo 1: capítulos 1-5 (1999): 17-19 y 23-28.

127. Juan Stam, en parte para evitar verse obligado a identificar al autor del Apocalipsis con Juan el apóstol, prefiere llamarlo simplemente Juan de Patmos, Ibíd., 23.

128. Stam, en *Apocalipsis*, tomo 1: 23-24 presenta esta diversidad de manera sucinta en su comentario y remite al lector a fuentes más especializadas que tratan el tema para mayor profundización.

La última década del siglo primero de la era cristiana encuentra a un Imperio romano viviendo una época de apogeo con Domiciano como emperador. Roma había extendido sus fronteras e imponía la ley y el orden por doquier.[129] Lo más sobresaliente de esta época fueron las medidas económicas, militares y religiosas tomadas por el emperador, entre las que destaca la divinización del emperador mismo y su orden de ser reconocido como dios por todos.[130] La resistencia de los cristianos a hacer esto provocó la ira del emperador y desató una persecución que, entre otras cosas, desterró a Juan a la isla de Patmos, desde donde él escribió el Apocalipsis. Debería ser, entonces, natural interpretar el Apocalipsis desde la óptica de esta situación de persecución imperial a los cristianos no solamente por los asuntos religiosos del culto al emperador, sino por todas las implicaciones socio-políticas que esto tiene. Es indudable que el culto al emperador influyó tremendamente en Juan al escribir el Apocalipsis. Juan Stam lo resume así:

> Es importante también reconocer el alto grado de influencia que el culto al emperador, sin estar impuesto por decreto imperial, tenía en toda la vida y cultura de Asia Menor en esa época. Una ciudad como Éfeso tenía muchos templos dedicados a diferentes emperadores y sus estatuas en edificios públicos, fuentes, calles y puertas de la ciudad. Se hacían sacrificios rituales de animales ante las imágenes. El sumo sacerdote (*arjiereus*) del emperador convocaba y presidía la asamblea provincial, y esta recibía autorización para erigir templos provinciales (*neokoros*) al emperador. El culto era función del municipio y de una u otra manera se consideraba obligación de todos los ciudadanos.[131]

Sin embargo, sería ingenuo pensar que el culto al emperador y la persecución de los cristianos serían los únicos problemas que Juan tenía en mente cuando escribió el Apocalipsis.[132] Según Pablo Richard Juan elabora en el Apocalipsis una teología apocalíptica integral que trasciende lo meramente religioso: «La teología apocalíptica es la teología que se articula a

---

129. Para datos específicos sobre el Imperio romano en esta época ver Suetonio, *Los Clásicos: Vidas de los doce césares,* décima edición, trad. José Luis Romero, México: Editorial Cumbre (1977); Moses Hadas, *La Roma Imperial,* trad. E. S. Bosch en Harold C. Field, director general, *Las grandes épocas de la humanidad: Historia de las culturas mundiales,* Nueva York: Time (1967); Henri Stierling, *El Imperio Romano: Desde los etruscos hasta la caída del Imperio Romano,* trad. Felicita Di Fidio y Rafael Claudín López (2004).

130. Suetonio, *Vidas de los doce césares:* 377. Ver también Justo L. González, *Y hasta lo último de la tierra: Una historia ilustrada del cristianismo,* tomo 1: *La era de los mártires* (1978): 70-72. Stam hace un resumen de las discusiones sobre la veracidad de las acusaciones en contra de Domiciano hechas por historiadores contemporáneos como Suetonio. Ver *Apocalipsis,* 25-28.

131. Stam, *Apocalipsis,* 27.

132. Ibíd., 28.

lo económico, a lo político, a lo social y cultural y, por eso mismo, es una teología de pobres y oprimidos que buscan la liberación».[133] Estos otros asuntos «mundanos» no han sido considerados en las interpretaciones del Apocalipsis en los círculos de las iglesias evangélicas. Si se toma en cuenta el contexto, lo más que se toma en cuenta es este contexto religioso del culto al emperador ya descrito arriba. Juan conocía muy bien el contexto más amplio y eso se refleja en el contenido del libro. Juan Stam lo expresa muy vívidamente en el siguiente comentario:

> El mismo proyecto de religión imperial era síntoma de una crisis ideológica que ya venía desde décadas anteriores y que Roma nunca lograría resolver. A fines del siglo i se vivían crisis morales y sociales que en mucho se parecen a nuestra coyuntura a fines del siglo 20. Al escrutar el libro de Apocalipsis con la lupa histórica, descubrimos que el autor inspirado estaba muy consciente de esta multifacética crisis y dirigió su palabra profética a todos sus aspectos: explotación y esclavitud, especulación e inflación, consumismo y hambre, militarismo y represión, el culto al poder y al éxito, la falta de respeto a la verdad y el deterioro del valor de la palabra. ¡El vidente de Patmos conocía muy bien las entrañas de la bestia!

> Lectores de hoy que viven seguros, cómodos y tranquilos, «conformados a este siglo», difícilmente podrán entender bien el Apocalipsis. Solo comenzarán a percibir su mensaje si logran insertarse mental y emocionalmente en la precaria situación de las comunidades del siglo i, como también en su propia situación hoy. Cada página del libro tendrá que leerse con una intensa empatía capaz de compartir la angustia del contexto original. No basta reducir el libro a diagramas dispensacionalistas: el Apocalipsis nos llama más bien a entregar nuestra vida a ese atrevido riesgo que se llama fe.[134]

No hace falta añadir más a las palabras anteriores. Basta decir que con estas ideas sobre el contexto socio-político y religioso del Apocalipsis es imposible no verlo como una denuncia del Imperio romano de finales del siglo i.

Uno de los puntos sobresalientes del libro es el carácter subversivo del Reino del soberano Jesús. Es un cordero que es alabado por los ángeles y su autoridad es otorgada por Dios Padre y merecida también por su muerte. Además, su pueblo sufre (la sangre de los mártires, la opresión sobre los vivos, etc.) bajo la bota del Imperio.[135]

---

133. Pablo Richard, *Apocalipsis: Reconstrucción de la esperanza* (1994): 43.

134. Stam, *Apocalipsis*, 28.

135. Xavier Alegre, «El Apocalipsis, memoria subversiva y fuente de esperanza para los pueblos crucificados», *Revista Latinoamericana de Teología* 26 (1992): 201-229; 27: 293-323; Carlos Mesters, *Esperanza de un pueblo oprimido: Apocalipsis una clave de lectura* (1992); Xabier Pikaza Ibarrondo, *Apocalipsis* (1999).

Lo que corresponde a continuación es un estudio selectivo de algunos temas y situaciones que en el libro de Apocalipsis representan esa denuncia del Imperio romano como usurpador de Dios. El primer asunto a considerar es «el testimonio de Jesucristo» (Apocalipsis 1:2) como una resistencia activa[136] al poder de Roma. ¿A qué se refiere Juan con el «testimonio de Jesucristo»? Según lo que se dice en los primeros versículos del libro todo parece indicar que Juan está identificando su escrito al que denomina revelación, testimonio de Jesucristo, Palabra de Dios, profecía. En este sentido, «testimonio de Jesucristo» no es lo que los discípulos hacen «dando testimonio acerca de Jesucristo», sino que el testimonio es aquel que Jesús mismo personifica, es decir, el testimonio que él porta, entrega, produce, da a conocer,[137] siendo así un aspecto mismo de la naturaleza de la Palabra de Dios. Este «testimonio de Jesucristo» es un asunto importante para Juan porque lo menciona repetidamente a lo largo del libro (ver 1:9; 11:7; 12:17; 19:10; 20:4).[138] Juan da testimonio de este testimonio, el cual incluye una resistencia activa al poder de Roma al proclamar otro poder diferente y superior al de Roma. De entrada Juan está siendo políticamente incorrecto, pero teológicamente correcto cuando en el vr. 4 exalta a Dios como «el que era, el que es y el que ha de venir» y el «todopoderoso». El primer título evoca el nombre de Dios en el Éxodo «Yo soy el que soy», pero también era un título en versión griega que se aplicaba a la deidad griega Zeus con la diferencia de que Juan no usa el verbo ser al final, sino el verbo venir.[139] Estos títulos son políticamente incorrectos en el contexto socio-político de Juan de Patmos, porque desafiaba el poder mismo de Roma. Entonces Juan es un teólogo que se mete en política.[140]

> Las más de las veces estas dimensiones cruciales (las políticas) se nos escapan, tanto por desconocer la historia del Imperio romano como también por malentender la naturaleza del género literario del Apocalipsis. La manera tradicional de leer este libro, desconectándolo casi totalmente de su contexto político y socio-económico, es la mayor causa de nuestras dificultades y errores al intentar entenderlo. Correspondientemente, aprender a leerlo «políticamente» dentro de su propia realidad será la mayor ayuda para superar esta barrera.

> Sin duda nuestras iglesias deben escuchar hoy «lo que el Espíritu dice a las iglesias», pero el mensaje del Espíritu jamás puede estar desconectado de las dolorosas realidades de nuestro continente hoy. Tampoco las

---

136. Se toma prestado este concepto de Bryan K. Blount, «The Witness of Active Resistance: The Ethics of Revelation in African American Perspective», en David Rhoads, ed. *From Every People and Nation: The Book of Revelation in Intercultural Perspective* (2005): 28-46.

137. David Aune, *Revelation 1-5* (1997): 5, 6.

138. Blount, «The Witness of Active Resistance», 38.

139. Stam, *Apocalipsis*, 47-48.

140. Ibíd., 57.

interpretaciones ahistóricas y apolíticas podrían ser fieles al Espíritu que inspiró este libro tan profético dentro del contexto del imperialismo de su época.

El libro del Apocalipsis va a darnos pautas valiosas sobre dos preguntas muy pertinentes para las comunidades cristianas de Asia Menor como para las de nuestra América hoy. En primer lugar ¿cómo deben responder los cristianos a las situaciones políticas? Esto será especialmente significativo ya que Juan era un connotado líder de la Iglesia, que prácticamente hablaba en nombre de la comunidad eclesial y, aún más, en nombre de Dios. En segundo lugar y más específicamente ¿cómo ser cristiano en un contexto imperialista? ¿Cuál debe ser el testimonio fiel en contextos opresores? Un estudio cuidadoso del libro mostrará que estos problemas, lejos de quedar fuera del pensamiento de Juan, eran el marco de referencia de todo su mensaje y un aspecto muy importante del libro. Son también el contexto definitivo de América Latina, igualmente inseparable de nuestro testimonio fiel hoy día.[141]

Se concluye entonces que el libro del Apocalipsis es un libro que denuncia al Imperio romano y la situación socio-política que imponía. Esa denuncia se expresaba en forma de resistencia activa, basada en el principio teológico cristiano fundamental de que Jesucristo es el Señor (parte fundamental del «testimonio» de Jesucristo) y, por lo tanto, el Reino de Dios es incompatible con el reino del César.[142] Un segundo asunto que Juan expresa es su denuncia en contra del orden económico imperante. Cuando en el capítulo 6 se describe la aparición de los famosos cuatro jinetes del Apocalipsis, los primeros dos tienen una clara connotación militar por los instrumentos de destrucción que ellos portan (un arco el primero y una espada el segundo). Se podría esperar que el tercero también portaría otra arma de destrucción, pero Juan sorprende con el tercer jinete portando una balanza, es decir, un instrumento de transacciones económicas y comerciales.[143] La aparición de este jinete viene acompañada de una explicación procedente de una voz que decía: «Un litro de trigo por un denario y tres litros de cebada por un denario y no dañes el aceite y el vino» (6:6). Puesto que los jinetes representan juicio y destrucción, es obvio que aquí hay un juicio en contra del orden económico imperante que había llevado la situación económica a tal extremo que el pueblo estaba ahogándose sin poder comprar los alimentos básicos para subsistir.[144]

---

141. Ibíd., 57-58.
142. Adela Collins Yarbro, «The Political Perspective of the Revelation to John», *Journal of Biblical Literature* 96/2 (1977): 256.
143. Justo L. González, «Revelation: Clarity and Ambivalence, A Hispanic/Cuban American Perspective», en David Rhoads, ed. *From Every People and Nation* (2005): 56.
144. Detalles sobre esta situación se encuentran descritos muy bien en Ibíd.

De manera que el orden geopolítico no es solamente un asunto del mundo político o de imperios y reinos, es también un asunto de gente llegando a una situación de hambre, de familias que llegan a estar incapacitadas para poder sostenerse a sí mismas y del rico y poderoso asegurándose que el sistema continúe funcionando para el beneficio de los que están en el poder, incluso si eso significa hambre e inanición para otros.[145]

En Apocalipsis 17 y 18 Juan describe a la gran ramera, la cual ha sido plenamente identificada con la Roma imperial. En 17:1 se dice que esta mujer está sentada sobre muchas aguas, lo cual hace pensar que Juan tiene en mente la imaginería profética de Jeremías, quien en 51:13 dice algo similar refiriéndose a Babilonia y a su destrucción. Las muchas aguas son una referencia a los bienes y a las riquezas.[146] Sin embargo, el ángel le dice a Juan que esas aguas son «pueblos, multitudes, naciones y lenguas» (17:5), dando a entender que el enriquecimiento de Roma ha sido a costa de las personas.

En otras palabras, Roma es rica porque ella se sienta sobre los pueblos de la tierra como sobre muchas aguas y las riquezas del mundo fluyen hacia ella. Juan condena el orden imperial de Roma no solamente porque Roma persigue a los cristianos y Roma blasfema en contra de Dios, sino también porque Roma ha llegado a enriquecerse, explotando a los pueblos de la tierra.[147]

¿Cómo aborda Juan el llamado a los cristianos para resistir y oponerse a este orden económico, simbolizado por Babilonia? Juan dice que hay que «salir fuera de ella, pueblo mío» (18:4).

Esta es la razón por la cual Juan llega al punto donde él realmente está llamando a sus lectores a resistir el orden económico existente, optando por salir fuera de él: «¡Salid de ella, pueblo mío!» (18:4). Él les explica que a fin de participar en el orden económico romano ellos deben tener la marca de la bestia: «Y hace (la bestia romana) que a todos, pequeños y grandes, ricos y pobres, libres y esclavos, se les dé una marca en la mano derecha o en la frente y que nadie pueda comprar ni vender, sino el que tenga la marca, el nombre de la bestia, o el número de su nombre» (13:16-17). En otras palabras, el orden económico ha sido organizado por la bestia política, y resulta en una explotación tal que un litro de trigo cuesta un denario. De manera que, desde la perspectiva de Juan, lo que el creyente fiel se espera que haga es resistir, optando por salir, por abstenerse de participar en tal orden.

Es imposible saber cuál era la alternativa de Juan. ¿Estaba él realmente llamando a los cristianos de Asia Menor a abandonar todo intercam-

---

145. Ibíd., 56-57.
146. Ibíd., 55.
147. Ibíd.

bio para retirarse a una comunidad autosuficiente, cultivando su propia comida y produciendo cualquier otra cosa que la comunidad pudiera necesitar? Es difícil imaginar cómo ellos podrían hacer eso, particularmente en vista de que Juan está escribiendo a iglesias urbanas, donde la mayoría de sus miembros se sostenían como artesanos y trabajadores pagados por día. Quizá lo que él intentaba era hacerlos resistir el orden económico de gran escala hacia el trueque, una economía en pequeña escala. En cualquier caso lo que está claro es que este libro incluye tanto una protesta vehemente en contra del orden económico existente como un llamado a los creyentes a abstenerse de sus aparentes beneficios —los cuales son realmente pérdidas cuando son vistos dentro del contexto de la economía del Reino de Dios o, en la imaginería de Juan, de la ciudad de Dios.[148]

Hay otras formas en que la denuncia del Imperio romano se expresa en el Apocalipsis como en capítulo 13 identificando a la bestia que sale del mar como el poder político, económico y militar representado por Roma y que, en efecto usurpa el lugar de Dios puesto que es tratada como dios.[149] Juan llama a la resistencia y a la fe.[150] A todo esto es a lo que se le ha llamado aquí resistencia activa que recoge el concepto de la imaginación profética de Brueggemann, en que la resistencia se expresa también en términos de cosmovisión, valores, actitudes y los objetos de la lealtad. Hay una exhortación a enfrentar la persecución y abrazar el martirio (13:9-10).[151] Más que una exhortación que desanime a los creyentes, se trata de una advertencia de lo que la resistencia significará para aquellos que se nieguen a reconocer a la bestia como dios o que la denuncien como usurpadora. La perseverancia (mejor entendida como resistencia) y la fe de los santos se muestran, precisamente en estas acciones.[152] No hay espacio para otros ejemplos de denuncia del poder imperial en el Apocalipsis, pero ha quedado claro que la denuncia está presente y demanda algunas acciones por parte de los cristianos. Por tanto, no se puede decir que el libro de Apocalipsis llama a la pasividad o a la ausencia de acción. Más bien llama a los creyentes a resistir activamente el poder usurpador del Imperio romano y, eventualmente, de cualquier imperio que a lo largo de la historia ose erigirse como lo hizo el Imperio romano, llámese como se llame.

148. Ibíd., 57.

149. Pablo Richard, «Reading the Apocalypse: Resistance, Hope, and Liberation in Central America», en David Rhoads, ed. *From Every People and Nation,* 154-156.

150. Pikaza, *Apocalipsis, 154.*; Gonzalo Puente Ojea, *Fe cristiana, iglesia, poder,* Madrid: Siglo xxi de España Editores, (2001): 10-11; José María González Ruiz, *Apocalipsis de Juan: El libro del testamento* (1987): 81; Steven J. Friesen, «Myth and Symbolic Resistance in Revelation 13», *Journal of Biblical Literature* 123/2 (2004): 281-313; M. Eugene Boring, *Revelation* en *Interpretation: A Bible Commentary for Teaching and Preaching* (1989): 61.

151. Richard, «Reading the Apocalypse...», 156.

152. Ibíd.

Esta manera de ver el Apocalipsis ha estado ausente en los círculos evangélicos en América Latina. No se trata de obviar o rechazar el mensaje profético escatológico del libro, el cual está presente muy claramente, anunciando la victoria final del Rey de reyes y Señor de señores. De lo que se trata es de recuperar el sentido histórico y siempre presente del mensaje profético del Apocalipsis. El futuro escatológico solo tiene sentido si se relaciona con el presente y las realidades concretas que viven y enfrentan los cristianos de todos los tiempos. De eso precisamente trata la siguiente sección.

### 3.2. La imaginación utópica: El futuro invade el presente

El concepto de imaginación utópica ya se elaboró en el capítulo 2 en relación con el mensaje de los profetas sobre la restauración de Israel y sobre la nueva realidad que los profetas sueñan y describen. También se habló de esto mismo antes en este capítulo cuando se expuso la vida, las acciones y las enseñanzas de Jesús, particularmente cuando se habló de su resurrección. En esta ocasión se retoma el concepto para exponerlo a partir de lo que enseña el libro bíblico/profético más utópico de todos: el Apocalipsis.

Es verdad que el libro de Apocalipsis subraya la segunda venida de Jesucristo, la consumación de la historia y el triunfo final de Dios sobre el mal y el maligno. Sin embargo, no es menos cierto que el libro es una «escatología presente»:

> La escatología del Apocalipsis toma lugar fundamentalmente en el presente, con la muerte y resurrección de Jesús como el elemento céntrico de transformación histórica. El texto no se enfoca tanto en la segunda venida de Cristo o en el fin del mundo, sino en la poderosa presencia del Jesús resucitado en la comunidad y en el mundo en el tiempo presente. El evento de la resurrección transforma nuestro presente en *kairós* —un momento de gracia y conversión, un tiempo para la resistencia, para el testimonio y para la construcción del Reino de Dios. El mensaje central del Apocalipsis es este: Si Cristo ha resucitado, entonces el tiempo de la resurrección y del Reino de Dios ha comenzado.[153]

Si en el evento de la resurrección de Jesús el futuro se hizo presente, en el Apocalipsis se ratifica esa verdad y se expande a toda la historia, a toda la humanidad y a toda la creación. La utopía alcanza su clímax:

> Purgadas por el juicio y la destrucción de toda perversidad y maldad, tanto humana como satánica, las naciones del mundo se unirán en la adoración a Dios por su salvación (Apocalipsis 7:9-10). Ellas traerán toda

---

153. Ibíd., 148.

la riqueza de sus logros históricos a la ciudad de Dios, como Isaías había dicho que harían (Apocalipsis 21:24, 26), la ciudad que ahora abraza la totalidad de la nueva creación. Y el río y el árbol de la vida, de los cuales la humanidad había sido desterrada en los primeros capítulos de la gran narrativa de la Biblia, en su capítulo final, proveerán la sanidad de las naciones, que tal narrativa ha anhelado por siempre desde la dispersión de Babel (Apocalipsis 22:2). La maldición desaparecerá de la creación entera (Apocalipsis 22:3). La tierra será llena con la gloria de Dios y todas las naciones de la humanidad caminarán en su luz (Apocalipsis 21:24).

Tal es el glorioso clímax de la gran narrativa de la Biblia. Tal es el triunfo de la misión de Dios.[154]

La imaginación profética se hace totalmente utópica en el Apocalipsis. Si en el Antiguo Testamento esta imaginación soñaba con una nueva realidad, con un mundo «otro», en el Apocalipsis el sueño se hace realidad. Juan de Patmos lo ve y transmite esa visión a los cristianos que viven su fe en medio de la opresión, la persecución y la prepotencia del Imperio. Juan inyecta esperanza a los sufridos cristianos también al estilo de los profetas del Antiguo Testamento, es decir, por medio de su imaginación vertida en un texto literario que comunica de manera creativa y desafiante esa utopía. La creatividad imaginativa florece en tiempos de crisis (como el exilio en el Antiguo Testamento). El género apocalíptico es una forma en que se expresa esa creatividad imaginativa.[155] De manera que Juan, en la mejor tradición profética del Antiguo Testamento, expresa su imaginación profética a través del género apocalíptico con el fin de infundir fidelidad y valentía en sus lectores,[156] pero también esperanza y un sentido de seguridad y certeza de que el futuro glorioso que él sueña no es simplemente una ilusión de creyentes ingenuos, sino una realidad que se puede experimentar desde ya y desde aquí.

Precisamente esta es la temática del libro de N. T. Wright *Surprised by Hope*, donde él busca redefinir los conceptos de cielo, resurrección y misión de la Iglesia. Por ejemplo, él dice que en Apocalipsis el final de la historia es un matrimonio entre el cielo y la tierra.

> Notamos inmediatamente cuán drásticamente diferente es esto de todos aquellos supuestos escenarios cristianos en los cuales el fin de la historia es el cristiano saliendo hacia el cielo como un alma, desnuda, sin adorno, para reunirse con su hacedor en temor y temblor. Así como en Filipenses 3, no se trata de nosotros yendo hacia el cielo, sino que es el cielo el que viene a la tierra; en realidad, es la Iglesia misma, la Jerusalén celes-

---

154. Christopher H. Wright, *The Mission of God: Unlocking the Bible's Grand Narrative* (2006): 530.
155. Stam, *Apocalipsis*, 19.
156. Ibíd., 20.

tial, la que desciende hacia la tierra. Este es el rechazo último de todos los tipos de gnosticismo, de cada cosmovisión que ve la meta final como la separación del mundo aparte de Dios, de lo físico aparte de lo espiritual, de la tierra aparte del cielo. Esta es la respuesta final del Padre Nuestro, que el Reino de Dios venga y que su voluntad sea hecha en la tierra como en el cielo. De esto es de lo que Pablo está hablando en Efesios 1:10, que el designio y la promesa de Dios sean reunir todas las cosas en Cristo, las del cielo y las de la tierra. Este es el cumplimiento final, en una rica imaginería simbólica, de la promesa de Génesis 1, que la creación del varón y de la mujer juntos refleja la imagen de Dios en el mundo. Y esto es el gran logro final del diseño de Dios de derrotar y abolir la muerte para siempre —lo cual puede solamente significar el rescate de la creación de su presente condición de decadencia.[157]

La figura del matrimonio ilustra bien este final. El cielo y la tierra se casan. Así como en el relato de la creación la unión de varón y hembra es la culminación de la creación, en el Apocalipsis la unión del cielo y la tierra es la culminación de la nueva creación.

Entre las muchas características que distinguen esta nueva creación (paz, armonía, prosperidad, gozo, celebración, victoria) hay una que parece sobresalir y que refleja muy bien las enseñanzas de Jesús en el Sermón del Monte. Allá Jesús dice que sus discípulos serán bienaventurados cuando tengan hambre y sed de justicia, ya que serán saciados (Mateo 5:6). La pregunta es ¿cuándo serán saciados? Jesús también dice que sus discípulos serán bienaventurados cuando sean perseguidos por causa de la justicia, ya que el Reino de los cielos les pertenece (Mateo 5:10). ¿Cuándo serán ellos plenamente «dueños» del Reino de los cielos? Jesús también enseña que si la justicia de sus discípulos no es mayor que la de los escribas y fariseos no podrán entrar en el Reino de los cielos (Mateo 5:20). ¿Cuándo entrarán plena y finalmente en el Reino de los cielos? Más adelante, Jesús dice que sus discípulos deben buscar primeramente el Reino de Dios y su justicia para luego recibir todo lo demás (Mateo 6:33). ¿Cuándo será añadido todo? Por último, el Apóstol Pedro parece haber entendido muy bien esta enseñanza cuando dice que la esperanza última del creyente es cielos nuevos y tierra nueva en los cuales mora la justicia (2 Pedro 3:12). Todo esto indica que la utopía se hace realidad y se manifiesta, entre otras cosas, con la justicia reinando plenamente. ¿No es justicia el clamor de todos hoy? El Apocalipsis no solamente presenta ese cuadro glorioso del futuro, sino que, al mejor estilo de Jesús, impele a los creyentes a vivir el futuro hoy y aquí.[158] Juan presenta la escena del cordero que es digno de abrir el libro como un acto escatológico, pero también como un acto de adoración

157. N. T. Wright, *Surprised by Hope*, 104-105.
158. Ibíd., 255-289.

ya, ahora. Todos los cristianos adoran ya, ahora al cordero como digno (5:12).[159] La paz y armonía que se presentan como el futuro glorioso en el Apocalipsis están precedidas de las escenas donde las multitudes están compuestas por gentes de toda raza y nación. Esas escenas parecen presentarse como un anticipo presente de ese glorioso futuro (14:6,7; 5:9).[160]

En seguida corresponde considerar las implicaciones que el estudio del tema del Apocalipsis como profecía crítica tiene para la educación teológica evangélica en América Latina. Se procederá como se ha hecho en las secciones anteriores, es decir, considerando las implicaciones de cada parte: la denuncia y la imaginación utópica.

### 3.3.   Implicaciones para la educación teológica evangélica en América Latina

En cuanto a la sección sobre la denuncia del Imperio vale la pena señalar que la educación teológica evangélica en América Latina casi no ha abordado el Apocalipsis desde esta perspectiva. Juan Stam es muy claro al decir que se debe cambiar el acercamiento al Apocalipsis y dejar de verlo simplemente como un manual de cronología del futuro o como un cuadro terrorífico del futuro.[161] El libro de Apocalipsis fue escrito para infundir esperanza, valor, gozo. Fue escrito para quitarles el miedo a los creyentes del Asia Menor en el primer siglo, pero ahora sirve para infundir miedo y terror al futuro.[162] Sin embargo, no se trata solamente de cambiar el acercamiento al Apocalipsis para quitarle ese elemento terrorífico tan común en los círculos evangélicos, también se debe evitar el excesivo énfasis en los vaticinios, en el orden y secuencia de eventos futuros, en los cuadros esquemáticos que establecen ese orden y secuencia. No se trata de obviar las enseñanzas puntuales sobre, por ejemplo, la segunda venida de Cristo, sino de evitar las especulaciones alrededor de esa verdad. Los docentes teológicos de la escatología y la literatura apocalíptica deben hacer ajustes en su acercamiento a esos temas para ser más fieles al sentido propio del texto bíblico y a los propósitos del mismo.

Lamentablemente la enseñanza de la escatología y de la literatura apocalíptica en los seminarios evangélicos de América Latina ha dado énfasis a estos asuntos que, muy probablemente, no estuvieron ni en la mente de

---

159. Ibíd., 279 y 281.

160. Justo L. González, *Para la salud de las naciones: El Apocalipsis en tiempos de conflicto entre culturas* (2005): 81-85.

161. Stam, *Apocalipsis,* 16-17. Un sugestivo título que revela esta tendencia en el mundo evangélico latinoamericano es el de Alberto F. Roldán, *Do terror à esperança: Paradigmas para una escatología integral* (2001).

162. Stam, *Apocalipsis,* 17.

Juan, el autor del Apocalipsis, ni de los primeros lectores, ni de la mayoría de intérpretes cristianos a lo largo de la historia. El elemento apocalíptico de fin del mundo y del miedo que lo acompaña es un distintivo de la Iglesia evangélica latinoamericana. La escatología tipo ciencia-ficción[163] ha sido muy popular en los círculos dispensacionales de Estados Unidos y de América Latina, pero ha tenido tremenda influencia a nivel popular independientemente de las posturas escatológicas que sostenga la gente.[164]

Mucha falta le hace a esta Iglesia una relectura fresca, desafiante y esperanzadora del Apocalipsis, haciendo énfasis en aquellos elementos que el mismo libro resalta, como lo es la denuncia del Imperio por la usurpación del nombre y lugar de Dios. ¿Cuáles son las lecciones que se deben aprender del Apocalipsis en este sentido? ¿Cómo se debería contextualizar esta enseñanza a las realidades del pueblo de Dios hoy? ¿Hay sufrimiento, temor, incertidumbre, desesperanza en el pueblo de Dios hoy? ¿Hay imperios que usurpan el nombre y el lugar de Dios hoy? Tan lejos como en los años 70 del siglo xx ya Juan Stam estaba reflexionando sobre esto,[165] mientras en la mayoría de seminarios evangélicos todavía se seguía enseñando el Apocalipsis exclusivamente como un texto futurista sin relación con el presente. Los educadores teológicos, especialmente, pero no exclusivamente los que enseñan la escatología y la literatura apocalíptica son responsables de corregir y reorientar la enseñanza de estos temas a fin de ser un poco más fieles al texto bíblico y a la autoridad de la Biblia que sustentan como evangélicos herederos de la Reforma protestante.

La segunda parte de la sección sobre el Apocalipsis trata de la imaginación utópica, que es un tema que ya se ha tratado antes en varias partes, tanto en el capítulo 2 como en este tercero. Se cierra esta parte subrayando lo que dice N. T. Wright sobre resurrección, fin del tiempo, cielo y misión de la Iglesia. Al fin y al cabo la misión de la Iglesia se podría resumir en una frase: «vivir el futuro ahora».[166] Los educadores teológicos como individuos creyentes y como profesionales de la educación teológica deben enseñar a vivir el futuro ahora y vivirlo. ¿Enseñan los educadores teológicos

163. Se toma prestada esta expresión de Alberto F. Roldán, *Escatología: Una visión integral desde América Latina* (2002): 110-114.

164. La serie de libros *Left Behind* (*Dejados atrás* en español) de Tim LaHaye y Jerry B. Jenkins ha sido un *best seller* desde que salió a luz en los años 90 del siglo pasado. La influencia ha sido tal que muchos la consideran casi como un libro de texto de escatología, a pesar de que ella misma se anuncia como una serie de novelas de ficción. No sería nada extraño que en algunas instituciones evangélicas de educación teológica en América Latina se usen como lecturas requeridas para los estudiantes.

165. Stam. «El Apocalipsis y el imperialismo romano», en Carmelo E. Álvarez y Pablo Legget, eds., *Lectura teológica del tiempo latinoamericano: Ensayos en honor del Dr. Wilton M. Nelson* (1979): 27-60.

166. N. T. Wright, *Surprised by Hope*, 255ss.

que el futuro ya llegó y que hay que vivirlo ahora? De nuevo se subraya la función de los educadores teológicos como inyectores de esperanza. Más que simples transmisores de información y de datos sobre el futuro, por muy bien respaldados que estén, los educadores teológicos son inyectores de esperanza. ¡Qué mejor forma de hacerlo que con el Apocalipsis, el libro más esperanzador de la Biblia!

Las instituciones de educación teológica como organizaciones cristianas también deben enseñar y vivir el futuro ahora. Se resaltó en valor de la justicia como una característica distintiva de ese futuro. ¿Es la justicia una característica distintiva de las instituciones evangélicas de educación teológica, así como lo es del Reino de Dios? ¿Y qué decir de esa imagen de paz y armonía que sobresale en las descripciones del futuro? ¿Está esa imagen presente dentro de las instituciones como un anticipo de aquella del futuro? ¿Son las instituciones de educación teológica un centro de resistencia frente a los valores, actitudes y prácticas de la cultura hegemónica? ¿Hasta qué punto los educadores teológicos y las instituciones de educación teológica reflejan más los valores de «los imperios romanos» de hoy que los del Reino de Dios? La imaginación utópica está al servicio del Reino de Dios y sirve para vislumbrar esos valores y características que en el futuro serán totalmente reales y absolutas pero que en el presente se deben expresar, aunque sea imperfectamente.

## 3.4. Conclusión

Se concluye esta última sección del presente capítulo diciendo que el Apocalipsis es una voz profética completa y final en el canon del Nuevo Testamento. Esta profecía crítica tiene dos aspectos: 1) la denuncia del Imperio por usurpar el nombre y el lugar de Dios y 2) la imaginación utópica, el futuro invadiendo el presente. Ambos aspectos son desafiantes para la educación teológica evangélica en América Latina, debido especialmente, a la tradicional manera en que esta se ha acercado al Apocalipsis.

Al comienzo de esta sección se dijo que una razón de haber escogido el Apocalipsis fue porque es un libro muy conocido y popular entre los evangélicos. Se ha visto que quizá sí sea muy popular, pero no tan conocido, al menos, no tan conocido de la manera correcta. Tratándose del libro más profético del Nuevo Testamento ¿cómo es que los evangélicos no lo han visto «proféticamente» en el sentido en que se ha tratado de explicar en esta obra? Se espera que después de esta breve exposición de lo «profético» del Apocalipsis y de las implicaciones para la educación teológica evangélica en América Latina algo cambie en esta.

## 4.  Conclusión

Este capítulo 3 se dedicó a estudiar la voz profética en el Nuevo Testamento, con especial énfasis en la persona, ministerio, enseñanzas y acciones de Jesús, a quien se le consideró el profeta por excelencia. La primera parte del capítulo estuvo dedicada, precisamente, al estudio del rol profético de Jesús. Este rol se vio en cuestiones no tan comunes en este tipo de estudio. Normalmente se ha visto el rol profético de Jesús en asuntos como sus controversias con el liderazgo religioso judío, sus discursos dirigidos a ese liderazgo, sus enseñanzas radicales dirigidas a sus discípulos, tales como el Sermón del Monte y otros de la misma índole.

En esta ocasión se escogieron cinco aspectos que, normalmente, no se considerarían tanto como acciones proféticas. Estos aspectos fueron: 1) el nacimiento de Jesús, 2) sus milagros, 3) las parábolas, 4) su crucifixión y 5) su resurrección. Cada uno de estos elementos fue visto desde la perspectiva profética. Así, el nacimiento es un acto profético desafiante con el cual se introduce al Rey del universo y del Reino de Dios como aquel que se presenta de manera diferente a como lo hace el mundo. Los milagros fueron considerados como más que señales que autentican al Mesías; también fueron vistos como acciones proféticas que ponían en evidencia los males de la sociedad judía religiosa de aquel entonces y apuntaban a una nueva forma de ver y tratar a los necesitados. Las parábolas fueron estudiadas desde la óptica de mensajes subversivos, porque ponían al revés los valores, las actitudes y las acciones de la sociedad judía de ese tiempo. La crucifixión es vista también como una acción profética que denuncia al poder y presenta una manera de vencer totalmente opuesta a la manera en que el mundo busca la victoria. Jesús enseña que perdiendo se gana. Por último, la resurrección es la acción profética más grandiosa de Jesús, porque indica que el futuro ya llegó y que está entre sus discípulos, quienes deben vivir y dar a conocer ese futuro aquí y ahora.

La segunda parte del capítulo se dedicó a estudiar el libro del Apocalipsis desde la perspectiva profética. Como lo profético de este libro profético se ha limitado a lo escatológico, es decir, a los eventos del fin del mundo, escoger este libro para mirarlo con otros ojos suena extraño, pero desafiante. En el Nuevo Testamento hay otros libros y otras enseñanzas que bien habrían podido incluirse con un fuerte aporte profético, pero se escogió el Apocalipsis por las razones expuestas en su momento y lugar. Para muchos evangélicos, incluso aquellos involucrados en la educación teológica, este acercamiento «profético» al libro más profético del Nuevo Testamento puede parecer no solamente extraño y ajeno a su tradición, sino quizá aun un tanto infiel al mensaje del libro. Sin embargo, se intentó demostrar que este acercamiento más profético en realidad le hace más justicia al texto bíblico que los acercamientos escatológicos tradicionales. La esperanza, o quizá la ilusión del autor es que este acercamiento influya en la manera en que los evangélicos enseñarán este libro en el futuro. Dos fueron los aspectos considerados en esta sección: 1) la denuncia del Imperio por usurpador y 2) la imaginación utópica al servicio del Reino de Dios. El primer aspecto mostró cómo Juan denunció al Imperio romano que se erguía como el poder todopoderoso de aquel tiempo, poniendo en evidencia sus males en todas las áreas y llamando a los creyentes a resistir activamente mientras esperan el triunfo final de Jesucristo. El segundo aspecto presenta el cuadro glorioso de los nuevos cielos y la nueva tierra como una «utopía real», identificada con un lugar específico: la nueva Jerusalén. Esta «utopía real» debe funcionar como un ideal que inspira e impele a los creyentes a vivir y expresar ese glorioso futuro aquí y ahora, tal como lo hace la resurrección de Jesús.

Lo que viene a continuación en el cuarto capítulo es un estudio histórico contextual de la educación teológica cristiana y cómo ha expresado o no la función profética a lo largo de los siglos en las diferentes tradiciones (católica y protestante). De alguna manera lo que se ha dicho tanto del Antiguo como del Nuevo Testamento debería verse concretamente en la práctica de la educación teológica. ¿Ha habido modelos fieles a esta función profética de la educación teológica en la historia de la Iglesia? ¿Hay modelos contemporáneos que serían más fieles a esta función hoy? ¿Cuáles han sido los problemas y obstáculos? ¿Cuáles han sido los aciertos y aportes? Se espera abordar estos y otros interrogantes en el siguiente capítulo.

# La función profética de la educación teológica: debate sobre metas, propósitos, modelos, situación actual y una propuesta

## 1. Introducción

En los dos capítulos anteriores se ha explorado la enseñanza tanto del Antiguo como del Nuevo Testamento, tocante a la voz profética con la idea de establecer qué es y qué significa. En esos dos capítulos se ha definido la voz profética usando también otros términos como «imaginación profética» que ha servido como idea generadora a lo largo de esos dos capítulos. Además, en esos capítulos también estaba la idea de buscar algunas implicaciones para la educación teológica evangélica en América Latina. Los descubrimientos son abundantes, tanto en la parte de definición y significado de voz profética como en las implicaciones para la educación teológica. No todos esos descubrimientos pudieron incluirse en tales capítulos por limitaciones de tiempo y de espacio. Lo más importante que proveen los capítulos 2 y 3 es la definición, significado y alcances de la voz profética desde el texto bíblico. Esto sirve de base para este capítulo 4, donde se explorará si la voz profética y, más específicamente, la función profética de la educación teológica, tal como se entendió en dichos capítulos, ha estado presente en la historia reciente de la educación teológica. Se ha agregado la expresión «función profética» para relacionar la voz profética más directamente con la tarea de la educación teológica como una de sus metas.

La educación teológica formal, es decir, la que persigue títulos académicos y se ofrece en los seminarios y universidades, ha sido objeto de estudio, análisis y críticas sobre su pertinencia y utilidad en el mundo actual. En las últimas décadas del siglo pasado se abrió un debate sobre las metas y propósitos de la educación teológica en los círculos académicos de

Europa[1] y Norteamérica.[2] La razón de tal debate es una creciente inconformidad dentro del mundo eclesiástico con las instituciones de educación teológica porque estas no han estado produciendo la clase de líderes que las iglesias deseaban, buscaban o demandaban.[3] En el desarrollo de este debate se ha llegado a establecer diferentes posturas, las cuales se pueden clasificar en dos grandes categorías: 1) la educación teológica enfocada en lo pragmático y funcionalista, llamada modelo clerical o profesional y 2) la educación teológica enfocada en lo académico e intelectual, llamada modelo clásico.[4]

Algo que ha llamado la atención al autor en el estudio de este debate reciente es la casi total ausencia del elemento profético como función de la educación teológica. Algunos pocos han dicho algo respecto a la función profética de la Iglesia o del pastor, pero muy poco de la educación teológica.[5] Parece que este tema ha sido y es todavía algo desconocido, secundario o periférico.

Por tanto, este capítulo lidiará con cuestiones históricas y contemporáneas para dar un panorama del estado actual de la discusión sobre el tema de la función profética de la educación teológica. La idea es explorar primero la historia reciente de la educación teológica, es decir, básicamente la educación teológica en la Edad Moderna, con énfasis en el mundo protestante. Sin embargo, para ubicarse más y mejor, se hará un pequeño

1.   Andrew Wingate en «Overview of the History of the Debate about Theological Education», *International Review of Mission* 94/373 (2005): 235-47 ofrece un panorama de lo sucedido en Europa y Asia sobre este debate, donde se incluyen asuntos como: 1) contextualización, 2) la Biblia en la educación teológica, 3) asuntos del contenido, 4) el lugar de la misión, 5) asuntos de metodología, 6) cuestiones de acceso, 7) modelos de entrenamiento, 8) la educación teológica como un proceso de toda la vida, y 9) el propósito de la educación teológica.

2.   Clark Gilpin, en «The Aims and Purposes of Theological Education: A Study Guide», *Resources for American Christianity* <http://www.resourcirgchristianity.org> 18 de abril de 2009, ofrece un panorama, desde Norteamérica, de la literatura reciente sobre este debate, describiendo los enfoques, las metas y los propósitos que han sido propuestos: 1) la identidad de la Iglesia, 2) la congregación local y su liderazgo, 3) la formación del carácter de los estudiantes, 4) la formación de capacidades intelectuales (discernimiento teológico), y 5) la relación con el contexto social más amplio.

3.   Un buen resumen de estas quejas y reclamos se encuentra en Izes Calheiros, «La interacción crítica: Trabajo conjunto entre la iglesia y la escuela en el desarrollo del liderazgo», *Kairós* 20 (1997): 51-62.

4.   Robert Banks, *Reenvisioning Theological Education: Exploring a Misional Alternative to Current Models* (1999); Sidney Rooy, «Modelos históricos de educación teológica», en C. René Padilla, editor, *Nuevas alternativas de educación teológica* (1986)

5.   Earl E. Shelp, y Ronald H. Sunderland, eds., *The Pastor as Prophet* (1985); M. L. Peresson Torreli, *Misión profética de la educación católica en los umbrales del tercer milenio* (1998); Ronnie Prevost, «The Prophetic Voice of the Religious Educator: Past, Present and Future». *Religious Education* 93/3 (1998): 288-306; Juan Carlos Carrasco, «El rol profético de la educación», <http://kairos.org.ar>.

resumen de lo sucedido durante la Reforma protestante del siglo XVI que es la base de la educación teológica protestante.

En seguida se hará un estudio panorámico de lo que se ha discutido sobre el tema en el siglo XX a nivel internacional, especialmente en Norteamérica y Europa. La idea es conocer lo que se ha dicho con respecto a la función profética de la educación teológica en el pasado reciente para establecer en qué estado se encuentra esa discusión, pero también para explorar hasta dónde ha habido y hay pistas de la función profética de la educación teológica. Con esto se pretende ofrecer un avance en esa discusión a través de la presente investigación a fin de orientar, o reorientar si fuere necesario, las metas de la educación teológica evangélica en América Latina.

## 2. La educación teológica y su función profética en la Edad Moderna

La educación teológica formal, tal y como se conoce hoy en los círculos protestantes, es producto de la Reforma protestante del siglo XVI. Sin embargo, es en la Edad Moderna (siglos XVIII-XX) que se desarrolla hasta llegar a ser lo que ahora es, representada particularmente por los seminarios teológicos y las facultades de teología o escuelas de divinidades en las universidades. ¿Qué se decía en esos años acerca de las metas de la educación teológica? ¿Estaba incluida en esas metas la función profética? ¿Cuáles modelos de educación teológica prevalecieron y por qué? ¿Hubo modelos más proféticos que otros? Estas y otras preguntas forman parte de los asuntos a tratarse en esta sección. Se hará primero un breve resumen del origen de la educación teológica desde sus raíces en la Edad Media, luego se describirá la educación teológica protestante a partir de la Reforma protestante del siglo XVI y luego se seguirá con la Edad Moderna, especialmente los siglos XVIII y XIX.

### 2.1. Trasfondo de la Edad Media

Para comenzar conviene repasar un poco la historia de la educación teológica en general y la de la Edad Media en particular para ubicar mejor lo que sucedió en la Reforma protestante del siglo xvi.[6] Algunos autores extraen de los pasajes bíblicos de 2 Reyes 2:9-14 y 4:38 la idea de que había una educación teológica más o menos formal en tiempos bíblicos, a través de la escuela de profetas.[7] La verdad es que decir eso es decir demasiado, porque la información que provee la Biblia al respecto es muy escasa. Lo que sí se puede decir es que en la historia y cultura judías sí ha habido una tradición de formación profesional de sacerdotes, escribas y maestros de la ley.[8] En el mundo de la Iglesia cristiana, la formación del liderazgo se concentró en los primeros siglos en los monasterios y las escuelas catedralicias, donde se formaba una élite para dirigir la cristiandad.[9] La idea era que en cada catedral o en cada iglesia de algún obispo hubiera una escuela para educar a los sacerdotes, a otros clérigos e incluso a gente pobre.[10] La formación de este liderazgo de la Iglesia tenía un enfoque clerical y de allí ha surgido ese modelo que más tarde se hará también modelo en las iglesias protestantes.[11] El énfasis estaba en la transmisión de la tradición eclesiástica para interpretarla no para cambiarla, agregarle[12] o cuestionarla. De manera que no se encuentra aquí indicio alguno de la función profética de la educación teológica. Es cierto que en esta primera etapa de la Iglesia

6. Estudios más completos de esta historia se pueden encontrar en Michael J. Anthony y Warren S. Benson, *Exploring the History & Philosophy of Christian Education: Principles for the Twenty first Century* (2003); Julia Campos y Saúl Trinidad, *Historia y filosofía de la educación cristiana* (1988); Wander de Lara Proença, «De "casa de profetas" a seminários teológicos: A preparação vocacional em perspectiva histórica», en Manfred W. Kohl y Antonio C. Barros, organizadores, *Educação teológica transformadora* (2004); Kenneth O. Gangel y Warren S. Benson, *Christian Education: Its History & Philosophy* (1983); John Meyendorff, «Theological Education in the Patristic and Byzantine Eras and its Lessons for Today», *St. Vladimir Theological Querterly* 31/3 (1987): 197-213; Jacques Nicole, «Brief History of the So-Called "Classical" Theological Education», *Ministerial Formation* 67 (1994): 33-34; James E. Reed y Ronnie Prevost, *A History of Christian Education* (1993); Sidney Rooy, «Modelos históricos de la educación teológica» (1968).

7. Ver Robert Banks, *Reenvisioning Theological Education* (1999): 83-89, donde él hace una pequeña reseña del tema de la formación del liderazgo en el AntiguoTestamento; también ver J. L. Crenshaw, «Education in Ancient Israel», *Journal of Biblical Literature* 104 (1985): 601-615; ídem, *Education in Ancient Israel: Across the Deadening Silence* (1998): 29-49; Wander de Lara Proença, «De "casa de profetas" a seminarios teológicos...», 9-10.

8. Resúmenes valiosos sobre educación en la época del AntiguoTestamento se pueden encontrar en D. F. Payne, «Educación», *Nuevo Diccionario Bíblico* (Buenos Aires: Ediciones Certeza, 1991): 390; André Lemaire, «Education (Israel)», *ABD*2: 305-12; Gerald H. Wilson, «Education in the OT», NIDOTTE 4: 559-64. Además ver también Banks, *Reenvisioning Theological Education*, 85-87; Reed y Prevost, *A History of Christian Education*, 45-52.

9. Bernard McGinn, *The Presence of God: A History of Western Christian Mysticism*, vol. 2: *The Growth of Mysticism* (1994): 26.

10. Gerald Gutek, *A History of the Western Educational Experience* (1972): 73.

11. Rooy, «Modelos históricos de la educación teológica», 48.

12. Ulich, *A History of Religious Education*, 172.

surgieron pensadores y teólogos que interactuaron con las corrientes filosóficas y políticas de su tiempo. El más sobresaliente de ellos en esta época es Agustín de Hipona. Sin embargo, la formación «académica» de Agustín no se dio en ninguna de estas escuelas clericales aquí mencionadas, sino en la arena filosófica «secular», donde él, antes de su conversión, fue educado por filósofos neoplatónicos. Luego de su conversión Agustín incorpora ese aprendizaje en su elaboración teológica.[13] Se podría decir que hubo aquí alguna función profética.

Cuando más adelante surgen las universidades, el énfasis estaba en la llamada escolástica, es decir, el conocimiento académico avanzado, organizado, racionalmente entendido con la lógica de la filosofía aristotélica. La formación se enfocaba más en lo académico que en lo pastoral; se producían profesores no pastores.[14] En esta etapa se avanzó en el sentido de que los profesores y estudiantes sí produjeron nuevo conocimiento. No se limitaron a repetir e interpretar lo ya dado, sino que contribuyeron al pensamiento cristiano con ideas nuevas, con nuevos esquemas teológicos, tales como la teología natural de Tomás de Aquino.[15]

Sin embargo, el conocimiento racional se convirtió en el asunto más importante. Lo profético no estaba relacionado con la educación teológica, sino, si acaso hubo, estaba con otros movimientos como el de Francisco de Asís.[16] Durante la Edad Media varios de los movimientos que se considerarían disidentes tendrían una voz profética que denunciaba los males de la Iglesia católica romana institucionalizada en el régimen del papado. Todos estos movimientos fueron reprimidos por la Iglesia y no perduraron, excepto quizá a través de algunas ideas que se reprodujeron en la Reforma

---

13. Un excelente resumen de la vida y pensamiento de Agustín de Hipona se encuentra en «Augustine», en Jerald C. Brauer, ed. *The Westminster Dictionary of Church History* (1971): 72-74.

14. Linda Cannell es muy enfática al subrayar el hecho de que la educación teológica medieval, escolástica, a través de las universidades, constituyó el comienzo de la teología escolástica académica. Ver Linda Cannell, *Theological Education Matters: Leadership Education for the Church* (2006): 164-171. Ver también el análisis que hace Edward Farley sobre la evolución del concepto *theologia* en la historia de la Iglesia, que está íntimamente relacionado con la evolución de la educación teológica, *Theologia: The Fragmentation and Unity of Theological Education* (1983); Rooy, «Modelos históricos de la educación teológica», 49.

15. Roger E. Olson, *The Story of Christian Theology: Twenty Centuries of Tradition & Reform* (1999): 336-340.

16. Stephen B. Bevans y Roger P. Schroeder, *Constants in Context: A Theology of Mission for Today* (2005): 142-152.

protestante del siglo xvi.[17] En todo caso la función profética no parece haber estado en las instituciones académicas de formación del clero, ya se trate de las escuelas catedralicias o de las universidades.

## 2.2. La Reforma protestante

En esta parte se desarrollará el origen del modelo de seminario en la educación teológica tanto católica como protestante. Se hará un estudio del surgimiento del modelo clerical de educación teológica que ha determinado en gran medida lo que los seminarios teológicos han hecho desde entonces.[18]

Resulta interesante notar que la educación teológica tipo seminario surgió en el siglo xvi, pero no en las iglesias protestantes, sino en la católica romana. Ya a finales del siglo xv y principios del siglo xvi se había desarrollado en España una especie de reforma en la educación del clero dirigida por el cardenal Francisco Ximénez de Cisneros. Lo que se buscaba era revertir el estado decadente de los sacerdotes en materia educativa y moral a través de una formación académica más estricta y formal.[19] Esto sucedió a principios del siglo xvi. Sin embargo esta reforma se limitó a España y poco hizo por evitar la Reforma protestante que surgió pocos años después en Alemania, Suiza y otros países del centro y norte de Europa.

No fue, sino hasta varias décadas después cuando aparece otro personaje español que se logra reformar la educación teológica católica. Se trata de Ignacio de Loyola y el surgimiento de la Compañía de Jesús (los jesuitas).[20] Ignacio de Loyola fundó la orden de los jesuitas con el propósito primordial de contrarrestar el avance de la Reforma protestante, recuperando gente y terreno principalmente a través de la educación, es-

17. Un buen análisis desde el punto de vista protestante se encuentra en Samuel Vila, *El cristianismo evangélico a través de los siglos,* segunda edición (1982): 160-215. Un libro más reciente que enfoca el tema de la disidencia en la historia de la Iglesia desde la perspectiva anabautista es Juan Driver, *La fe en la periferia de la historia: Una historia del pueblo cristiano desde la perspectiva de los movimientos de restauración y reforma radical* (1997).

18. Banks prefiere llamar a este modelo, el modelo «vocacional» que sería una versión moderna del antiguo modelo clerical, *Reenvisioning Theological Education,* 34-45; Rooy, «Modelos históricos de la educación teológica», 51-55.

19. Jaroslav Pelikan, *The Christian Tradition: A History of the Development of Doctrine,* volumen 4: *Reformation of Church and Dogma (1300-1700)* (1984): 307; Justo L. González, *Y hasta lo último de la tierra: Una historia ilustrada del cristianismo,* tomo 6: *La era de los reformadores* (1980): 24-29.

20. Una biografía completa de Ignacio de Loyola es: Ricardo García Villoslada, *San Ignacio de Loyola: Nueva biografía,* (Madrid: Biblioteca de Autores Cristianos, 1986).

pecialmente del clero, pero también del pueblo.[21] Lo más sobresaliente de Ignacio de Loyola que tiene especial importancia aquí es la formación de los dos colegios más importantes de la Iglesia católica en este siglo, incluso antes que los mismos protestantes. En 1551 se fundó el Colegio Romano con el propósito de renovar a la Iglesia de Italia.[22] Este colegio más tarde se convertiría en la renombrada Pontificia Universidad Gregoriana.[23] En 1551 se fundó el Colegio Alemán con el propósito «de recuperar la Iglesia derrumbada en Alemania mediante la preparación sólida de jóvenes altamente capacitados».[24] Estos dos colegios fueron los primeros que se fundaron como escuelas dedicadas exclusivamente a la educación teológica en la formación de sacerdotes al más alto nivel y que más tarde llevarían el nombre de seminarios.[25]

El énfasis en este modelo de educación teológica era la sólida preparación académica de los estudiantes en la teología escolástica, la filosofía, la teología moral y los estudios bíblicos.[26] Sin embargo, la meta final no era solamente esa sólida formación académica, sino más bien contrarrestar los avances de la Reforma protestante y defender y restablecer el poder perdido de la Iglesia católica romana. Por eso la Compañía de Jesús se convirtió en un arma poderosa de la Contrarreforma católica en el siglo XVI. Su organización cuasimilitar y su obediencia absoluta al papa le permitían responder rápida y eficientemente a cualquier reto.[27] Obviamente, este modelo dejaba muy poco espacio para la función profética de la educación teológica. Ni los profesores ni los estudiantes jesuitas estaban para nada interesados en cuestionar a la institución eclesiástica a la que le debían lealtad completa e incondicional, aunque sí lo hacían a las iglesias protestantes. Es interesante notar, no obstante, que siglos después, en América

---

21. Ricardo García Villoslada, *Manual de historia de la Compañía de Jesús*, (Madrid: Biblioteca de Autores Cristianos, 1941); ver también García Villoslada y Bernardino Llorca, *Historia de la Iglesia Católica*, tomo III: *Edad Nueva: La iglesia en la época del Renacimiento y de la Reforma Católica*, segunda edición (Madrid: Biblioteca de Autores Cristianos, 1967): 845-854; Humbert Jedin, *et al., Manual de historia de la iglesia*, tomo V: *Reforma, Reforma Católica y Contrarreforma*, trad. Daniel Ruiz Bueno (Barcelona: Editorial Herder, 1965): 612-622; Justo L. González, *Historia del pensamiento cristiano*, tomo 3: *Desde la Reforma Protestante hasta el siglo XX*, (1993): 225.

22. Peter Hans Kolvenbach, «La Universidad Gregoriana y la visión de San Ignacio», 5 de abril de 2001, www.asjel.org/PHK/E.3Universidad%20Gregoriana.rtf, 24 de julio de 2009; Rooy, «Modelos históricos de la educación teológica», 52.

23. Reed y Prevost, *A History of Christian Education*, 207.

24. Rooy, «Modelos históricos de la educación teológica», 52. Un estudio más completo de estos y otros asuntos relacionados con la educación en la Compañía de Jesús se puede encontrar en Charles E. O'Neill y José María Domínguez, directores, *Diccionario histórico de la Compañía de Jesús* (Madrid: Universidad Pontificia Comillas, 2001).

25. Rooy, «Modelos históricos de la educación teológica», 207.

26. Ibíd.

27. González, *La era de los reformadores*, 194.

Latina los jesuitas se identificaron como los denunciantes de las injusticias y los profetas contemporáneos.[28] Más tarde este modelo de seminario serviría también casi de la misma manera a las iglesias protestantes.

Ya dentro de las mismas iglesias surgidas de la Reforma protestante la veta revolucionaria y profética está presente desde Lutero mismo, aunque no había un sistema muy formal de educación teológica en el luteranismo temprano. Con todo, Lutero ha sido interpretado como un revolucionario y un profeta de su tiempo.[29] En cuanto a la educación teológica formal, más o menos como se conoce hoy, comenzó con Juan Calvino y la fundación de la Academia de Ginebra en 1559.[30] El renombre y la fama de esta academia se debió principalmente al alcance internacional que tuvo y al énfasis académico concentrado en los estudios bíblicos y teológicos, donde sobresalían Juan Calvino y Teodoro Beza, quien fuera su primer rector.[31] La Reforma protestante en su versión ginebrina se extendió por Europa gracias a la labor de la Academia de Ginebra que más tarde se convertiría en la Universidad de Ginebra.[32]

La Academia de Ginebra albergó a estudiantes provenientes de toda Europa y sirvió de plataforma de lanzamiento de la Reforma protestante a regiones tan distantes como Polonia, Escocia, y Hungría. Los dos lugares donde más impacto tuvo la versión ginebrina de la Reforma protestante fueron los Países Bajos (Holanda) y Escocia. La función profética de la educación teológica de la Academia de Ginebra no formaba parte del ciclo de estudios, pero es indudable que, viviendo Europa un periodo de reforma religiosa y también en otras esferas de la sociedad, sí hubo voz profética, tanto en los profesores como en los estudiantes, al menos en cierto grado.

Quizá el ejemplo más conocido sea el de John Knox, el famoso reformador escocés. Knox, quien, aunque no fue un estudiante de la Academia, sí reflejaba lo que allí pasaba. Knox vivió y estudió con Calvino en los años previos a la fundación de la Academia, durante su exilio en Europa mientras en Inglaterra y Escocia reinaba el terror bajo el reinado de María

---

28. Sobresalen los trabajos de los jesuitas Ignacio Ellacuría y Jon Sobrino en El Salvador, algunas de cuyas obras han sido citadas en el capítulo anterior.

29. Un interesante libro que interpreta así a Lutero es Walter Altmann, *Confrontación y liberación: Una perspectiva latinoamericana sobre Martín Lutero* (1987); con otro enfoque, pero pensando en Lutero como un modelo de maestro revolucionario está Harry McSorley, «Luther: Model or Teacher for Church Reform?», en George Yule, ed. *Luther: Theologian for Catholics and Protestants* (1988).

30. González, *La era de los reformadores,* 117; Thea B. Van Halsema, *Así fue Calvino,* (1977): 241; Brauer, ed. *The Westminster Dictionary of Church History,* 355.

31. Ibíd.

32. Kenneth Scott Latourette, *Historia del cristianismo,* tomo 2, cuarta edición (1979): 107.

Tudor[33] Knox ya sentía una vocación profética antes de comenzar su carrera de reformador de Escocia, debido a la influencia de su tutor George Wishart.[34] Su relación con Calvino en Ginebra le sirvió para orientar esa vocación con un toque reformado. Knox denunció tanto los abusos de la Iglesia católica romana como los del poder político. Él mismo se consideraba un profeta en la misma tradición de Amós y de Juan el Bautista.[35] Además, soñó con una Escocia diferente, en la cual sobresalió un espíritu de cohesión nacional y de buenas relaciones con las otras iglesias protestantes de Inglaterra y Europa.[36] Además, más tarde surgió en Escocia un sistema educativo que sería modelo para otras regiones del mundo.[37]

No se tiene conocimiento de otros personajes de la Reforma que tuvieran este tipo de función profética en sus respectivos países o regiones, pero parece muy posible que el cuadro de Knox se repitiera ya que el contexto, en cierto sentido, lo demandaba. En todo caso, la educación teológica formal, surgida de la Academia de Ginebra no parece haber tenido como una de sus metas inculcar la función profética en sus profesores y estudiantes, sino que esa función surgió más debido a las circunstancias especiales que se vivieron en esa época.

Muy pronto la educación teológica protestante declinó debido principalmente a las interminables discusiones teológicas, dando lugar a la así llamada escolástica protestante de los siglos de la post-Reforma.[38] El conocimiento se convirtió en la meta principal de la educación teológica. El resultado fue la elaboración de confesiones de fe o declaraciones doctrinales que identificaron a cada grupo y que a la vez lo diferenciaba de los demás. La tarea de la educación teológica fue velar por la pureza doctrinal del grupo. Esto llegó a ser lo más importante, tanto que incluso la formación de pastores quedó relegada. Esta fue la tendencia en Europa y en Estados Unidos a partir del siglo XVII por la influencia del racionalismo y la Ilustración. Un ejemplo son las universidades en Alemania en el siglo

---

33. J. D. Douglas, «John Knox and the Scots Reformation», en John D. Woodbridge, ed. *Great Leaders of the Christian Church* (1988): 250-252.

34. Richard L. Greaves, «Juan Knox», en Wilton M .Nelson, ed. *Diccionario de Historia de la Iglesia* (1989): 637. Ver también «John Knox», en Jerald C. Brauer, ed. *The Westminster Dictionary of Church History*, 477-478; Kenneth Scott Latourette, *A History of the Expansion of Christianity*, vol. 3: *Three Centuries of Advance (1500 A. D. to 1800 A. D.)*, 388, 399, 412. Para un enfoque católico de John Knox en que su acción profética es interpretada como actos de rebeldía, de insurrección y de despotismo ver Hubert Jedin, *Manual de Historia de la Iglesia*, tomo V: *Reforma, Reforma Católica y Contrarreforma* (Barcelona: Editorial Herder, 1972): 567-572.

35. Ibíd., 638.

36. Ibíd.

37. Kenneth O. Gangel y Warren S. Benson, *Christian Education: It's History & Philosophy* (1983): 147.

38. Rooy, «Modelos históricos de la educación teológica», 54.

xviii. Su tarea era vista como la transmisión a los estudiantes (a través de lecturas audibles de textos) del conocimiento fijado y cautivo en sistemas cerrados.[39] Muy lejos quedaban los ideales de la Reforma del siglo xvi, la intrepidez de aquellos reformadores y las voces proféticas que se lanzaban en contra de los abusos eclesiásticos y políticos. La post-Reforma era un ambiente tranquilo donde floreció el conocimiento, pero se marchitó la dinámica espiritual profética de la Iglesia y de su educación teológica.

## 2.3. La Era Moderna

Corresponde ahora estudiar un poco más a fondo y con cierto detalle la educación teológica en los siglos posteriores a la Reforma protestante (siglos xvii al xix). Se dará atención sobre todo a la educación teológica protestante, tanto la de corte liberal como la evangélica. Se describirá el desarrollo de la educación teológica protestante y los diversos modelos surgidos en el periodo bajo estudio.[40] Ya se mencionó la decadencia de la educación teológica en el periodo posterior a la Reforma protestante En este periodo la educación teológica protestante, mayormente la de corte liberal, tomó un rumbo cada vez más racionalista y enfocado más en la academia que en la Iglesia. Los estudiosos de la historia de la educación teológica coinciden en decir que en este periodo se fue abandonando la dinámica espiritual y eclesiástica de los siglos anteriores para dar lugar a una fría escolástica protestante que fue alejando cada vez más a la academia de las realidades de la Iglesia.[41] El conocimiento del contenido de la teología sustituyó al conocimiento de Dios y a la formación del ser del estudiante. Resultó más importante ese conocimiento que la formación del carácter del estudiante y futuro ministro o funcionario eclesiástico. En relación con la educación teológica y con su papel en el desarrollo del liderazgo eclesiástico la escolástica protestante se ha considerado fría, distante y desvinculada. Sin embargo, cuando se ve esa escolástica a la luz de las

39. Daniel Fallon, *The German University: A Heroic Ideal in Conflict with the Modern World* (1980), citado por Linda Cannell en *Theological Education Matters: Leadership Education for the Church* (2006): 133.

40. Robert Banks, *Reenvisioning Theological Education: Exploring a Misional Alternative to Current Models* (1999): 17-70. Esta sección del libro describe y analiza tres modelos de educación teológica desarrollados a lo largo de los últimos dos siglos: el clásico, el vocacional y el sintético.

41. Jack Fitzmier, en «The Aims and Purposes Literature: Notes from the Field», *Resources for American Christianity* (<http://www.resourcingchristianity.org>) hace un resumen de los principales autores que han escrito sobre este tema comenzando con Edward Farley y su libro *Theologia: The Fragmentation and Unity of Theological Education* (1983) y siguiendo con respuestas posteriores a la tesis presentada en ese libro por parte de varios autores entre quienes sobresalen David Kelsey y sus obras *To Understand God Truly: What's Theological About Theological Education?* (1992) y *Between Athens and Berlin* (1993).

luchas ideológicas, políticas y científicas de la época, no resulta tan fría, ni distante, ni desvinculada.[42]

Los estudios teológicos se fueron entendiendo cada vez más como una disciplina más del saber humano, entre otras tantas, y que había que dominarla racionalmente como se hacía con las otras. Si en la Edad Media y en la Reforma la teología se entendía como una manera de vivir y de ser, en la Edad Moderna se entendió como una ciencia, pasando del «estudio de la teología» a una enciclopedia teológica.[43] El estudio de la teología como una ciencia, es decir, la enciclopedia teológica se hizo equivalente a educación teológica.[44]

El cambio de una educación enfocada en la sabiduría y en la *paideía*,[45] es decir, en el conocimiento de la teología como un buen vivir y un buen ser y en la formación del carácter del estudiante hacia una educación más profesional enfocada en la adquisición de las habilidades necesarias para el desarrollo del ministerio cristiano por parte de los estudiantes, se dio a principios del siglo xix con la fundación de la Universidad de Berlín.[46] La idea de una nueva universidad en Alemania surgió luego de la desaparición de las universidades de Jena y Halle por causa de la invasión napoleónica en 1806.[47] Tres personajes famosos se unieron para dar origen a la Universidad de Berlín: Johann Gottlieb Fichte, Friedrich Schleiermacher y Friedrerich Wilhelm Humboldt. Humboldt se convirtió en el principal vocero y arquitecto de la universidad,[48] pero fue Schleiermacher[49] quien le

---

42. Roger E. Olson, *The Story of Christian Theology: Twenty Centuries of Tradition & Religion* (1999): 538-553.

43. Farley, *Theologia: The Fragmentation and Unity of Theological Education* (1983), especialmente el capítulo 3, págs. 49-72, donde el autor señala cómo se hizo el cambio de un estudio enfocado en la vida toda a un estudio enfocado en una disciplina académica en particular.

44. Walter E. Wyman Jr., «The Historical Consciousness and the Study of Theology», en Barbara G. Wheeler y Edward Farley, eds., *Shifting Boundaries: Contextual Approaches to the Structure of Theological Education* (1991): 104.

45. Para un entendimiento más completo de este concepto educativo y su influencia en la educación cristiana ver especialmente Werner Jaeger, *Cristianismo primitivo y paideía griega,* segunda edición (1998).

46. David Kelsey ha dado el título de «Berlín» a un modelo funcionalista de educación teológica que es el que prevalece ahora en *Between Athens and Berlin.*

47. Cannell, *Theological Education Matters,* 134.

48. Ibíd.

49. Los siguientes autores tratan específicamente el tema del papel de Schleiermacher en el diseño de la educación teológica a partir del modelo de la Universidad de Berlín. John Burkhart, «Schleiermacher's Vision for Theology», en Don Browning, ed. *Practical Theology, the Emerging Field in Theology, Church and World* (1983); Daniel Fallon, *The German University: A Heroic Ideal in Conflict with the Modern World* (1980); Herbert Richardson, ed. *Friedrich Schleiermacher and the Founding of the University of Berlin* (1991).

dio forma a los estudios teológicos, siendo él mismo un teólogo.[50] Él, sin embargo, no pensaba que todo estudiante de teología debería proseguir estudios superiores más allá de lo que se llamó «Lizentiat», algo así como el pregrado y que el doctorado debería limitarse a unos pocos que podrían hacer una sobresaliente contribución universal.[51] Schleiermacher:

> organizó el estudio de la teología en tres ramas: teología filosófica, teología histórica y teología práctica. La teología histórica que consiste en teología exegética, historia de la Iglesia, y la dogmática y estadística de la Iglesia, constituye el verdadero centro y cuerpo de los estudios teológicos.[52]

A partir de esta organización de los estudios teológicos la teología buscaba encontrar un lugar reconocido dentro del ámbito de las demás ciencias. En cierto modo, la teología perdió su enfoque clásico y adquirió un enfoque científico para estar a tono con la nueva época que se vivía en la Europa en el siglo XIX.[53] Para mediados del siglo XIX la teología ya tenía un lugar en el mundo de las universidades europeas:

> Para la segunda mitad del siglo XIX, *theologia* como una disposición sapiencial —una manera cristiana de ser— había sido sustituida por la teología como un objeto de estudio, una ciencia, si usted desea, dentro de la moderna universidad. El estudio de la teología fue racionalizado en un currículo que tenía cuatro elementos centrales: estudios bíblicos, historia de la Iglesia, dogmática y teología práctica. Este arreglo de las disciplinas rápidamente fue nombrado el «patrón cuádruple» *(fourfold pattern).*[54]

Con este patrón eran educados y formados los estudiantes que tendrían a su cargo la conducción de las iglesias y otros ministerios cristianos que estaban surgiendo por aquella época. Los cuatro elementos de esta estructura de estudios teológicos fueron reconocidos como las destrezas y habilidades que los estudiantes debían dominar para ejercer el ministerio. Los estudiantes eran formados por especialistas y los estudiantes mismos se convertían en especialistas en alguna de las disciplinas del patrón cuádruple.[55] Más tarde este patrón se convertiría en lo que Banks llama el modelo vocacional de educación teológica.[56]

---

50. Wyman Jr., «The Historical Consciousness and the Study of Theology», 104.

51. Fallon, *The German University,* 38.

52. Ibíd., 104-105.

53. Farley, *Theologia,* 73-98. Ver también el análisis de Fitzmier en «The Aims and Purposes Literature», 4.

54. Fitzmier, «The Aims and Purposes Literature», 4-5.

55. Ibíd., 5.

56. Banks, *Reenvisioning Theological Education: Exploring a Misional Alternative to Current Models* (1999): 34-45.

Tal parece que en este periodo y en este modelo de educación teológica no había mucho lugar para la función profética. Las demandas de la educación científica eran tantas que la educación teológica más bien tuvo que adaptarse a ellas. La modernidad fue uno de esos periodos en la historia de la humanidad y de la Iglesia en que la Iglesia se vio tan influida por la cultura que terminó prácticamente claudicando frente a ella y asimilando los patrones impuestos por la modernidad. La educación teológica se tornó «moderna» con todo lo que eso significa. Muy poca voz profética se oyó. La teología liberal que se jactaba de estar a la vanguardia fue la que más asimiló la modernidad. Con todo, hay signos de voz profética en el surgimiento, por ejemplo del Evangelio social a principios del siglo xx, el cual incluía una dosis de denuncia de los males de la sociedad.[57] Sin embargo, este acercamiento teológico no parece haber tenido mucha influencia en la educación teológica.

La teología evangélica y sus expresiones eclesiásticas tuvieron un avivamiento a finales del siglo xix e intentaron cambiar las cosas, pero esos esfuerzos quedaron cortos, porque también eran hijos de la modernidad y terminaron asimilando también, de diferente manera, y en diferente dirección, los mismos patrones de la modernidad.

Los profetas eran escasos en esos tiempos. Aquellos que intentaban cuestionar la situación eran mal vistos (¿cuándo un profeta ha sido bien visto?) y marginados. En la historia se ha visto que algunas veces estas voces proféticas tienen suficiente impacto como para cambiar, eventualmente, el estado de las cosas, pero tal parece que en este periodo no sucedió así.

Se deja la educación teológica en la Era Moderna con la coexistencia de dos modelos, el clásico y el vocacional, profesional o científico, que representa la novedad. ¿Qué pasa al llegar al siglo xx? ¿Cuál modelo prevalece? ¿Surgen nuevos modelos? ¿Se proponen nuevas formas de educación teológica? ¿Cuál será el papel de la función profética? La verdad es que el siglo xx ve venir un debate por demás interesante sobre estos asuntos. Ese será el tema de la siguiente sección de este capítulo.

## 3. La función profética de la educación teológica: El siglo xx, la situación actual del debate y una propuesta

El final del siglo xix y, particularmente, el siglo xx han visto el auge y el declive del modelo clásico de educación teológica, así como el surgimiento de otros modelos que también han experimentado auge y declive. Esta sección del presente capítulo enfocará varios de estos modelos y su relación con la función profética de la educación teológica.

57. Olson, *The Story of Christian Theology*, 552.

## 3.1. El modelo clásico

Por modelo clásico se entiende el surgido en la Era Moderna con su énfasis en lo académico, en la formación intelectual del ministro y en la formulación teológica y doctrinal.[58] El patrón curricular cuádruple que se describió arriba servía como la base de la educación del ministro. Este modelo es responsable de la mayoría de la producción teológica académica de los siglos xix y xx, pero al mismo tiempo es también el responsable del distanciamiento entre la educación teológica, entendida como academia, y la vida de la Iglesia. El modelo en sí ha tenido evolución al grado que ha llegado a incorporar de alguna manera el tema de la presente obra, es decir, la función profética.[59] Ya en la década de los 50 del siglo xx un autor como Richard Niebuhr proponía unas ideas tocantes a las metas de la Iglesia y de la educación teológica con un sentido más profético y social.[60]

Aunque este modelo ha evolucionado, ha recibido más la crítica que los elogios. Las críticas provienen principalmente de los sectores teológicos más conservadores y evangélicos que ven en este modelo varios problemas: 1) un excesivo énfasis en lo académico, técnico, cognoscitivo e intelectual;[61] 2) un alejamiento y desconexión con la realidad eclesiástica y social;[62] 3) un alejamiento de la autoridad de la Biblia, es decir, la base normativa del cristianismo;[63] 4) una tendencia hacia el relativismo en materia teológica y doctrinal;[64] 5) una tendencia hacia la jerarquización de la educación tanto a nivel académico como administrativo;[65] 6) un alejamiento del ministerio

58. Banks, *Reenvisioning Theological Education,* 17-19.

59. Ibíd., 28-30. El autor describe aquí una educación teológica orientada a la transformación social y cita principalmente a autoras feministas como las proponentes, junto con la Teología de la Liberación, de este nuevo enfoque de la educación teológica.

60. H. Richard Niebuhr en colaboración con Daniel Day Williams y James M. Gustafson, *The Purpose of the Church and its Ministry: Reflections on the Aims of Theological Education* (1956).

61. Asociación Evangélica de Educación Teológica de América Latina, «Un diálogo sobre la educación teológica latinoamericana», *Kairós* 19 (julio-diciembre 1996): 76.

62. Ibíd., 77. Ver también Daniel Carroll R., «Tendencias y retos en la educación teológica evangélica en América Latina», *Kairós* 25 (julio-diciembre 1999): 44.

63. Banks, *Reenvisioning Theological Education,* 31. Quizá el mejor ejemplo contemporáneo de este problema se ve en el debate surgido al interior de la Iglesia anglicana/episcopal. Los anglicanos del mundo de las mayorías (África, América Latina y Asia) son más fieles seguidores de la autoridad de la Biblia que sus contrapartes en Europa y Norteamérica. Esto ha producido ya un cisma dentro de esa Iglesia. Philip Jenkins describe este asunto en su reciente libro *The New Faces of Christianity: Believing the Bible in the Global South* (2006).

64. Ibíd., 32-33.

65. Ted W. Ward, «Servants, Leaders and Tyrants», en Duane Elmer y Lois McKinney, eds., *With an Eye on the Future: Development and Mission in the 21st Century, Essays in honor of Ted Ward* (1996): 29.

eclesial necesario para la edificación del pueblo de Dios;[66] y 7) un acomodamiento sin cuestionamientos (sin voz profética) a la cultura occidental moderna.[67] Esta última crítica se dirige más que todo al mundo clásico de la educación teológica, no tanto al mundo activista dentro de las iglesias liberales, donde surgieron el movimiento de los derechos civiles y las protestas en contra de la guerra de Vietnam y otros asuntos socio-políticos de la época. Todas estas críticas tienen su lugar y, de hecho, han contribuido grandemente al desarrollo del debate contemporáneo sobre la educación teológica.[68] Sin embargo, las críticas a este modelo también provienen no solamente del sector más conservador y evangélico de la educación teológica, sino también de los sectores académicos más tradicionales que ven cómo este cuádruple patrón curricular se ha impuesto y ha reducido el estudio de la teología a un estudio más de un campo especializado como los demás.[69] La principal crítica aquí es que se le quita unidad a la teología y se fragmenta el conocimiento, tal como sucede en el estudio de las demás ciencias. El problema práctico de esto es que la educación teológica no solamente sigue el patrón impuesto por el mundo académico de la modernidad, sino que prepara inadecuadamente a los estudiantes, porque ha dado prioridad al conocimiento de disciplinas académicas por encima del ministerio eclesiástico mismo, que representa un mundo más real.[70]

En respuesta a estas críticas muchos educadores teológicos defienden, en cierta medida, el modelo clásico diciendo que la teología está siendo desplazada de su lugar de honor para dar lugar a un pragmatismo que desvirtúa el sentido último de la educación teológica.[71] Aunque estos educadores no avalan la fragmentación del estudio de la teología, sí promueven un retorno al estudio de la teología como la sabiduría, la formación de carácter y de valores en los estudiantes y la contribución al mundo de

66. Richard J. Mouw, «Challenge of Evangelical Theological Education», en D. G. Hart y R. Albert Mohler Jr., *Theological Education in the Evangelical Tradition* (1996): 285-86.

67. Ward, «Servants, Leaders and Tyrants», 31-33.

68. Un excelente resumen de este debate se encuentra en Andrew Wingate, «Overview of the History of the Debate about Theological Education», *International Review of Mission* 94/373 (2005): 235- 247.

69. Ver el excelente resumen y guía de estudio sobre este debate de W. Clark Gilpin, «The Aims and Purposes of Theological Education: A Study Guide», *Resources for American Christianity*, 8 de abril de 2009, <http://www.resourcingchristianity.org>.

70. Fitzmier, «The Aims and Purposes Literature: Notes from the Field», 5.

71. Este es uno de los argumentos principales de Edward Farley en su libro ya citado *Theologia: The Frangemtation and Unity of Theological Education*. En un reciente artículo Stanley Fish reflexiona sobre la pertinencia y validez de los estudios humanísticos (incluida allí la teología) en la educación superior de hoy. Fish se queja de que la educación superior está cada vez más interesada simplemente en «entregar conocimiento» con fines utilitaristas que en desarrollar sistemas de valores o expandir las mentes de los estudiantes. Ver *The Last Professor*, 8 de abril de 2009, <http://fish.blogs.nytimes.com/2009/01/18/the-last-profesor/?>.

las ideas. Se trata de volver a colocar a la teología en el lugar de honor que había tenido antes. La siguiente cita, proveniente de una entrevista con David Kelsey puede resumir estas ideas de mejor manera:

> Pregunta: ¿Cuál cree usted que debe ser la meta que define a la educación teológica hoy?
>
> Respuesta: Lo que yo creo es algo que aprendí de Ed Farley. Se trata de lo siguiente: la educación teológica debe tener su meta en el desarrollo de gente con un rango de capacidades para la sabiduría teológica. Él (Farley) la denomina *theologia*. Nosotros debemos estar educando gente que tiene una visión del mundo que es moldeado por el entendimiento de Dios. Las escuelas teológicas no deben estar solamente entrenando cuasiprofesionales a los que nosotros llamamos clero. Las escuelas necesitan enfocarse en ayudar a que los estudiantes se enfoquen en desarrollar un cuerpo básico de habilidades que los capacite para juzgar el mundo de acuerdo a cómo ellos han llegado a conocer a Dios verdaderamente. Por supuesto, los seminarios siempre han existido en gran parte para educar al clero, así como las escuelas de leyes existen para educar abogados. La cuestión es cuál es la mejor manera de lograr eso. Quizá una analogía puede ayudar a explicar lo que quiero decir. Piense en la manera en que la filosofía clásica nos enseña que la felicidad no es algo que usted puede seguir directamente, -que es más bien un subproducto de la vida que es dirigida para seguir otras metas. De la misma manera, las habilidades clericales deben ser también un subproducto de la educación teológica en vez de ser su meta académica focal y suprema.[72]

Si el modelo clásico con toda la contribución y la trayectoria académica de los últimos siglos no es más el modelo de educación teológica que se debe seguir hoy, ¿hay otros modelos? ¿Cuáles alternativas se presentan? A continuación se describirá el modelo que más ha predominado en las últimas décadas del siglo xx y los primeros años del siglo xxi. Se trata del llamado modelo funcionalista.

## 3.2.    El modelo funcionalista[73]

El final del siglo xix y comienzos del siglo xx vieron el surgimiento de un modelo alternativo de educación teológica, aunque ya había sido diseñado y elaborado antes en lo que David Kelsey llama el modelo de

---

72. Tracy Shier, entrevistadora, «David Kelsey on the Defining Goal of Theological Education in the Midst of Change», *Resources for American Christianity*, 8 de abril de 2009, <http://www.resourcingchristianity.org>.

73. Este modelo también ha sido denominado por diferentes autores de diversas formas: clerical, vocacional, profesional, técnico. Aquí se usará funcionalista por ser el nombre que mejor refleja el concepto que se quiere transmitir.

«Berlín».[74] Se podría decir que lo que aquí se llama modelo funcionalista es un producto derivado del modelo clásico en el sentido que se enfoca en la formación profesional del estudiante, pero se distancia de ese modelo en el sentido de que su enfoque no es tan académico, sino más pragmático. Con el auge de las ciencias se le dio importancia a las habilidades que los estudiantes universitarios deberían tener para entrar en el mundo de las ciencias y funcionar bien allí. En el mundo de la educación teológica evangélica sucedió lo mismo. Se vio el modelo clásico como demasiado teórico y académico, por tanto, no enfocado en las habilidades ministeriales. Una buena descripción de esto la hace Fitzmier en su ya citado artículo:

> Farley descubrió un segundo desarrollo fatal que ayudó a explicar la pérdida de *theologia*. Pero, mientras el primero tenía que ver con cómo la universidad estudiaba teología, el segundo tiene que ver con cómo las iglesias entendieron esa empresa. De acuerdo con Farley el liderazgo de las iglesias llegó a estar cada vez más preocupado con los fines, es decir, los resultados de la educación teológica. Aunque ninguno le objetaba a alguna escuela teológica que graduara estudiantes con un conocimiento sapiencial, y en realidad, mientras la piedad fue un asunto que se esperaba y se animaba en el clero, los líderes de las iglesias querían asegurarse que los graduados pudieran funcionar con éxito *in situ*, como los líderes reconocidos de una congregación. Después de todo, los graduados de teología fueron llamados para servir; ellos necesitaban ser hábiles para predicar, enseñar, aconsejar y administrar. Bajo esta presión el currículo teológico decididamente se tornaría en funcional. Los estudiantes tenían que demostrar competencia en un amplio rango de campos de actividad relacionados. En realidad, hasta cierto grado, la educación teológica tomó una dirección «técnica». Esto se justificaba no por la necesidad de tener líderes que ejemplificaran una manera cristiana de ser que descansaba en la reflexión, el estudio y la disciplina espiritual, y en el cultivo de la virtud (¡aunque, por supuesto ninguno objetaría estas características en el clero!), sino por la necesidad de las iglesias de tener líderes que pudieran desempeñar cierta clase de actividades eclesiásticas. Uno podría caracterizar mucho de la *theologia* de Farley como una conversación entre líderes eclesiásticos y docentes teológicos. Los líderes eclesiásticos estarían buscando asegurar que las futuras generaciones de clérigos tendrían las habilidades requeridas para el ministerio y le pedirían a los docentes teológicos que vieran esto como una tarea importante. Sin embargo, lo que el trabajo de Farley sugiere y lo que es bastante más problemático es la noción de que el ministerio mismo ha sido transformado, es decir, es visto ahora como la práctica de una serie de técnicas o competencias eclesiásticas. Esta visión simple y vacía del ministerio, medida contra la rica historia de la vocación cristiana (en la cual cierta clase de personas, quienes reflexionan profundamente sobre Dios y las cosas de Dios y quienes,

---

74. David H. Kelsey, *Between Athens and Berlin: The Theological Education Debate* (1993).

por causa de este mero *habitus,* actúan correspondientemente) frecuenta las páginas de *Theologia* (de Farley).[75]

El surgimiento del movimiento de institutos bíblicos a finales del siglo xix representa una reacción al modelo clásico. Este movimiento estaba interesado no tanto en la formación académica de los estudiantes, sino en su formación ministerial.[76] La meta ulterior de la educación teológica en este movimiento de institutos bíblicos era la formación de evangelistas y misioneros. El movimiento se propagó por el mundo y así surgieron institutos bíblicos en todas partes del mundo con metas similares. Este movimiento inyectó dinamismo a la Iglesia con su énfasis en el evangelismo, las misiones transculturales y el ministerio eclesiástico en general, incluyendo algo de asistencia social.[77] Y al mismo tiempo ponía distancia con la educación teológica más formal que estaba representada por los seminarios y las universidades que no solamente tenía un marcado énfasis académico, sino que también se estaba alejando de la fe.[78]

En pleno siglo xx este modelo funcionalista recibiría una mayor atención debido al rumbo que la sociedad misma estaba tomando. El mundo industrial se imponía y, en consecuencia, toda la educación, particularmente en Norteamérica, se tornó técnica, pragmática y funcionalista. De hecho, la filosofía predominante era, precisamente el pragmatismo.[79] La meta de la educación de acuerdo con el pragmatismo era simplemente educar para el trabajo, la producción en serie de obreros para la industria con las habilidades técnicas necesarias y requeridas para funcionar bien en ese campo y más tarde en otros también.[80] Con raíces en el pragmatismo, en cierta medida el modelo funcionalista evolucionó hasta adoptar, un poco ingenuamente, la filosofía conductista de educación tan popular e influyente en el siglo xx. Esta filosofía consiste básicamente en formar personas que funcionen con eficiencia, economía, precisión y objetividad.[81] Si se observa bien, sin apasionamientos, el actual sistema de educación

75. Fitzmier, «The Aims and Purposes Literature», 5.

76. Un estudio completo del movimiento de los institutos bíblicos se encuentra en Virginia L. Brereton, *Training God`s Army: The American Bible School Movement, 1880-1940* (1990). Ver también Mouw, «Challenge of Evangelical Theological Education», 285.

77. Banks, *Reenvisioning Theological Education,* 34-39

78. Un excelente estudio de la educación teológica evangélica anglosajona en el siglo xix es el de James E. Bradley, «The Nineteenth Century», en D. G. Hart y R. Albert Mohler Jr., eds., *Theological Education in the Evangelical Tradition* (1996): 148-170.

79. Reed y Prevost, *A History of Christian Education.* Ver especialmente el capítulo 30: «Pragmatism and Education», págs. 308-313. Ver también Naoko Saito, «Philosphy as Education and Education as Philosophy: Democracy and Education from Dewey to Cavell», *Journal of Philosophy of Education* 40/3 (2006): 345-356.

80. José María Mardones, *Desafíos para recrear la escuela,* segunda edición (1999): 33-34.

81. Robert. W. Pazmiño, *Cuestiones fundamentales de la educación Cristiana* (2002): 130.

teológica en seminarios e institutos bíblicos evangélicos en América Latina sigue este modelo. [82]

Este modelo ha recibido elogios por la inyección de dinamismo y proyección dados a la Iglesia, lo cual se puede constatar en un mayor crecimiento de la Iglesia, precisamente allí donde más pragmática ha sido la educación teológica. Mientras que las iglesias más históricas con una educación teológica más clásica y formal ven el declive de sus congregaciones, las iglesias más pragmáticas con una educación teológica funcionalista siguen creciendo. Incluso hay estudiosos de la educación teológica que buscan reivindicar el modelo «clerical» o funcionalista frente a sus críticos, diciendo que se ha entendido mal todo el concepto de teología práctica.[83]

Con todo y lo importante que lo anterior pudiera parecer, este modelo también ha sido objeto de críticas, las cuales provienen principalmente del mundo académico más formal[84] y de las iglesias más históricas, pero también hay críticos dentro del mismo mundo evangélico.[85] Entre los principales problemas señalados a este modelo están los siguientes: 1) un énfasis excesivo en lo pragmático a expensas de lo reflexivo, es decir, la educación teológica deja de ser teológica;[86] 2) la conversión del clásico modelo clerical en un modelo de profesionales del ministerio, una élite técnica;[87] 3) la

82. Unos interesantes análisis de esta situación, dirigida tanto a la educación en general como a la teológica en particular; tanto en Norteamérica como en América Latina, son los siguientes: Stanley Fish, «The Last Professor», http://fish.blogs.nytimes.com/2009/01/18/the-last-professor/?pagemode; Jorge Eduardo Noro, «Formación de formadores: ¿Docentes funcionales al sistema o intelectuales críticos y transformadores?», *Educrea: El portal de la actualización docente* <www.educrea.cl/joomla/educacion-en-valores/educacion-en-valores/formacion-de-formadores-docentes-funcionarios... 25 de septiembre de 2006>; Nancy Bedford, «El futuro de la educación teológica», *Encuentro y Diálogo* 16 (2003): 67-84; aetal (La Asociación Evangélica de Educación Teológica en América Latina), convocó en 1995 a una consulta sobre la relación entre instituciones teológicas e iglesias para la formación del liderazgo eclesiástico. La consulta fue el resultado de la controversia sobre el «producto» que los seminarios estaban produciendo y el «producto» que las iglesias buscaban. Las ponencias, artículos y debates se publicaron en un folleto. Ver Izes Calheiros de Balbino Silva, ed. *El diálogo del milenio* (1995). La discusión entera de la consulta giró en torno al modelo funcionalista, aunque no se expresó así durante la consulta.

83. Ver por ejemplo Bonnie J. Miller-McLemore, «The "Clerical Paradigm": A Fallacy of Misplaced Concreteness?, *International Journal of Practical Theology* 11/1 (2007): 19-38.

84. Ver por ejemplo Edward Farley, «Theology and Practice outside the Clerical Paradigm», en Don S. Browning, ed. *Practical Theology: The Emerging Field in Theology, Church and World* (1983): 21-41.

85. Un ejemplo es Daniel Carroll R., en «Tendencias y retos en la educación teológica evangélica en América Latina» y también en «Perspectives on Theological Education from the Old Testament», *Evangelical Review of Theology* 29/3 (1995): 228-39.

86. David H. Kelsey, *To Understand God Truly: What's Theological About A Theological School* (1992).

87. Ward, «Servants, Leaders and Tyrants», 30.

formación y producción en serie de meros funcionarios eclesiásticos que encajen bien en el sistema;[88] 4) una ingenuidad teológica tal que ha hecho de la educación teológica evangélica el hazmerreír del mundo académico por causa del dogmatismo, absolutismo y fundamentalismo que han surgido dentro de este modelo;[89] 5) la dicotomía acentuada entre la teoría y la práctica;[90] y 6) un acomodamiento sin cuestionamientos (sin voz profética) a la cultura pragmática contemporánea.[91]

En este modelo también la función profética parece ausente. El interés de administradores, docentes y estudiantes es pragmático, no reflexivo, y mucho menos profético. Si la meta de la educación teológica es producir funcionarios eclesiásticos que encajen en el sistema para que este siga funcionando, entonces lo que menos se quiere es cuestionar ese sistema. Las mismas instituciones de educación teológica son parte del sistema, porque son las que proveen la mano de obra calificada para el funcionamiento del sistema. ¿Por qué desearía una institución de educación teológica incorporar y fomentar la función profética en su filosofía educacional? Sería algo contraproducente y hasta peligroso para ella misma. En este sentido es legítima la crítica de que este modelo termina acomodándose sin cuestionamientos a la cultura pragmática contemporánea, tal y como había sucedido con el modelo clásico antes.

Si los dos modelos descritos y analizados arriba (el clásico y el funcionalista) no dan mucha cabida a la función profética de la educación teológica, con notables excepciones, ¿habría otros modelos que sí lo hacen? En la siguiente sección se estudiarán nuevos modelos de educación teológica, un tanto más recientes, el papel que la función profética juega en esos modelos y su impacto en la educación teológica evangélica en América Latina.

### 3.3. Nuevos modelos de educación teológica

Las últimas décadas del siglo xx han visto el surgimiento de nuevos modelos de educación teológica que buscan no solamente reaccionar contra los modelos existentes, sino contextualizarse mejor en las distintas rea-

---

88. Carroll, «Tendencias y retos en la educación teológica evangélica en América Latina», 41. Ver también David Suazo J., «La educación teológica y el contexto global: Hacia una teología de la educación teológica» en Oscar Campos, ed. *Teología evangélica para el contexto latinoamericano: Ensayos en honor del Dr. Emilio A. Núñez* (2004): 261.

89. Mark A. Noll, *The Scandal of the Evangelical Mind* (1994). En este libro el autor pone en evidencia la falta de intelectualidad seria por parte de los evangélicos en Estados Unidos. Él se atreve a decir que no hay tal cosa como una mente evangélica. Alguna relación hay entre esta afirmación y la educación teológica evangélica en Estados Unidos durante el siglo xx.

90. Banks, *Reenvisioning Theological Education*, 44.

91. Mouw, «Challenge of Evangelical Theological Education», 288.

lidades donde se desarrolla una educación teológica.[92] De manera genérica se podría llamar a estos modelos «modelos contextuales». Varios de estos modelos tienen que ver con la forma en que se imparten las clases (en residencia, por extensión, en línea o una combinación de estos). En este sentido la contextualización se relaciona con las necesidades de los educandos y sus lugares de trabajo y estudio.

Otros modelos tienen que ver con el enfoque de la educación (la iglesia local, las denominaciones, las instituciones cristianas de servicio como las ONG o las escuelas y otras). En este sentido la contextualización se relaciona con el lugar donde los educandos realizarán su ministerio.[93] Hay incluso algunos modelos que buscan reemplazar la educación escolarizada por una desescolarizada[94] que se dé no en las instituciones formales, sino en las iglesias[95] o en otros lugares de ministerio.[96] También se está hablando del modelo de comunidades de aprendizaje en las que las congregaciones locales se convierten en comunidades teológicas. Esta opción se inscribe dentro de los modelos que ponen a la iglesia local como el lugar céntrico de la educación teológica.[97] Esto también conduce a que las escuelas teológicas sean también comunidades de aprendizaje, donde cada persona en la comunidad es potencialmente un maestro y a la vez cada persona es también un aprendiz.[98]

Aunque todos estos nuevos modelos de educación teológica son contextuales en una u otra forma y representan avances con respecto a los modelos anteriores, no serán ellos el objeto del estudio en esta sección. En términos generales se puede decir que estos modelos no incluyen como

92. Ver por ejemplo Bernard Ott, «Mission Oriented Theological Education: Moving Beyond Traditional Models of Theological Education», *Transformation* 18/2 (2000): 74-86.

93. Algunos de estos modelos son el objeto de análisis en C. René Padilla, *Nuevas alternativas de educación teológica* (1986).

94. El concepto de desescolarización de la educación se asocia con el controversial educador Iván Illich, quien sí podría ser considerado un profeta de la educación al desafiar abiertamente el sistema. Un ejemplo de esto es el libro *La escuela, esa vieja y gorda vaca sagrada: En América Latina abre un abismo de clases y prepara una élite y con ella el fascismo* (1968). Para más detalles sobre su amplia bibliografía ver <http://habitat.aq.upm.es/boletin/n26/nlib.html>.

95. Joseph C. Hough y Barbara G. Wheeler, eds., *Beyond Clericalism: The Congregation as a Focus for Theological Education* (1988).

96. Una organización que desarrolla educación teológica de esta manera es BILD International, cuya filosofía es formar líderes «a la manera de Jesús y los apóstoles», lo cual significa no a la manera de seminarios e institutos bíblicos. Ver el sitio web para detalles: <http://www.bild.org>. También consultar Jeff Reed, «Church-Based Theological Education: Creating a New Paradigm», ponencia presentada a la Asociación Norteamericana de Profesores de Educación Cristiana en octubre de 1992.

97. Esta es la propuesta principal de Linda Cannell en *Theological Education Matters* (2006): 244-250.

98. Ibíd., 291-292.

parte inherente de su filosofía la función profética, aunque muestran un mayor interés en asuntos sociales. El enfoque de esta sección estará en dos modelos más proféticos. Uno de esos modelos es la educación liberadora que propuso Paulo Freire y el otro es el modelo misional propuesto por Robert Banks más recientemente.

### 3.3.1. La educación liberadora de Paulo Freire

La educación liberadora de Paulo Freire es, sin lugar a dudas, el principal aporte a la filosofía de educación en la segunda mitad del siglo xx, no solamente en América Latina, sino en el mundo entero; no solamente en la educación secular, sino también en la cristiana y teológica. Mucho se ha escrito sobre los postulados filosóficos, educacionales y teológicos de Paulo Freire. No es la intención aquí desarrollar toda esa filosofía educativa, la cual ha sido objeto de estudio por numerosos autores.[99] El enfoque estará más que todo en las ideas que conducen a una educación liberadora y profética y en sus implicaciones para la educación teológica evangélica de América Latina.

Antes de analizar el pensamiento de Freire conviene decir unas palabras sobre la influencia de Freire en los modelos educacionales de la Teología de la Liberación y del movimiento ecuménico en América Latina. Freire mismo se dirige a un joven teólogo con ideas teológicas que inciden en la educación.[100] Con respecto a la Teología de la Liberación, Freire proveyó las bases filosóficas y pedagógicas de la nueva educación popu-

---

99. Aparte de los numerosos libros de Freire, de los cuales se mencionan aquí los más pertinentes: *Educación como práctica de la libertad* (s. f.), *Pedagogía del Oprimido* (1970), *Las iglesias, la educación y el proceso de liberación humana en la historia* (1974), *Concientización: Teoría y práctica de la liberación* (1974), hay autores que analizan su pensamiento, entre los cuales están los siguientes: Miguel A. Alvarado, «José Martí y Paulo Freire: Aproximaciones para una lectura de la pedagogía crítica», *Revista Electrónica de Investigación Educativa* 9/1 (2007): 1-19; Daniel S. Schipani, *Paulo Freire: Educador cristiano* (2002); John L. Elias, *Conscientization and Deschooling: Freire's and Illich's Proposal for Reshaping Society* (1976); ídem, *Studies in Theology and Education* (1986): capítulo 9, págs. 111-127; ídem, *Paulo Freire: Pedagogy of Liberation* (1994); Samuel Escobar, *Paulo Freire: Una pedagogía latinoamericana* (1993); Roberto Kasper, «Educación bancaria vrs. formación integral», *Kairós* 42 (2008): 99-120; Gloria Lauri-Lucente, «Gramsci, Freire and Transformative Education», *Journal of Mediterranean Studies* 15/1 (2005): 167-176; Fideligno Niño M., «Filosofía de la educación latinoamericana», *Cuadernos de Filosofía Latinoamericana* 27/95 (2006): 271-289; Johnson-Hunter Paige y Michael T. Risku, «Paulo Freire's Liberatory Education and the Problem of Service Learning», *Journal of Hispanic Higher Education* 2/1 (2003): 98-108.

100. Freire, «Carta a un joven teólogo», *Selecciones de Teología* 1/50 (1974): 180.

lar[101] con la que se hicieron famosas las Comunidades Eclesiales de Base (CEB). Estas comunidades representan una de las expresiones concretas de las ideas educacionales de Freire. Con respecto al movimiento ecuménico Freire no solamente proveyó ideas y prácticas educacionales, sino que se comprometió con el Concilio Mundial de Iglesias, del cual fue su funcionario educacional más importante por una década (1970-1980).[102] La filosofía educacional de Freire tomó pies y manos también en instituciones protestantes ecuménicas de educación teológica como el antiguo Seminario Bíblico Latinoamericano (SBL), hoy Universidad Bíblica Latinoamericana (UBL) en Costa Rica, entre otras.[103]

Habiendo dicho lo anterior, el resto de esta sección se enfocará en las ideas de Freire, tomando en cuenta que estas fueron generadoras de diversos modelos educativos en América Latina. Estos modelos (de la Teología de la Liberación y del movimiento ecuménico) no se analizarán aquí como tales, porque las ideas básicas surgieron de Freire. En este sentido el modelo es freiriano y por esa razón se estudiará más a fondo aquí.

La educación liberadora de Paulo Freire, por un lado cuestiona fuertemente la educación clásica a la que él llama bancaria. Su crítica a la educación bancaria tuvo la influencia de la ideología marxista que era muy popular en aquella época y, por causa de eso, tuvo problemas con el Gobierno brasileño[104] y fue marginado por muchos educadores y estudiosos de la educación, principalmente en Europa y Norteamérica. Con el correr de los años el entusiasmo de Freire por la ideología marxista decayó hasta el punto de que también llegó a ser objeto de su crítica. Freire consideró que la educación ideológica marxista también era bancaria, al igual que la educación en los mundos capitalista y colonial.[105] En este sentido Freire fue fiel a sus propios postulados, ya que se volvió un crítico de sus propias decisiones ideológicas previas.

---

101. Samuel Escobar, *Paulo Freire: Una pedagogía latinoamericana* (1993): 153-181; ver también E. A. Núñez, *Teología de la Liberación* (1986): 53-56.

102. Ibíd., 37-43.

103. Un interesante artículo que desarrolla la filosofía educacional de la UBL es José Duque, «Objetivos emancipadores en la educación teológica: Un ensayo desde el proyecto educativo de la UBL», *Ministerial Formation* 95 (2001): 17-24; también ver Cuerpo docente SBL, «Educación teológica como afirmación de la vida», *Vida y Pensamiento* 11/1 (1990): 27-39; José Duque e Irene Foulkes, «El quehacer teológico en la UBL: herencia, desafíos, horizontes», *Vida y Pensamiento* 18/1 (1998): 34-70; Ross Kinsler, «Por un mundo donde quepan todos», *Vida y Pensamiento* 18/1 (1998): 16-33; Anaida Pascual Morán, «Una pedagogía-teológica emergente con vocación liberadora y transformadora», *Ministerial Formation* 94 (2001): 22-32.

104. Ibíd., 20-29. Escobar desarrolla bien esta etapa en la vida de Paulo Freire aquí.

105. Ibíd., 133ss.

Sin embargo, la educación liberadora de Freire es más que crítica con la educación tradicional, llamada bancaria. Es educación liberadora precisamente porque propone una nueva manera de educar partiendo desde las realidades sociales, políticas, físicas, económicas de los educandos.[106] Esta es la educación que ve, juzga y actúa. Aunque en un sentido estricto Freire no fue un educador teológico, sí tuvo influencia en la educación teológica, especialmente aquella de tradición ecuménica,[107] donde se asimilaron muchas de las ideas de Freire que coincidían con la época revolucionaria de América Latina, con la influencia de la ideología marxista y el surgimiento de la Teología de la Liberación.

La principal influencia de Freire está en la educación de adultos, especialmente en la alfabetización. No se trata simplemente de que él inventara un nuevo método para alfabetizar adultos, lo cual, de hecho sí hizo. Esta ha sido la manera más común de acercarse a Freire, especialmente desde los tecnócratas de la educación en Europa y Estados Unidos,[108] quienes lo estudian y analizan desde esta perspectiva. En realidad, lo que Freire hizo fue inventar una nueva manera de hacer educación que se puede aplicar más allá de la alfabetización de adultos, inclusive en la educación teológica. Se la puede llamar «educación liberadora» o «educación política» o «educación crítica»[109] o «educación revolucionaria». Todos estos nombres identifican de una u otra manera el pensamiento educativo de Freire. La educación liberadora de Paulo Freire incluye los elementos de denuncia de la realidad y la concientización de los docentes y los educandos. Esta concientización consiste en provocar entre los estudiantes un conocimiento y reconocimiento de la realidad por medio del aprendizaje de la lectura y la escritura del idioma con el propósito de prepararse para cambiar esa realidad. En este sentido la educación genera acción política porque busca el cambio de la realidad del educando analfabeto. Lo que se busca no es solamente enseñar a leer y escribir, sino más importante cambiar su situación de opresión.[110]

---

106. Son numerosas las obras de Paulo Freire que describen y desarrollan este modelo, pero sobresalen las siguientes: Paulo Freire, *Educación como práctica de la libertad* (s. f.), *Pedagogía del oprimido* (1970), *Las iglesias, la educación y el proceso de liberación humana en la historia* (1974).

107. Un ejemplo de esta influencia se ve en Daniel S. Schipani, *Paulo Freire educador cristiano* (2002).

108. Ana María Araujo Freire y Donaldo Macedo, eds., *The Paulo Freire Reader* (2001): 16.

109. Como pedagogía crítica clasifican los educadores norteamericanos a las ideas revolucionarias de Freire: Knight, *Philosophy & Education,* 124.

110. Paulo Freire, *Pedagogía del oprimido,* vigésimo quinta edición (1980): 43-44.

Freire presenta una educación que apunta a la transformación tanto individual[111] como social, lo cual estaría muy cercano a la función profética de la educación teológica. Hablando de la esfera personal:

> La educación teológica debe ayudar a la transformación del educando de ser un humano con mentalidad de víctima a uno con mentalidad de imagen y semejanza de Dios, de uno con una vida espiritual mediocre a uno con una vida espiritual espléndida y en crecimiento, de uno oprimido a uno liberado, de uno conformista a uno inconforme con las cosas como están, de uno que simplemente recibe y reproduce a uno que analiza y produce, de uno con mentalidad de funcionario eclesiástico a uno con mentalidad de agente de cambio.[112]

Vista así la educación teológica sí es liberadora y profética, al menos en el ámbito del estudiante como persona. Sin embargo, la educación liberadora no se limita al ámbito personal, sino que va más allá, al ámbito de la comunidad de fe y de la sociedad.[113] La idea básica que subyace en la educación liberadora es la transformación del estudiante y de la realidad donde él está. En el mundo de la educación teológica esta realidad se manifiesta en las comunidades de fe de donde vienen y a donde van los estudiantes:

> El hecho de que la educación se dé en contexto implica necesariamente que se tiene en mente la transformación de ese contexto. Así lo afirman Freire y la Teología de la Liberación, y así lo afirman las Escrituras. Esta esfera es objeto de la educación profética de la que habla Schipani.[114] Como educadores teológicos estamos llamados a esa vocación profética que busca hacer cambios en nuestras comunidades de fe. Esto incluye las estructuras de poder, muchas veces opresoras e injustas. También incluye el cambio en las labores pastorales,[115] litúrgicas, evangelísticas, misioneras, educativas y más. La educación teológica es por naturaleza renovadora y transformadora. Es seguro que este enfoque causará no pocos conflictos, pero creo que no puede ser de otra manera. O la educación teológica se compromete con el cambio o se queda inocua, inoperante, irrelevante, inútil. Preguntémonos como educadores teológicos, ¿qué clase de ministros y hombres de Dios estamos formando y para cuál con-

---

111. Paulo Freire, *Pedagogy of Hope: Reliving Pedagogy of the Oppressed,* en Araujo Freire y Machado, *The Paulo Freire Reader:* 237-264.

112. David Suazo J., «Apuntes para una educación teológica evangélica desde América Latina», *Kairós* 36 (2005): 104-105.

113. Ibíd., 105ss.

114. Daniel S. Schipani, *Teología del ministerio educativo: Perspectivas latinoamericanas* (1993): 85-136.

115. Escobar, «La educación teológica y la vocación pastoral», en Oscar Campos, ed. *Teología evangélica para el contexto latinoamericano* (2004): 285-88.

texto eclesial? ¿Estamos formando ministros para que ministren en un mundo eclesiástico que ya no existe, en el cual nosotros vivimos hace diez o veinte o más años? ¿Estamos formando ministros para que ministren a comunidades de fe que no han cambiado en cincuenta años y no piensan hacerlo? ¿Estamos formando ministros que ministren a iglesias que no han tenido, no tienen ni quieren tener impacto en su comunidad? ¿Para qué sirve una educación teológica así?[116]

Paulo Freire desafía a la educación teológica evangélica de América Latina a ampliar sus horizontes para ver más allá de la esfera eclesial e ir hacia la esfera más grande, es decir la sociedad misma.

> Se debe formar al pueblo de Dios no solo para el beneficio interno del pueblo de Dios sino para salir a la arena pública de la sociedad, con la finalidad de que allí se vean y sientan los principios y valores bíblicos que se enseñan en la iglesia y en las instituciones de educación teológica.[117]

La educación liberadora de Freire se convierte en educación transformadora desde la perspectiva teológica, bíblica y evangélica.[118] A su vez, esta educación transformadora es también profética porque incluye los elementos que ya se han identificado como proféticos (denuncia del mal, anuncio del Reino de Dios y la imaginación de una nueva realidad).

¿Existe tal educación teológica en América Latina? Se podría decir que en el mundo ecuménico, al menos existe la conciencia de esta educación liberadora.[119] Cuán real y efectiva es esta educación en la práctica no se puede saber con exactitud, pero parece que hay incongruencias entre el discurso y la realidad.[120] Un ejemplo de esto es el relato que hace una mujer estadounidense, quien se encontró con las ideas de Freire por primera vez cuando trabajó en Brasil hace un par de años y quedó fascinada con

116. Suazo, «Apuntes para una educación teológica evangélica desde América Latina», 105.

117. David Suazo J., «La educación teológica y el contexto global», en Oscar Campos, ed. *Teología evangélica para el contexto latinoamericano* (2004): 263.

118. Esto es lo que el autor de la presente obra propuso en David Suazo J., «El poder de la verdad para transformar culturas: El Evangelio transforma a individuos, estructuras y sociedades (Hechos 16:11-40)», *Kairós* 37 (2005): 97-110.

119. Ver el artículo de José Duque, exrector de la Universidad Bíblica Latinoamericana, «Objetivos emancipadores en la educación teológica», *Ministerial Fornation* 95 (2001): 17-24; además, ver J. Dorcas Gordon, «What if?: Transformation in Ecumenical Theologcal Education», *Ministerial Formation* 93 (2001): 18-22; también Anaida Pascual Morán, «Pedagogía "teofeminista": Una pedagogía-teológica emergente con vocación liberadora y transformadora», *Ministerial Formation* 94 (2001): 22-32.

120. En una reunión de educadores teológicos celebrada en Quito, Ecuador en abril de 2006, donde estuvo presente el autor de esta obra, el propio José Duque reconoció esta incongruencia al interior de una de las instituciones ecuménicas más representativas en América Latina, el DEI (Departamento Ecuménico de Investigaciones).

esa filosofía. Sin embargo, ella misma constató que las ideas de Freire no habían afectado la realidad ni la práctica educacional ni siquiera de las instituciones de educación teológica del lugar donde surgieron las ideas de Freire.[121]

Lamentablemente en el mundo evangélico parece que no hay ni la conciencia de esta educación liberadora, ni el discurso que sí existe en el mundo ecuménico, lo cual puede significar que la educación teológica evangélica de América Latina simplemente no sabe de la existencia de esta educación liberadora de Paulo Freire. Ni siquiera se puede hablar de incongruencias entre discurso y realidad, porque no hay discurso. Cabe la pregunta: ¿conocen los educadores teológicos evangélicos latinoamericanos acerca de las ideas educacionales de Paulo Freire?; ¿se enseñan estas ideas en los seminarios evangélicos de América Latina? Todo parece indicar que no. Mucho bien haría a la educación teológica evangélica de América Latina conocer las ideas de Paulo Freire. No es necesario estar de acuerdo con todas esas ideas de Freire para aprovecharlas. Hasta finales del siglo XX, según la opinión del autor, no había una filosofía educativa que estuviera más cerca de lo que aquí se ha llamado función profética que las ideas de la educación liberadora de Paulo Freire, aunque él no fuera un educador teológico evangélico.[122]

¿Cómo sería una educación teológica que incorporara las ideas educacionales de Paulo Freire? Se podría mencionar cuatro características que reflejarían estas ideas, aunque también y más importante, reflejarían principios y valores bíblicos y cristianos, aunque Freire no los presentó exactamente así. La primera característica ya se mencionó antes y es una nueva identidad para la educación teológica. Se trata de una educación transfor-

---

121. Emily Dumler, «Educación teológica por y para las mujeres: Y la educación teológica por las mujeres para todos», ponencia presentada en SEES (Sociedad Evangélica de Estudios Socio-Religiosos) en la ciudad de Guatemala en junio de 2008. Se puede obtener este documento en el siguiente sitio de internet: <http://www.seesgt.net>.

122. De hecho, Daniel Schipani sí lo considera un educador cristiano, *Paulo Freire: Educador cristiano* (2002).

madora.[123] La meta principal de toda educación debería ser la transformación del educando. Por cierto esa es, o debería ser, sin duda, la meta de la educación cristiana y teológica. Cuando se habla de transformación se dice que la educación está a tono con el propósito de Dios mismo, quien busca la transformación de cada persona en lo individual, de la comunidad de fe, del pueblo de Dios y también del mundo.

La transformación también es de carácter integral o no sería transformación. Esto quiere decir que la educación teológica busca cambios en las personas, en la Iglesia y en la sociedad. Esta transformación no se limita ni a lo individual, ni a lo que en los círculos evangélicos se llama «conducta cristiana», que en muchos casos no es más que una conducta religiosa convencional. Esta filosofía debería expresarse en principios educativos y en la práctica cotidiana de la educación teológica evangélica en América Latina.

Una segunda característica derivada de las ideas de Freire es la educación perturbadora. Este concepto está muy ligado al concepto de concientización mencionado arriba.[124] La concientización no es simplemente una «toma de conciencia», es decir un reconocimiento intelectual de la realidad:

> Esta toma de conciencia no es aún la concientización, porque esta consiste en el desarrollo crítico de la toma de conciencia. La concientización implica, pues, que uno trascienda la esfera espontánea de la aprehensión

123. Esta idea de la educación transformadora, aunque no necesariamente signifique lo mismo que lo que aquí se propone, ha sido objeto de estudio recientemente por varios autores, entre los que están los siguientes: Patricia Cranton, *Understandingand Promoting Transformative Learning: A Guide for Educators of Adults* (1994); Jean B. Dorlus, «Curriculum Development for Social Transformation», *Caribbean Journal of Evangelical Theology* 6 (2002): 64-72; Barbara J. Fleischer, «Mezirow's Theory of Transformative Learning and Lonergan's Method in Theology: Resources in Adult Theological Education», *Journal of Adult Theological Education* 3/2 (2006): 147-162; Manfred W. Kohl y Antonio Carlos Barro, organizadores, *Educação Teológica Transformadora* (2004); Karen McArdle y Susan Mansfield, «Voice, Discourse and Transformation: Enabling Learning for the Achieving of Social Change», *Discourse: Studies in the Cultural Politics of Education* 28/4 (2007): 485-498; Jack Mezirow, *Fostering CriticalReflection in Adulthood: A Guide to Transformative and Emancipatory Learning* (1990); ídem, *Transformative Dimensions of Adult Learning* (1991); Jack Mezirow & Associates, *Learning as Transformation: Critical Perspectives on a Theory in Progress* (2000); Robert W. Pazmiño, «A Transformative Curriculum for Christian Education in the City», *Christian Education Journal* 6/1 (2002): 73-82; Daniel S. Schipani, «Educating for Social Transformation», en Jack L. Seymour, ed. *Mapping Christian Education* (1997); Peter F. Theron, «Theological Training for Social Transformation in Africa», *Missionalia* 23/1 (1995): 45-56; Arthur Walker-Jones, «"Words with Power" for Social Transformation: An Anatomy of Biblical Criticism for Theological Education», *Teaching Theology & Religion* 11/2 (2008): 75-81; Samuel Zalanga, «Teaching and Learning Social Theory to Advance Social Transformation: Some Insights, Implications and Practical Suggestions from Paulo Freire», *Discourse of Sociological Practice* 6/2 (2004): 7-25.

124. El desarrollo más completo de este concepto se encuentra en Paulo Freire, *Concientización: Teoría y práctica de la liberación* (1974).

de la realidad para llegar a una esfera crítica en la cual la realidad se da como objeto cognoscible y en la cual el hombre asume una posición epistemológica.

La concientización es en este sentido un test de la realidad. A más concientización más se «DES-VELA» la realidad, más se penetra en la esencia fenoménica del objeto frente al cual uno se encuentra para analizarlo. Por esta misma razón, la concientización no consiste en «estar frente a la realidad» asumiendo una posición falsamente intelectual. La concientización no puede existir fuera de la praxis, es decir, sin el acto acción-reflexión. Esta unidad dialéctica constituye, de manera permanente, el modo de ser o de transformar el mundo que caracteriza a los hombres.[125]

La educación debe ser crítica y reflexiva, que también se puede expresar como una educación que ve, juzga y actúa. La educación perturbadora es, entonces, aquella que obliga a educadores y educandos a pensar y repensar lo que se es, se sabe y se hace. Esto requiere conocimiento de la realidad, honestidad al estudiarla y evaluarla y valentía para cambiarla. Con frecuencia se tienen que remover antiguas ideas, preconcepciones, estructuras mentales y sociales, antes de avanzar a algo nuevo. Esto produce una educación inconforme con la situación tal y como está, haciéndola, por ende, profética. Por esto es que la educación liberadora hace, principalmente de los educadores teológicos, una especie de profetas contemporáneos y de las instituciones una especie de escuela de profetas.

La tercera característica derivada de las ideas de Freire es que la educación debe ser potenciadora.[126] Cuando Dios creó al ser humano lo bendijo y le dejó la tarea de crecer, desarrollarse y progresar, usando la naturaleza y los recursos que Dios le dio. Una educación auténticamente cristiana promueve, estimula y alimenta el desarrollo de las personas hasta alcanzar su pleno potencial.[127] Esto se traduce en una educación teológica que hace de sus educandos no meros repetidores y reproductores de lo que reciben, sino productores de nuevos pensamientos, ideas, paradigmas y demás. Esta educación enseña a aprender, a ser curiosos, a buscar, a investigar, a cuestionar, no simplemente a complacer a los profesores, a pasar las materias y obtener títulos académicos. Esta educación, como ya se dijo antes, enseña a ser inconformes con la realidad tal y como está. Esta educación

125. Ibíd., 30.

126. Se usa aquí esta palabra castiza para traducir la que en inglés se ha hecho más popular, *empowerment*. Hay otras formas de traducir esta palabra como 'empoderar, habilitar, capacitar, dar u otorgar poder', pero se prefiere 'potenciar' por razones estrictamente personales de conveniencia y de gusto.

127. Paulo Freire desarrolla algunas de las ideas de este concepto en *Pedagogy of Freedom: Ethics, Democracy, and Civic Courage* (1998). El libro, aunque fue escrito originalmente en portugués, esta edición en inglés es la que está a disposición del autor.

produce no meros funcionarios eclesiásticos acomodados al sistema, sino agentes de cambio para las comunidades de fe y la sociedad. De nuevo, esta característica, como las otras, apunta a una educación teológica profética.

La cuarta característica, aunque se deriva de las ideas de Freire, tiene una relación un tanto más indirecta y distante. Esta característica tiene que ver con la educación por valores. El mundo laboral contemporáneo se ha dado cuenta de que tanto o más importantes que el conocimiento y las habilidades que posea un trabajador, son los valores que sustenta. A un empleado bancario, por ejemplo, le sirve saber manejar los números y las cuentas, pero es más importante la honestidad y la actitud de servicio. Si así es en el mundo laboral secular, cuánto más lo sería en el mundo de la educación cristiana y teológica. ¿No es esta la prioridad en las Escrituras? Claro, los valores no son solamente virtudes cristianas individuales, sino también aquellas que tienen que ver con la comunidad de fe y con la sociedad. En esta obra se ha hecho énfasis en el valor de la justicia como el valor más representativo del Reino de Dios, pero se podría hablar de muchos otros más. La educación teológica evangélica en América Latina debe reenfocarse en la enseñanza, la transmisión y la vivencia de los valores bíblicos, sin descuidar, por supuesto las habilidades y los conocimientos. Si así se hace la educación teológica seguramente será más profética.

Si estas características estuvieran presentes en la educación teológica evangélica en América Latina, sin duda, sería una educación profética. La triste realidad es que la educación teológica evangélica en América Latina no refleja estas características o las refleja muy pálida y tímidamente. Esta educación se parece más a la que Freire llama «educación bancaria» que a lo que él llama educación liberadora, la cual ha sido descrita en esta sección. Todo parece indicar que la función profética debe comenzar al interior de la propia educación teológica evangélica latinoamericana antes de pensar en lanzarla hacia la Iglesia o la sociedad.

### 3.3.2. La educación teológica misional

La educación liberadora de Paulo Freire se forjó afuera, es decir, no en los círculos propios de la educación teológica, pero se ha demostrado que sí tiene validez para esta. El otro modelo que se describirá aquí sí ha sido forjado al interior de la educación teológica, aunque se debe reconocer que lamentablemente no dentro de los círculos de la educación teológica evangélica, sino más en la ecuménica. Este modelo es el misional propuesto por Robert Banks.[128] El adjetivo «misional» se usa intencionalmente aquí

---

128. Banks, *Reenvisioning Theological Education,*129-186.

en vez del otro más conocido «misiológico». Este último se enfoca en el estudio formal de la misión del pueblo de Dios más que todo como discurso mientras que el primero se enfoca en el estudio de la práctica de la misión. Y de la práctica misma.[129] Este modelo se ofrece como una alternativa a los otros modelos existentes (clásico y funcionalista o vocacional). Es cierto que Banks hace referencia a más modelos, además del clásico y el funcional, tales como el dialéctico, y el confesional.[130] Sin embargo, estos pueden incorporarse de alguna manera en las dos categorías que se han descrito como clásico y funcionalista. Se seguirán aquí básicamente, aunque no exclusivamente, las ideas desarrolladas por Banks en el libro citado. Este modelo va más allá de la tradicional manera de ver la misión de la Iglesia.[131] No se trata de una educación misionera al estilo de la que se desarrolló con el surgimiento, en el siglo xix, del movimiento de los institutos bíblicos. Obviamente, tampoco se trata de la educación misionera que se ha dado en el siglo xx dentro del modelo funcionalista, donde el énfasis recae en la formación más que todo de técnicos expertos en las artes de las comunicaciones transculturales y otras relacionadas.[132] El modelo misional que se presentará aquí es un acercamiento integral a la misión que incluiría, claro está la función profética. Hay bastantes estudios recientes y muy importantes que incursionan en el tema de la misión de la Iglesia desde una perspectiva integral, histórica y contemporánea,[133] que sirven de trasfondo, base o complemento a lo que aquí se desarrollará.

Banks enfoca su modelo misional más que todo en la manera en que se debe dar la educación teológica para que la práctica misionera de estudiantes y educadores resulte informada, formada, enriquecida y pertinente. A la luz de esta meta Banks propone que no se deben abandonar las

129. Ibíd., 132.
130. Ibíd., 143.
131. Otro autor que contribuye a enfocar la educación teológica en su carácter misional es Andrew Kirk, «Reenvisioning The Theological Curriculum as if *Missio Dei* Mattered», ponencia inédita (2005).
132. Quizá el mejor ejemplo por ser el libro más internacional y comprehensivo sobre el tema del entrenamiento misionero dentro del modelo funcionalista es William D. Taylor, ed. *Internationalizing Missionary Training: A Global Perspective* (1991), que refleja la manera en que la comisión de misiones de la Alianza Evangélica Mundial (wea por sus siglas en inglés) ve la educación teológica misionera.
133. Unos ejemplos recientes son los siguientes: Rodolfo Blank, *Teología y misión en América Latina* (1996); Donal Dorr, *Mission in Today`s World* (2004); Stephen B. Bevans y Roger P. Schroeder, *Constants in Context: A Theology of Mission for Today* (2005); Samuel Escobar, *Tiempo de misión: América Latina y la misión cristiana hoy* (1999); ídem, *De la misión a la teología* (1998); ídem *et al.*, *Misión en el camino: Ensayos en homenaje a Orlando E. Costas* (1992); C. René Padilla, *¿Qué es misión integral?* (2006); Luiz Longuini Neto, *El nuevo rostro de la misión: Los movimientos ecuménico y evangelical en el protestantismo latinoamericano* (2006); Valdir R. Steuernagel, compilador, *La misión de la Iglesia: Una visión panorámica* (1992).

exigencias académicas del modelo clásico, ni las enseñanzas pragmáticas de las habilidades clericales o ministeriales del modelo vocacional, pero sí enfocarse en una educación basada en la praxis misional [134] Así presentado, el modelo misional parece que está poniendo las bases para un desarrollo integral e integrador de la educación teológica que gira alrededor de la misión. ¿Cómo se debe relacionar la educación teológica con la misión? ¿Cuál es el papel que la misión tiene o debe tener en la educación teológica? ¿Qué abarca e incluye la misión? ¿Está la función profética incluida?

El hecho de pensar que la misión debe ser el eje controlador de la educación teológica es una propuesta interesante que ya había sido planteada antes. El recordado misiólogo puertorriqueño, Orlando E. Costas ya había dicho que la misión debe considerarse la madre de la teología.[135] Costas dice:

> Fue el teólogo luterano del siglo xix Martin Kaehler, quien describió a la misión como la «madre de la teología». Y más de dos décadas atrás, Harry Kuitert, profesor de Ética Cristiana en la Universidad Libre de Amsterdam, se refirió a la misión como «el génesis de la teología». Tales metáforas señalan el hecho de que la teología nace del movimiento de la Palabra del Dios viviente al cruzar las múltiples fronteras de la historia para crear una nueva humanidad. Ese gesto redentor tiene como consecuencia concreta el origen y desarrollo de una comunidad de mujeres y hombres de todas las culturas y sociedades convocadas por Dios a confiar en su amor y poder y ponerse al servicio de su misión redentora. La misión da nacimiento a la teología en la medida en que produce una comunidad misionera fiel y obediente para quien «la búsqueda por el entendimiento» (Anselmo) se convierte en una vocación perenne. No hay una Iglesia auténtica sin misión, así como tampoco hay una verdadera teología cristiana sin Iglesia. Ello procede de la comprensión histórica de la teología como aquella actividad reflexiva de la Iglesia cristiana que trata de entender el misterio de la fe, descubrir sus implicaciones para la vida y hacer visible su misión en el mundo.
>
> La misión no solo da nacimiento a la teología en tanto da origen a la Iglesia, sino que también afecta el curso de la teología al moldear el futuro de la Iglesia.
>
> La misión es el medio por el cual el Espíritu Santo hace nacer y renacer a la Iglesia. De ahí también que sea el movimiento dinámico que produce la educación teológica. Las instituciones teológicas son creadas por la Iglesia bajo la fuerza del Espíritu para enseñar los rudimentos básicos de la fe, reflexionar crítica y sistemáticamente sobre ella y equipar a sus líderes para la obra del ministerio. Así como la teología es producto de la misión, las instituciones teológicas son «el semillero de la teología».[136]

134. Banks, *Reenvisioning Theological Education*, 137-141.
135. Orlando E. Costas, «Educación teológica y misión», en C. René Padilla, ed. *Nuevas Alternativas de educación teológica* (1986): 9.
136. Ibíd., 10.

La anterior cita sirve para establecer una relación entre misión y teología y entre misión y educación teológica en la que la misión se presenta como originadora y precedente. Esta relación, sin embargo, en los círculos evangélicos se ha interpretado como si la meta última de la educación teológica fuera la tarea evangelizadora transcultural (llamada misiones mundiales), tal como la entienden estos círculos, es decir, el envío de misioneros a las regiones y a los grupos no alcanzados para proclamar el Evangelio (la salvación espiritual, individual, futurista y celestial).[137] Este entendimiento de la misión es correcto y bíblico, pero parcial, limitado, sin hacerle total justicia a la Biblia misma y a todo lo que enseña. Otra manera de interpretar esta relación entre misión y educación teológica es aquella que ve la misión como una disciplina de estudio serio y formal dentro del *pensum* de los programas de educación teológica, de tal manera que se vea reflejada a lo largo y ancho del currículo. La misión funcionaría como un eje temático transversal[138] del currículo. Andrew Kirk propone que la *missio Dei* debe importar tanto como para darle una nueva visión al currículo de la educación teológica.[139] En este sentido, se entiende que todo lo que se hace dentro de la educación teológica tiene o debe tener un fin misionero, entendiendo la misión de una manera más amplia que como se hace en los círculos evangélicos tradicionales hasta incluir el involucramiento en ministerios sociales.[140] Los que defienden esta postura a veces son críticos de los evangélicos a quienes señalan de limitarse a hacer conversos, en vez de a hacer discípulos.[141] Este entendimiento de la misión es más amplio que el anterior, pero todavía se queda corto, porque asocia misión con activismo ministerial.

Una tercera interpretación de la relación entre misión y educación teológica es la que considera a la educación teológica como una dimensión de la misión. Si la misión es el origen de la teología y, por consiguiente, de la educación teológica, se desprende entonces que la educación teológica no solamente está al servicio de la misión, sino que se constituye en una parte fundamental de la misma, aunque la misión no se agota con la educación teológica. Orlando Costas lo expresa así:

> La educación teológica es una dimensión de la misión. Ello procede de la misma misión de Dios, que es el marco referencial dentro del cual se puede entender la misión propia de la Iglesia.

137. Este es el enfoque, por ejemplo de comibam (Cooperación Misionera Iberoamericana), el cual se puede ver en Neal Pirolo, *Sirviendo al enviar obreros,* trad. Manuel y Ruth López, (Bogotá: Editorial Buena Semilla, 1991).

138. Para ver el concepto de eje transversal ver David Suazo J., «La educación teológica y el contexto global», 252ss.

139. Kirk, «Reenvisioning the Theological Curriculum as if *Missio Dei* Mattered», 2.

140. Banks, *Reenvisioning Theological Education*, 132-133.

141. John Corrie, «Mateo 28:16-20: La misión y el discipulado», *Kairós* 31 (2002): 27-37.

Siguiendo las pistas que nos ofrecen los evangelios podemos decir que una de las dimensiones del testimonio de la Iglesia es su ministerio docente. La educación teológica es una forma especializada, pero no elitista, de ese ministerio. Es decir, desempeña un papel específico dentro del magisterio de la Iglesia.[142]

La educación teológica, como dimensión de la misión, tiene sus propias tareas, las cuales podrían explicarse en términos educacionales, teológicos o misionológicos que es lo que aquí se pretende. Se podría resumir esa tarea en una tríada compuesta por tres verbos básicos: 1) formar (carácter, habilidades y pensamiento), 2) informar (mente, praxis y contemplación) y 3) transformar (valores, personas, instituciones y comunidades).[143] Por otro lado, Costas también dice que la educación teológica sirve a la misión, siendo parte de ella, a través de una función triple. Costas describe la primera de la triple función de la siguiente manera:

> Es así como la educación teológica tiene por lo menos una triple función. La primera y más básica es la de preparar a líderes laicos (hombres o mujeres) para ayudar en el ministerio educativo de la Iglesia. Ese ministerio se orienta hacia el interior de la comunidad de fe, instruyendo al pueblo de Dios en los rudimentos básicos de la fe, en la vivencia eficaz del Evangelio y en el testimonio cotidiano a través de sus respectivas vocaciones en el mundo. Sin líderes laicos preparados no se puede contar con un programa educativo dinámico en la iglesia local. Tampoco se puede esperar que la Iglesia desempeñe con fidelidad y eficacia su ministerio docente fuera de la comunidad, en la sociedad secular. La Iglesia es llamada a enseñar a los pueblos el camino de justicia, misericordia y obediencia a Dios. Dar testimonio del Reino en la esfera de lo público requiere instrucción ética, además de crítica y anuncio profético. Exige una feligresía bien informada en cuanto a la fe cristiana y sus implicaciones sociopolíticas.[144]

Esta primera función parece salirse un poco de la tradicional manera de ver la educación teológica como la productora solamente del clero o de los profesionales del ministerio en función de la Iglesia establecida. Estas palabras de Costas fueron escritas hace más de dos décadas y reflejan las ideas que circulaban en América Latina por los años 80 del siglo xx.[145] Estas

142. Costas, «Educación teológica y misión», 11.
143. Ibíd., 12.
144. Ibíd., 12-13.
145. Estas ideas también se pueden ver en los escritos de aquellos años del misiólogo David Bosch, por ejemplo, «Theological Education in Missionary Perspective», *Missiology* 10/1 (1982): 13-34.

ideas siguen teniendo vigencia,[146] especialmente en los círculos evangélicos donde muy poco se ha avanzado, especialmente en la función profética de la Iglesia en la sociedad como un componente de la misión. Es cierto que hay instituciones evangélicas de educación teológica en América Latina que han incorporado en sus programas educacionales, algunos dirigidos específicamente a los «laicos». Por ejemplo, el Seminario Teológico Centroamericano (SETECA), desde la década de los 70 del siglo XX incorporó lo que en ese tiempo se llamó «programas laicos» como uno de sus departamentos nuevos.[147] Dos acotaciones se pondrán aquí. La primera es que esta educación para «laicos» ha tenido un enfoque casi exclusivamente eclesiástico, es decir, se busca preparar a los maestros de escuela dominical, líderes de grupos de estudio bíblico, organizadores de campamentos, líderes de jóvenes, líderes de la alabanza y de otros ministerios como clubes de niños. Casi nada había, por ejemplo, de la formación teológica de profesionales para el ejercicio de su profesión en el mundo secular, tal como Costas señala que es parte de esta función de la educación teológica. La otra acotación tiene un tono más positivo, ya que, al menos, formal y administrativamente se ha eliminado en SETECA la designación de «programas laicos» al departamento que se ocupaba de esta capacitación. El vocablo «laico» se ha colocado entre comillas a propósito para resaltarlo y dedicarle un pequeño espacio aquí para explicar. La clásica división entre clérigo y laico es una herencia del mundo medieval y de las estructuras sociales y eclesiásticas de entonces.

Esta distinción ha servido para exaltar al clérigo o profesional del ministerio y para relegar a un segundo plano al «laico». De hecho, algo que se ha dicho es que el concepto «ministerio» se aplica a lo que hacen los profesionales del ministerio (pastores, evangelistas, maestros, sacerdotes), mientras que lo que hacen los «laicos» es, lo más, otra clase de ministerio de apoyo o de complemento al verdadero ministerio.

Se ha dicho que esta manera de identificar a las personas dentro de la Iglesia y al ministerio no hace justicia a lo que enseña la Biblia, donde todos son sacerdotes y todos son laicos (1 Pedro 2). En SETECA se ha querido abandonar esa división y por eso ya no se usa la expresión «programas laicos». Hablando de misión, esta es de todos dentro de la comunidad de fe y es hacia afuera de la misma comunidad también. Por tanto, la educación teológica es para todos, no solamente para los profesionales del ministerio. Es más, parece que la función profética se ejerce en forma más directa, pre-

---

146. Ver por ejemplo, Izes Calheiros, «Educación teológica y misión integral», en C. René Padilla, ed. *Todo el evangelio para todos los pueblos desde América Latina* (1993): 430-444; Fergus King, «Theological Education and Mission», *Mission Studies* 19.2 (2002): 77-89.

147. Emilio Antonio Núñez, *En generación y generación: Apuntes para una historia del Instituto Bíblico y Seminario Teológico Centroamericano 1929-1989* (1989): 106.

cisamente por los «laicos» en la sociedad secular. De manera que aquellas instituciones que ya ofrecen educación teológica para los «laicos» tendrían que reenfocar esa educación para que prepare a estas personas no solamente para el ministerio clásico dentro de las iglesias locales, sino para todo lo que significa el ministerio en el mundo más amplio, incluyendo, por supuesto, la función profética.

La segunda función de la educación teológica es la más conocida, la que en este capítulo se ha identificado con el modelo clásico o clerical y con el modelo funcionalista. Costas dice lo siguiente al respecto:

> La segunda función de la educación teológica es la de desarrollar ministros de «la Palabra y los sacramentos» (como se los llama en algunas denominaciones) que animen y adiestren en la fe a todo el pueblo de Dios, cultiven y desarrollen líderes para las diferentes facetas de la misión de la Iglesia, y en particular, el ministerio docente, y ayuden a la Iglesia a articular su fe con claridad y precisión en cada momento y situación. Ciertamente, el ministerio «ordenado» que (como se lo conoce comúnmente) es un don que el Espíritu da a la Iglesia para capacitarle en su obediencia misionera, tiene varias responsabilidades: la proclamación del Evangelio, la administración de la vida y misión de la congregación y el cuidado espiritual de sus miembros son tareas que atañen al ministerio pastoral. Ninguna de ellas debe ni tiene que opacar o sustituir la de instruir en la fe. Los pastores deben ser ante todo maestros y teólogos. Cuando fallan en esta tarea, condenan a sus congregaciones a la mediocridad y al fracaso de su misión educativa.
>
> La educación teológica no debe ser simplemente «profesional» en el sentido de instruir en el arte del ministerio (cómo predicar y aconsejar, administrar y enseñar), sino también académica e informativa. Es decir, debe proveer una amplitud de conocimiento en cuanto al contenido de la fe, la dinámica de la Iglesia y la complejidad de la sociedad. Para enseñar hay que tener un contenido a la mano y saber pensar. En el caso de la fe, se necesita entender su trayectoria y tener herramientas intelectuales para interpretarlas.
>
> Por otra parte, la educación teológica que procura preparar a hombres y mujeres para el ministerio apartado de la Iglesia deberá ser también formativa y práctica. La docencia cristiana busca formar discípulos de Cristo, tarea que requiere una reflexión crítica y espiritual en el apostolado. Los pastores se hacen en la práctica concreta de la fe que es obediencia. Exige eficacia. Para ello se necesita actuar reflexivamente y reflexionar activamente.[148]

Ya se ha descrito antes el modelo clásico, clerical, así como el modelo funcionalista. Ambos se podrían presentar como los modelos que realizan esta segunda función de la educación teológica. Sin embargo, parece que

---

148. Costas, «Educación teológica y misión», 13.

hay dificultades para combinar y relacionar la educación profesional del ministro con la reflexión crítica a la que se refiere Costas.

Se ha establecido en la educación teológica una dicotomía entre lo teórico y lo práctico; entre lo teológico y lo pastoral; entre lo reflexivo y el activismo.[149] El mundo contemporáneo pragmático, funcionalista y utilitarista tiende a exaltar lo práctico, lo pastoral y el activismo y a minimizar lo teórico, lo teológico y lo reflexivo. Las instituciones de educación teológica han recibido tremenda influencia de esta mentalidad. El propio Banks en su propuesta del modelo misional parece recoger esta dicotomía al subrayar la educación «en la práctica» o «dentro del ministerio», en vez de la educación «en preparación para el ministerio». Lo último parecería teórico, mientras que lo primero es más práctico.[150]

Muchos estudiantes de los seminarios evangélicos en América Latina buscan su formación en los asuntos prácticos del ministerio (predicar, aconsejar, enseñar, administrar), lo cual sería más una educación ministerial que una educación teológica, pero ¿quién dice que deben estar separadas? ¿No puede o debe un predicador predicar sobre asuntos reflexivos como la justicia?[151] ¿No es la educación teológica en sí misma una práctica del ministerio? ¿No es la docencia un «ministerio»? Llama la atención la forma en que, por ejemplo, Santiago en su epístola describe la opción profética de personajes del Antiguo Testamento, quienes «hablaron en el nombre del Señor» (5:10).

Muchos funcionalistas de hoy, críticos del sistema clásico por ser teórico, dirían que hablar es teórico. Para Santiago hablar en nombre del Señor es un ministerio, muy práctico, que los cristianos deben emular.[152] Por tanto, la educación teológica misional debería caracterizarse por eliminar esa dicotomía entre lo teórico y lo práctico, porque todo es misión y la misión es multifacética. De manera que esta segunda función de la educación teológica debe formar a los ministros profesionales, pero no solamente en el sentido «práctico», sino integralmente para que también instruyan a la Iglesia integralmente. Lo «práctico» en la educación teológica no tiene que desaparecer para dejar lugar a lo «profético». Esa no es la idea. La idea es más bien una integración en que lo «práctico» tenga su lugar legítimo, lo mismo que lo «profético».

---

149. Un autor que enfoca este asunto es Joseph C. Hough en el artículo «The Education of Practical Theologians», *Theological Education* 20/2 (1984): 55-84.

150. Banks, *Reenvisioning Theological Education,* 132.

151. Este es precisamente el tema del artículo de Ray John Marek y Daniel E. Harris, «A Public Voice: Preaching on Justice Issues», *Theological Education* 38/1 (2001): 47-59.

152. Ver, por ejemplo, la manera en que Craig L. Blomberg aborda este pasaje en el libro *Neither Poverty nor Riches: A Biblical Theology of Possesions* (2000): 159, o en la versión en español *Ni pobreza ni riqueza: Una teología bíblica de las posesiones materiales* (2002): 228-229.

La tercera función de la educación teológica es más especializada y ha estado asociada con el modelo clásico, porque se enfoca en la formación de los científicos de la fe. De nuevo se cita a Costas para describir esta función:

> La tercera función de la educación teológica es la de preparar maestros de los ministros y «científicos» de la fe. La educación teológica requiere el desarrollo de eruditos que provean las herramientas y recursos intelectuales para el desarrollo de la docencia cristiana. Sin «doctores» y «teólogos» el ministerio docente de la Iglesia carece de espina dorsal.
>
> Por supuesto, la erudición teológica puede ser tan complicada como cualquier rama del saber humano. Está limitada por los recursos humanos y económicos de la Iglesia, que a la vez están condicionados por la sociedad. Si bien es cierto que la Iglesia debe procurar desarrollar al máximo este aspecto de su misión educativa, no es menos cierto que con frecuencia no tiene los recursos para hacerlo. De hecho, la especialidad teológica es a veces un lujo que la Iglesia no está en condiciones de sufragar. Con todo, es posible desarrollar teólogos versátiles que sin ser especialistas en un solo campo pueden interactuar con varias ramas del saber teológico y ofrecer cursos en ellas.[153]

Esta tercera función es la que ha sido más cuestionada y criticada. Muchas veces esta crítica ha tenido razón, porque en el pasado los teólogos han sido personas aisladas de la comunidad de fe, enfocadas en su tarea académica y en su propio desarrollo personal como eruditos en algún campo.[154] A menudo se ha visto que los eruditos están más comprometidos con sus propios proyectos de investigación que con la institución donde laboran o con el aprendizaje de los estudiantes a quienes enseñan. Es verdad que estas investigaciones hacen grandes contribuciones al conocimiento teológico universal, pero ¿a qué costo? «Publish or perish» reza un dicho popular en el mundo académico norteamericano, donde la sobrevivencia del erudito es la meta. ¿Cuán alejada está esta visión de la educación teológica de lo que la tercera función busca? No se busca formar eruditos aislados en torres de marfil haciendo investigaciones, muchas veces innecesarias. Lo que se busca es formar personas con habilidades académicas sobresalientes que hagan su trabajo junto con el pueblo, desde el pueblo y para el pueblo de Dios.[155] En círculos de la Teología de la Liberación se ha usado el concepto del «intelectual orgánico» que viene del autor marxista

---

153. Costas, «Educación teológica y misión», 13-14.

154. Esta es una de las críticas principales en el actual debate sobre la educación teológica. Ver por ejemplo, Linda Cannell, *Theological Education Matters,* 51.

155. Suazo, «La educación teológica y el contexto global», 258-264.

A. Gramsci,[156] para explicar la relación entre los eruditos y la praxis liberadora. Este concepto lo aplicaron a sí mismos los teólogos de la Liberación para explicar su propia función dentro de las luchas liberadoras en América Latina.[157]

¿Tan difícil es pensar en un académico-pastor o en un erudito-activista? O, en palabras de Banks, «teólogos prácticos y activistas reflexivos».[158] Parece que la «división del trabajo» del mundo industrial se ha impuesto en la educación teológica. Se podría decir, por un lado, que es afortunado que en América Latina las realidades económicas precarias obligan a los profesores de seminario a involucrarse directamente en el trabajo eclesiástico remunerado. Esto hace que los profesores no estén tan aislados haciendo su trabajo profesional teológico y que tengan más facilidad para relacionar la teología académica con la vida de la Iglesia, lo cual redunda en una enseñanza más real, contextualizada y útil. Sin embargo, por otro lado esto también ha limitado, por ejemplo, la producción literaria bíblica o teológica y ministerial de alto nivel, así como la investigación, los cuales son componentes importantes del quehacer teológico académico, lo cual hace de la enseñanza, aunque contextualizada y útil, no tan profesional ni tan respaldada académicamente. América Latina ha producido muy pocos eruditos en las disciplinas académicas de la educación teológica, al menos, dentro de los círculos evangélicos.

Si la educación teológica es una dimensión de la misión que se expresa a través de las tres funciones que se observaron arriba, ¿es entonces la misionología la rama de estudio principal dentro de la educación teológica? ¿Debería diseñarse el *pensum* y todas las actividades curriculares alrededor de la misionología?[159] ¿De esto se trata el modelo misional de educación teológica? No es esto lo que sugiere Robert Banks en su propuesta de un modelo misional de educación teológica. Tampoco es esto lo que se propone en esta obra como modelo de educación teológica. Mientras Banks propone un modelo más orientado a la acción sin dejar a un lado la reflexión, aquí se propone un modelo misional más orientado al cumplimiento de la misión de Dios tal como se ha definido arriba con énfasis en la función profética. En todo caso ¿cuál es el papel de la misionología en este modelo?

156. Antonio Gramsci, *Los intelectuales y la organización de la cultura,* sexta edición (2000).

157. Ver Leonardo Boff y Clodovis Boff, *Cómo hacer Teología de la Liberación,* segunda edición, (1986); José Francisco Gómez Hinojosa, «El intelectual orgánico según Gramsci y la teología de la liberación», *Cristianismo y Sociedad* 91 (1987): 95-109; ídem, *Intelectuales y pueblo: Un acercamiento a la luz de Antonio Gramsci* (1987).

158. Banks, *Reenvisioning Theological Education,* 163.

159. Esto es lo que parecen sugerir las ideas del movimiento misionero mundial representado en la Alianza Evangélica Mundial y en COMIBAM.

Algunos han sugerido que la misionología debería ser la disciplina académica que debe dar coherencia a la educación teológica.[160] La forma en que la misionología participa de este modelo misional de educación teológica que aquí se propone es sirviendo como catalizadora:

> Si la educación teológica es una dimensión de la misión, no puede desvincularse de la misionología, o sea, del estudio crítico y sistemático de la misma. La misionología puede y debe dar orientación a la educación teológica. Más aún, puede servir de agente catalizador en el desarrollo de su agenda de trabajo.[161]

En este sentido hay una ventaja en regiones como América Latina con respecto a Europa y Norteamérica, porque en América Latina las instituciones de educación teológica fueron fundadas con el tema y la acción de la misión en mente, es decir, la fundación de iglesias donde no las había y el trabajo evangelizador pionero, mientras que en Europa y Norteamérica las universidades y seminarios fueron fundados para fortalecer una Iglesia ya establecida.[162] La misionología parece orientar más a la educación teológica en América Latina y otras regiones del mundo de las mayorías que en el primer mundo. Sin embargo hay que preguntarse ¿cuál misionología es la que debe orientar y servir como agente catalizador de la educación teológica? Con el simple hecho de hacer esta pregunta se asume que hay más de una misionología y que alguna no sería tan beneficiosa para la educación teológica. Por ejemplo, Costas se queja de una misionología foránea que ha limitado y domesticado la misión en América Latina:

> Lamentablemente dentro del protestantismo latinoamericano la misionología ha sido con frecuencia utilizada como instrumento de alienación, respondiendo a intereses de agencias y agentes misioneros extranjeros. Es así como se han auspiciado conferencias y consultas, se han promovido programas de estudio y acción misional, y se han creado instituciones cuyas agendas de trabajo no solo se elaboran en los grandes centros (europeos y norteamericanos) de actividad misionera, sino que giran alrededor de ellos. De ahí que en vez de generar energías creativas

---

160. Esto es lo que propone Samuel F. Rowen, en «Missiology and the Coherence of Theological Education», en Duane Elmer y Lois McKinney, eds., *With an Eye on the Future: Development and Mission in the 21st Century:Essays in Honor of Ted Ward* (1996): 93-100.

161. Costas, «Educación teológica y misión», 14.

162. Este es uno de los aportes del trabajo hecho por Samuel Escobar, «Católicos y evangélicos en América Latina frente al desafío misionero del siglo veintiuno», *Kairós* 14 y 15 (1994): 63-79. Escobar señala que una diferencia entre católicos y evangélicos es que mientras unos buscan el establecimiento de la Iglesia institucional los otros buscan la conversión de las «almas»; unos se orientan a la Iglesia establecida y los otros a la misión de convertir a los incrédulos. Esta idea se traslada fácilmente a la relación entre la educación teológica en Europa y Norteamérica y la de América Latina. Una es más misionera que la otra.

para una genuina acción misionera autóctona (como lo han sido los grandes movimientos misioneros en la historia cristiana), se domestican las energías de la Iglesia y se limita su impacto en todos los niveles.[163]

Hay que tomar en cuenta que estas palabras de Costas fueron expresadas hace más de 20 años y que las cosas han cambiado un tanto desde entonces, haciéndose cada vez más notoria la misión desde América Latina con un enfoque más integral e integrador. En todo caso, no se debe obviar la presencia de una cierta misionología que no ha representado la mejor ayuda para la educación teológica evangélica en América Latina. También Samuel Escobar hace referencia a otras misionologías que no ayudan tanto. Por un lado está lo que Escobar llama «misionología postimperial», que sería algo así como una evolución saludable de la misionología de la que se queja Costas. Esta misionología postimperial se ha desarrollado principalmente en Inglaterra con una fuerte dosis de reflexión teológica y análisis crítico de la misionología colonial que la antecedió. Además, esta misionología incorpora estudios sociológicos, antropológicos, históricos y un trabajo serio y cuidadoso en las ciencias bíblicas.[164] Escobar se expresa así:

> Puede decirse que de un sector evangélico que toma en serio esta reflexión misionológica ha venido la aceptación de nuevas formas de misión en sociedad o cooperación con las iglesias nacionales y dentro de esquemas no -colonialistas. Esta misionología conserva el celo espiritual y sentido de llamado de las misiones tradicionales, unido a un trabajo serio en las ciencias bíblicas para formular un concepto de misión que conjugue la proclamación con el servicio. Su punto débil está en lo que podríamos llamar el paso de la teología a la pastoral, es decir, en el desarrollo de metodologías de acción misionera y evangelizadora que encarnen los principios bíblicos. La cuestión deriva en parte del hecho de que las iglesias evangélicas en Europa no muestran vigor y vitalidad, es decir no hay una práctica rica y múltiple que provea modelos.[165]

Por otro lado, está la misionología que Escobar llama «gerencial», la cual se ha desarrollado principalmente en Estados Unidos. Escobar hace una crítica aguda y penetrante a esta misionología en donde lo único rescatable, en palabras de él es: «... el celo y sentido de urgencia de la tradición evangélica y el deseo de evaluar en forma realista la acción misionera».[166] Según Escobar esta misionología se puede describir así:

> Su postulado básico es que la misión cristiana puede ser reducida a una «empresa manejable», mediante el uso de la informática y las técnicas

163. Costas, «Educación teológica y misión», 16-17.
164. Samuel Escobar, *Tiempo de misión: América Latina y la misión cristiana hoy* (1999): 28.
165. Ibíd., 29.
166. Ibíd., 30.

de mercadeo y dirección gerencial. Movimientos como «Amanecer», «AD 2000», «Iglecrecimiento» y «Guerra espiritual» son expresiones de esta misionología, cuyas principales notas son las siguientes. En primer lugar, hay un énfasis cuantitativo que busca reducir toda la realidad a cifras. Se desea visualizar toda la tarea misionera con precisión y de allí surgen conceptos como «pueblos no -alcanzados», «unidades homogéneas», «campos blancos», «ventana 10-40», o «adopte un pueblo». Aun la demonología y la idea de «guerra espiritual» de esta escuela privilegia el dato estadístico. También en ese campo se busca catalogar los recursos disponibles cuantificándolos. El proceso misionero se reduce entonces a pasos muy precisos que se cumplen mediante una «gerencia por objetivos».

En segundo lugar, esta misionología se destaca por su énfasis pragmático, que *reduce el concepto de misión a formas de proclamación que puedan cuantificarse* (énfasis de Escobar). No se consideran importantes el trabajo teológico o la reflexión contextual, dando por sentado que las definiciones creadas en Norteamérica son transferibles a cualquier parte del mundo. En esta concepción no cabe ni el misterio ni la paradoja. En consecuencia si la norma bíblica no parece pragmáticamente posible, se desecha en nombre del criterio práctico.[167]

Si estas misionologías no son las que orientan y sirven de agente catalizador de la educación teológica ¿cuál sí lo hace? En América Latina se ha desarrollado una misionología que recoge mucho de la tradición evangélica europea y norteamericana, pero que se expresa contextualmente de una manera más apropiada. Esta misionología ha sido llamada «misionología integral».[168] El adjetivo 'integral' busca identificar la misión como una tarea del pueblo de Dios que es más amplia y abarcadora que lo que se ha entendido antes. Las misionologías evangélicas han limitado la misión a la evangelización local y transcultural y, en algunos casos a la asistencia social que la acompaña. La misionología integral incorpora esa tarea, pero lee en la Biblia que también hay proyección social (más allá de la asistencia social, muchas veces paternalista), y servicio a la comunidad, y proclamación de los valores del Reino que Jesús enseñó y encarnó, y transformación personal, eclesial y social, y voz profética. Esta última función empalma precisamente con el tema que se ha venido desarrollando en la presente obra.

167. Ibíd., 29. Una presentación formal, completa y sistemática de esta misionología es la que ofrece Larry D. Pate, *Misionología: Nuestro cometido transcultural*. Miami: Editorial Vida, 1987.

168. Esta es una de las misionologías que desarrolla Escobar en el libro ya citado, *Tiempo de misión*, 30-31. También el tema ha sido desarrollado muy ampliamente en numerosos escritos de la Fraternidad Teológica Latinoamericana a lo largo de las últimas décadas. Un pequeño libro que resume de manera sencilla los principales conceptos de la misión integral es el de C. René Padilla, *¿Qué es misión integral?* (2006). Ver nota 121 para más fuentes.

Banks, al contrastar el modelo misional con los otros modelos que él denomina: clásico, vocacional, dialéctico y confesional, subraya varios elementos distintivos que identifican al modelo misional. Él dice que el énfasis de este modelo está precisamente en la misión, entendida teológicamente y en el servicio informado y transformador del Reino de Dios, el cual se traduce en obediencia.[169] Aunque Banks no llega a definir la misión en los términos en que la definen Escobar y Costas, sí hay un aporte en proponer un modelo distinto de educación teológica. ¿Cómo entonces ayuda la misionología a orientar, a enfocar y a impulsar a la educación teológica hacia la misión? La misionología funciona precisamente como conciencia profética de la educación teológica. Así lo dice Costas:

> Como brazo intelectual de la Iglesia en acción misionera, la misionología contiende contra todo provincialismo teológico, abogando por una perspectiva intercultural en la teología. La misionología *cuestiona* (énfasis del autor) todo discurso teológico que se niega a tomar en serio la vertiente misional de la fe cristiana; toda interpretación bíblica que ignora los motivos misionales que informan la fe bíblica; toda historia del cristianismo que hace caso omiso de la expansión del cristianismo a través de fronteras culturales, sociales y religiosas; y toda teología pastoral que no toma en serio el mandato a comunicar el Evangelio en profundidad y desde el fondo de las situaciones concretas del diario vivir.[170]

De manera que la misionología funciona como esa conciencia profética que le recuerda a la educación teológica que no se puede desprender de la misión, porque ya no sería auténtica educación teológica, sino simplemente un ejercicio académico y profesional más. David Bosch expresa esta misma idea, provocando que la misionología cause «inquietud, un sonido de rozamiento entre los huesos secos, articulando la misión como la conciencia de la Iglesia, ya que siempre cuestiona, destapa, escarba, prueba y da inicio».[171] La misionología ha contribuido a delinear la agenda teológica.

> Por lo demás, se ha hecho presente (la misionología) en las grandes preguntas que han perfilado la agenda teológica latinoamericana, tales como las prioridades del Reino de Dios y las luchas de la historia, la acción profética y la pastoral, la Iglesia como comunidad de base y como institución, la salvación como liberación y reconciliación, Evangelio y pobreza, y evangelización y cristiandad.[172]

Siguiendo con el papel profético de la misionología dentro de la educación teológica se dice que «la educación teológica debe ser juzgada a la luz

---

169. Banks, *Reenvisioning Theological Education,* 144.
170. Costas, «Educación teológica y misión», 16.
171. Bosch, «Theological Education in Missionary Perspective», 27.
172. Costas, «Educación teológica y misión», 18.

de su finalidad…: ayudar al estudiante de teología a crecer en su compromiso con la misión de Dios en Cristo».[173] El objetivo, por tanto, de la educación teológica, agrega Veiga, es ayudar al estudiante «a descubrir avenidas de gracia por las cuales pueda vincular sus talentos en el desempeño de su misión de siervo en el contexto de la misión de Dios en el mundo. Así, la tarea de la educación teológica condiciona los criterios para su propia evaluación y juicio».[174] ¿Cuál es la misión de la educación teológica? Si se toma en cuenta el modelo misional aquí descrito, la misión puede resumirse en unas pocas palabras: la formación para el servicio del Reino de Dios. Con esta afirmación como trasfondo ¿cuál sería la misión de la educación teológica evangélica en América Latina en el comienzo del siglo xxi? Hace varias décadas Orlando Costas expresó unas ideas relacionadas con este tema refiriéndose al final del siglo xx. Se incluyen aquí esas palabras porque parece que siguen vigentes las condiciones que dieron lugar a decirlas:

> Reconocemos que estamos bregando con múltiples variables en un continente grande y complejo y con un movimiento protestante dividido y divisorio. Todo ello hace prácticamente imposible la coherencia, la coordinación eficaz y la ejecución de planes. Con todo, nos parece que la crisis de la hora y las exigencias del Evangelio piden de nosotros un máximo esfuerzo creativo. Una investigación continental de la educación teológica protestante podría darnos algunas pistas para llegar al interior de sus estructuras y promover un enfoque teológico que afirme la vida y denuncie la violencia, promueva la solidaridad humana y la unidad cristiana, y conduzca a un mayor compromiso con el Evangelio, a una evangelización profunda y a un crecimiento eclesial integral. Y aunque solo logremos alcanzar una minoría, por lo menos estaremos haciendo un intento *profético* (énfasis del autor) por sembrar la semilla de una formación teológica contextual, informada por «las Escrituras, la tradición, la razón y la experiencia» (Wesley), capaz de ser una fuerza transformadora en la Iglesia y la sociedad en los años que nos quedan del siglo xx.[175]

De manera que la misionología funciona algo así como la voz profética dentro de la educación teológica en su papel de catalizadora y orientadora. Sin embargo, hay algo más que la misionología, o más bien dicho, la misión misma hace a la educación teológica. En cierto sentido la misión es la meta, de ahí que la dirección que se debe seguir no es tanto de la teología a la misión, sino al revés, es decir, de la misión a la teología. El propio Nuevo Testamento parece haberse escrito siguiendo esta dirección. Primero está

---

173. Gerson Veiga, «A Consulta Latinoamericana de Educaçao Teológica», *Simposio*, IV: 6 (junio 1970): 48, citado por Costas, «Educación teológica y misión», 18.
174. Ibíd.
175. Costas, «Educación teológica y misión», 21.

la fundación de las iglesias y los problemas y circunstancias misioneras en que se desarrollaron esas iglesias. Después vinieron las epístolas y los evangelios para orientar a los creyentes y definir la fe cristiana.[176] Cada disciplina o departamento o materia o tema dentro de la educación teológica debe darse a la tarea de discernir las implicaciones misionológicas de su propia existencia.[177] Nadie dentro de una institución de educación teológica debe quedar exento de justificar misionológicamente su inclusión dentro de la educación teológica.[178] Aun las disciplinas más espirituales, individuales, devocionales e interiores tienen una razón de ser que se relaciona directamente con la misión.[179] Lo mismo se puede decir de las tareas académicas más especializadas y elaboradas como la producción de comentarios bíblicos o libros de teología.[180] Por eso las instituciones de educación teológica necesitan reorientar su tarea en función de la misión de Dios. Con demasiada frecuencia la educación teológica ha visto su función directa y casi exclusivamente relacionada con la Iglesia, formando su liderazgo como si la Iglesia fuera un fin en sí misma. En palabras de Robert Ferris: «... el seminario funciona como un centro intelectual de la Iglesia, pero siempre dentro del contexto más amplio de la educación clerical».[181] Esta idea es limitada y solo refleja cuán centradas en sí mismas están las instituciones de educación teológica y las iglesias. La teología, los seminarios y la Iglesia (entendida en el sentido organizacional) sirven para un fin mayor más allá de meramente producir funcionarios eclesiásticos. Ese fin mayor es la misión de Dios en Cristo, en la cual la voz profética juega un papel importante.

## 3.4. Conclusión

Para concluir esta extensa sección sobre la función profética de la educación teológica en el siglo xx y el debate actual se recapitula lo dicho. Se presentaron solamente dos modelos tradicionales que representaban las dos tendencias o escuelas principales en la Edad Moderna: la clásica con énfasis en las habilidades académicas e intelectuales del estudiante y la pragmática o funcionalista con énfasis en las habilidades técnicas y profesionales del estudiante-ministro. Ambos modelos fueron descritos y evaluados desde la perspectiva del uno y del otro y «desde afuera». Se

176. Samuel Escobar, *De la misión a la teología* (1998), también el capítulo 10 del libro de Escobar que ha servido en esta sección, *Tiempo de misión*, 130-143.
177. Rowen, «Missiology and the Coherence of Theological Education», 98.
178. Ibíd.
179. Ibíd., 99.
180. Ibíd., 97.
181. Robert W. Ferris, «The Role of Theology in Theological Education», en Duane Elmer y Lois McKinney, eds., *With an Eye on the Future*, 107-108.

expresó la opinión de que ninguno de los dos modelos es adecuado para desarrollar una educación teológica evangélica en América Latina.

Después de presentar los modelos clásico y funcionalista se procedió a describir, analizar y evaluar nuevos modelos de educación teológica. Uno de ellos surgió en América Latina con el educador brasileño Paulo Freire, el cual se ha denominado «educación liberadora». El otro, propuesto por el educador australiano Robert Banks, ha sido llamado «modelo misional». Aunque se usó el concepto de Banks para describir este modelo misional, en realidad lo que al fin terminó desarrollándose en esta sección fue un modelo mucho más abarcador y comprehensivo que lo que Banks proponía. La evaluación de ambos modelos nuevos fue más favorable, dando a entender que en ellos se podría encontrar algo más adecuado para la educación teológica evangélica en América Latina. Al fin se concluye el debate sobre la educación teológica, al menos en la presente obra y por ahora, diciendo que la misión de Dios, que incluye la voz profética es la meta y tarea de la educación teológica.

## 4. Conclusión

Este capítulo 4 ha lidiado con el tema de: «La función profética de la educación teológica: Debate sobre metas, propósitos, modelos, situación actual y una propuesta». Dos grandes secciones componen el presente capítulo: 1) la educación teológica y su función profética en la Edad Moderna y 2) la función profética de la educación teológica: el siglo xx, la situación actual del debate y una propuesta. La primera sección trató el origen de la educación teológica tal y como se ha conocido en la actualidad, desde sus raíces en la Edad Media, su configuración inicial en tiempos de la Reforma protestante del siglo xvi y su desarrollo y establecimiento en los siglos posteriores, llamados Edad Moderna, con especial atención al desarrollo de la educación teológica como una disciplina académica dentro del concierto de las ciencias. Se subrayó el hecho de que en estas épocas casi no había ninguna referencia a la función profética de la educación teológica ni en la tradición católica ni en la protestante. El enfoque estaba en la transmisión del conocimiento teológico ancestral para la formación del clero tradicional y del nuevo liderazgo profesional que sustentaba a la Iglesia institucional ya establecida. Además, se buscaba el establecimiento y el reconocimiento de la teología como una disciplina académica seria.

La segunda sección trató los modelos más representativos que surgieron de la Edad Moderna y que se establecieron plenamente en el siglo xx: el clásico y el funcionalista. Ambos tienen aportes significativos a la educación teológica, pero al mismo tiempo ambos adolecen de serios problemas, siendo uno de ellos la ausencia de función profética. El enfoque de estos modelos es similar a lo que había sido el enfoque en los siglos anteriores con la diferencia que el énfasis funcionalista profesional cobró vigencia y supremacía sobre el clásico. En el siglo xx la educación teológica evangélica en América Latina se ha ido tornando cada vez más en pragmática y funcionalista, lo cual ha redundado en el descuido de las disciplinas clásicas y, por supuesto, de la función profética.

Esta sección además, también presentó dos nuevos modelos de educación teológica a manera de propuesta: 1) la educación liberadora de Paulo Freire y 2) el modelo misional, basado en lo que Robert Banks presenta en su libro *Reenvisioning Theological Education*, pero ampliado con ideas provenientes principalmente de autores latinoamericanos. Este último modelo es visto como la propuesta que esta obra hace para la educación teológica evangélica en América Latina, alimentada por las ideas de la educación liberadora de Paulo Freire. Se afirma que la misión de Dios en Cristo es la razón de ser de la Iglesia y de la educación teológica, pero esa misión debe entenderse en los términos más amplios, dentro de la cual se incluye, claro está, la función profética. Al final, se afirma que la educación teológica evangélica en América Latina debe ser misional y que debe incluir la función profética como una de sus tareas fundamentales.

# Conclusión y recomendaciones

## 1.    Introducción

Este capítulo final pretende sintetizar los aspectos más importantes que se han expresado en la obra por medio de una recapitulación interpretativa del contenido. Esta recapitulación se basará en las respectivas conclusiones de cada sección y de cada capítulo, pero no meramente como repetición, sino como una interpretación que haga avanzar lo dicho allí.

Además de la clásica recapitulación, también este capítulo incluirá una serie de recomendaciones dirigidas a instituciones de educación teológica como tales, a administradores académicos de la educación teológica y a docentes en su calidad de educadores teológicos. Estas recomendaciones se basarán en las secciones de implicaciones que aparecen particularmente en los capítulos 2 y 3 de la presente obra. La idea es darle una forma un poco más concreta y específica a esas implicaciones, las cuales, muchas veces están planteadas en forma de inquietudes o preguntas que quedaron sin respuestas.

## 2.    Recapitulación

El capítulo 1 ofrece la introducción formal. La obra ha quedado inscrita dentro de la problemática planteada en este capítulo, la cual se desglosa en la medida en que se desarrolla la misma. Así, por ejemplo, quedan en evidencia las falencias de la educación teológica evangélica en América Latina que fueron planteadas cuando se justificó la temática de la obra. Para ayudar al lector, se reproducen aquí esas falencias o debilidades, siendo estas las siguientes: 1) Independientemente de cuál sea la misión de cualquier institución, la finalidad última de la educación teológica casi siempre se limita a proveer simplemente graduados que funcionen en el sistema eclesiástico imperante. 2) Las instituciones de educación teológica, por lo regular, buscan la transmisión, protección y reproducción de los valores eclesiásticos y culturales, sin necesariamente cuestionarlos o cambiarlos. 3) Los esfuerzos de enseñar la Biblia quedan casi exclusivamente como un estudio técnico del texto bíblico, sin que los educadores teológicos siquiera se percaten de las implicaciones proféticas de ese mismo texto para el mundo contemporáneo.

4) Muchas de las estrategias, metodologías y prácticas ministeriales provienen del mundo de las ciencias sociales (educación, comunicaciones, psicología, administración, antropología, sociología, y otras), las cuales son aceptadas y usadas, a menudo, acríticamente. 5) Si bien se ha escrito mucho sobre la voz profética, no tanto se ha considerado la voz profética en su significado más completo, ni mucho se han analizado las implicaciones de la voz profética para la educación teológica.

Sin embargo, lo más significativo de este capítulo, en cuestiones del contenido, son los objetivos y la definición de términos clave usados en la obra. A juicio del autor los objetivos fueron logrados, ya que se hicieron las dos cosas que los objetivos plantearon. Por un lado se explicó lo que es voz profética desde la Biblia misma y por el otro se ofrecieron implicaciones para la educación teológica evangélica en América Latina. En cuanto a la definición de términos la obra no solamente hizo uso de los términos aquí definidos (voz y función profética, denuncia profética, anuncio profético, imaginación profética, educación teológica evangélica y misión de Dios), sino que los desarrolló ampliamente. La esperanza, o quizá solamente la ilusión, del autor es que lo expresado aquí definiendo, aclarando y desarrollando estos términos contribuya a un mejor entendimiento de esta temática.

El segundo capítulo desarrolla el concepto de voz profética en el Antiguo Testamento y sus implicaciones para la educación teológica evangélica en América Latina. Dentro de todo lo dicho allí sobresale el concepto de imaginación profética, el cual es expuesto a partir de las ideas del connotado teólogo y autor Walter Brueggemann. La principal contribución aquí es, precisamente, el desarrollo de este concepto, el cual fue analizado y estructurado con categorías que probablemente Brueggemann no aprobaría del todo, pero que al autor le parecieron útiles. Estas categorías son: 1) el carácter subversivo, 2) el carácter utópico, y 3) el carácter comunicante. También en este capítulo se desarrollan ideas un poco más conocidas con respecto a la voz profética y su relación con la idolatría y la injusticia, que son considerados los pecados más denunciados por los profetas en el Antiguo Testamento.

Lo más destacado aquí es la mención de que la idolatría no es solamente aquello externo de los pueblos vecinos y sus ídolos, sino también lo interno y cómo Israel se volvió idólatra al interior de sus propias actividades religiosas y de su entendimiento idolátrico de Jehová mismo. En cuanto a la injusticia, lo destacado no es tanto la denuncia de la injusticia, aunque esto ya está expresado, sino la búsqueda de la justicia, es decir, el aspecto positivo de la voz profética en relación con este tema. La justicia, entonces, se identifica con hacer lo que Dios manda y demanda en términos de integridad personal y en términos de acciones concretas en beneficio de los más desvalidos.

El tercer capítulo desarrolla el concepto de voz profética en el Nuevo Testamento y sus implicaciones para la educación teológica evangélica en América Latina. El capítulo se divide en dos grandes secciones: 1) Jesús, el profeta por excelencia y 2) Apocalipsis, profecía crítica. La persona, las enseñanzas y los acontecimientos de la vida de Jesús proveen abundante información para desarrollar la voz profética en el Nuevo Testamento. Se seleccionaron algunos episodios paradigmáticos de la vida de Jesús (nacimiento, crucifixión y resurrección), y algunas acciones dentro de su ministerio (milagros y parábolas). Un aporte significativo de esta sección es descubrir la veta profética en situaciones en las cuales los evangélicos no verían una voz profética, por ejemplo, la denuncia del poder imperial detrás de las narraciones del nacimiento de Jesús o la denuncia de la insensibilidad social del sistema religioso judío a través de los milagros. El otro aporte importante, además de la denuncia en situaciones insólitas, es el anuncio del Reino de Dios, no solamente a través de sus enseñanzas, sino a través de los últimos episodios (crucifixión y resurrección).

En la crucifixión se ve no solo la denuncia del poder que le causa la muerte, sino el anuncio de la victoria de Dios por la vía más insospechada: la muerte. En la resurrección se ve la irrupción del futuro en el presente y todo lo que eso significa e implica para la Iglesia y los creyentes hoy y aquí.

La otra sección del capítulo presenta al libro de Apocalipsis como una profecía crítica y utópica. Primero hay una denuncia del Imperio romano por la usurpación que hace de Dios. Esta denuncia se extiende a todo poder político, económico y militar que haga lo mismo en cualquier época y lugar. Segundo está la expresión utópica de la imaginación profética, identificada en el Apocalipsis con la figura de los cielos nuevos y la tierra nueva. El apocalipsis enseña que el futuro invade el presente. Ese futuro escatológico visualizado por Juan en el Apocalipsis funciona como un estímulo para que la Iglesia y los discípulos se comprometan con hacer realidad, pálida, parcial e imperfectamente ese futuro aquí y ahora.

En el cuarto capítulo la temática es educacional con una perspectiva histórica, filosófica, eclesiástica y misionológica. Se explora la función profética de la educación teológica en la historia y en el presente. Se pretende encontrar no solamente el origen y desarrollo de la educación teológica desde sus raíces en la Edad Media hasta el presente, sino más específicamente la función profética en esa trayectoria, si es que la hay.

El capítulo está dividido en dos grandes secciones: 1) la educación teológica y su función profética en la Edad Moderna y 2) la función profética de la educación teológica, el siglo xx, la situación actual del debate y una propuesta. En la primera sección el énfasis es un poco más histórico, mientras que en la segunda el énfasis es un tanto más filosófico, teológico y educacional. En la primera sección se traza un algo de la historia de la educación teológica, comenzando con las raíces en la Edad Media, siguiendo con el establecimiento del sistema más formal en época de la Reforma protestante y terminando con el establecimiento de la educación teológica académica y científica en el mundo europeo y norteamericano dentro del contexto de las universidades. Se hace la observación que en los siglos XVII al XIX se perdió la dinámica profética que había existido, por ejemplo, en la época de la Reforma protestante, de manera que tanto la Iglesia establecida como la educación teológica se fueron acomodando a la nueva cultura moderna.

La segunda sección se enfoca en el siglo XX, particularmente en el debate sobre la educación teológica en las últimas décadas de ese siglo. Esta sección se desarrolla a partir de los modelos heredados de la Era Moderna y de los nuevos modelos propuestos en el siglo XX. Bajo el nombre de modelo clásico se agrupan varias formas de describir la educación teológica, por ejemplo, educación confesional, o clerical o tipo seminario o tipo universitaria. Lo que unifica estas concepciones es la inclinación más académica de la educación teológica con énfasis en las disciplinas clásicas (estudios bíblicos, historia de la Iglesia, dogmática y teología práctica). Este interés más académico produjo científicos de la fe, en vez de pastores para las iglesias establecidas, mucho menos, ministros y misioneros para las iglesias fuera de Europa y Norteamérica.

La evaluación de este modelo trata de ser objetiva, pero al final el modelo queda descartado. Bajo el nombre de método funcionalista se engloban todos aquellos esfuerzos educacionales fuertemente influidos por la filosofía pragmática norteamericana del siglo XX. Del modelo clásico este modelo funcionalista toma una de las disciplinas (la teología práctica), sin abandonar las otras y se concentra en desarrollar las habilidades ministeriales de los estudiantes. También del modelo clásico, este modelo funcionalista toma el enfoque clerical para transformarlo en un enfoque en los profesionales del ministerio, los técnicos que dominan el arte de predicar, enseñar, aconsejar y administrar. Aquí se subraya la meta de la educación teológica que busca producir funcionarios eclesiásticos que encajen y sirvan bien dentro del sistema eclesiástico imperante. De nuevo, la evaluación de este modelo trató de ser objetiva, pero al final el modelo fue descartado.

El final de esta sección, y del capítulo, es una descripción, análisis y propuesta de nuevos modelos de educación teológica. La propuesta no está en forma de propuesta, sino en forma de presentación de los modelos que, a juicio del autor, mejor representan la función profética de la educación teológica y, de hecho, más que eso. Estos modelos son: 1) la educación liberadora de Paulo Freire y 2) el modelo misional de educación teológica, presentado originalmente por Robert Banks, pero desarrollado por el autor con la ayuda de destacados pensadores latinoamericanos.

La educación liberadora de Freire ofrece varios de los postulados filosóficos que respaldan el modelo misional, entre ellos, la concientización de docentes y educandos, la problematización de la educación, y la transformación individual y social como producto de la educación. El modelo misional apunta al cumplimiento de las tareas y funciones de la educación teológica a la luz de la *missio Dei* en su sentido bíblico más completo. De esa cuenta la misionología se convierte en catalizadora de la teología y de la educación teológica y en la razón de ser de esa educación. La educación teológica no está simplemente al servicio de la Iglesia institucional, proveyéndole el recurso humano necesario para mantenerla funcionando. La Iglesia institucional no es el fin o la meta de la educación teológica. La meta es algo más grande. Es Dios mismo y su misión. La función profética se enfoca, precisamente, en señalar lo incorrecto al interior de sí misma, de la Iglesia y de la sociedad, cuando lo incorrecto consiste en alejarse de la misión de Dios en Cristo. Además, la función profética presenta un llamado a retornar a lo que Dios desea y exige y presenta ese ideal (utopía) que Dios ha diseñado, expresado en los valores del Reino. Por esto es que la educación teológica debe ser misional. Tanto la Iglesia, como pueblo de Dios, la Iglesia institucional y la educación teológica (y cualquier otra función) no deben considerarse un fin en sí mismas, sino un medio a través del cual Dios cumple su misión en el mundo.

## 3.    Recomendaciones

Tanto el capítulo que trata acerca de la función profética en el Antiguo Testamento como el que la trata en el Nuevo incluyen secciones sobre las implicaciones para la educación teológica evangélica en América Latina. Esas implicaciones son eso, implicaciones, es decir, plantean ideas, preguntas, reflexiones o señalamientos, pero no siempre se expresan acciones concretas, aunque algunas veces sí se hace eso. La idea en esta sección es ofrecer algunas recomendaciones concretas basadas en las implicaciones ya registradas tanto en el capítulo 2 como en el 3.

### 3.1.    Provenientes del Antiguo Testamento

El capítulo 2 trata el tema de la función profética en el Antiguo Testamento y sus implicaciones para la educación teológica evangélica en América Latina. Aquí se tomarán las implicaciones que se señalaron allá para ofrecer algunas recomendaciones concretas. Por razones de tiempo y espacio no es posible ofrecer recomendaciones concretas para cada una de las implicaciones, así que se seleccionarán aquellas que, a juicio del autor, son las más viables y pertinentes.

Las primeras implicaciones en este capítulo surgen del tema de imaginación profética con sus tres características: subversiva, utópica y comunicante. Estas tres características de la imaginación profética desafían a la educación teológica evangélica en América Latina, particularmente a los profesores y profesoras de Antiguo Testamento. El diseño de las materias de Antiguo Testamento, con especial atención a aquellas que tratan específicamente el profetismo y los libros proféticos, debería reflejar en alguna medida esta imaginación profética para ser fieles al texto y a su mensaje. Una forma en que se puede incorporar la imaginación profética en el diseño de las materias es en las descripciones, pero sobre todo en los objetivos. El profesor o profesora debe establecer claramente qué es lo que busca al enseñar estas materias. Las ciencias modernas de la educación dictan que los objetivos se deben elaborar desde la perspectiva del estudiante, lo cual está bien porque el enfoque es el aprendizaje del estudiante, no tanto el maestro y su enseñanza.[1] Esto quiere decir que los objetivos se elaboran pensando en lo que los estudiantes conocerán, harán e internalizarán con tal o cual materia. ¿Cómo harían los profesores y profesoras para que los estudiantes conozcan, utilicen e internalicen la imaginación profética en todas sus dimensiones? Primero deben convencerse a sí mismos de que la imaginación profética no es simplemente un tema más que hay que tratar, sino que es un criterio básico para entender la literatura profética del Antiguo Testamento. Cuando esto suceda entonces se verá reflejado en los objetivos educacionales. ¿Es la meta de estas materias producir personas que descubran y desarrollen la imaginación profética en sus ministerios de comunicación de la Palabra de Dios? Aquí se propone que esa debe ser la meta.

La otra forma en que se puede observar la imaginación profética en estas materias es diseñando tareas en que los estudiantes se sientan estimulados a pensar proféticamente y a practicar, aunque sea de manera artificial esa imaginación profética. Los estudiantes deberían sentirse en libertad y a la vez impulsados a elaborar reportes, sermones, estudios bíblicos, lecciones, cánticos, poemas, discursos, artículos, ensayos, monografías, cuentos, dibujos, mosaicos, dramas, etc., que reflejen lo que es y

---

1. Un texto relativamente reciente que desarrolla el proceso de diseñar materias desde la perspectiva educacional es el de Robert M. Diamond, *Designing & Assesing Courses & Curricula: A Practical Guide*, edición revisada (1998).

representa la imaginación profética.[2] Sin embargo, con todo y lo importante que es el diseño de las materias desde la perspectiva del aprendizaje del estudiante, reflejado en los objetivos y las tareas, a juicio del autor, lo más importante es lo que los profesores y profesoras hacen cuando enseñan estas materias. ¿Están conscientes los docentes de estas materias que ellos y ellas son voceros de esa imaginación profética? ¿Reflejan esa imaginación profética en su práctica docente? ¿Se ven a sí mismos como subversivos, utópicos, comunicantes y creativos? La respuesta afirmativa a cada una de estas preguntas es la recomendación más explícita que se plantea aquí.

Además de la imaginación profética, el siguiente tema que trata el capítulo 2 es la voz profética y la idolatría, con especial atención a la llamada «idolatría interna», es decir la del propio culto israelita. Las implicaciones de este tema para la educación teológica se enfocaron en la idolatría «interna» dentro del culto cristiano de las iglesias evangélicas de América Latina. Las implicaciones son incómodas, porque ponen al descubierto la realidad del culto evangélico en América Latina, el cual corre el riesgo de ser idolátrico, si no es que ya lo es en ciertos sectores. Aquellas implicaciones ofrecieron tres tareas para los educadores teológicos: 1) adquirir un olfato teológico tal que ayude a discernir la realidad eclesiástica circundante. Según Robert N. Bellah, este es el primero y más importante imperativo de la educación teológica hoy.[3] 2) Enseñar a los estudiantes ese discernimiento para que ellos también puedan ver y analizar su propia realidad eclesiástica. 3) Ser autocríticos y estar abiertos y sensibles ante las posibles distorsiones de Dios que los propios educadores teológicos o las instituciones estén haciendo. ¿Cómo se puede hacer esto?

Lo dicho arriba con respecto a la imaginación profética también se aplica aquí, es decir, diseñar las materias con objetivos y tareas que busquen esto en los estudiantes y que los docentes se concienticen de su papel en este tema. Por ejemplo, por el lado de los profesores y profesoras, debería haber una práctica consciente de visitar distintas iglesias u observar la TV evangélica con distintas formas de culto para ver, juzgar y actuar, ejerciendo ese «olfato» teológico del que se habló antes. No se trata de ir a criticar todo para destruirlo, sino de discernir para sus usos docentes. Entre las

---

2. Un buen intento de incorporar la imaginación profética dentro de un curso de seminario, aunque no de Biblia, sino de Ministerio, es Christine C. Neuger y Judith E. Sanderson, «Developing a Prophetic Imagination: A Course for Seminary Students», *Religious Education* 87/2 (1992): 269-282. El intento de incorporar la imaginación profética al ministerio más ampliamente se puede observar en Andrew McAuley Smtih, «Prophets in the Pews: Testing Walter Brueggemann Thesis in *The Prophetic Imagination* in the Practice of Ministry» (1999).

3. Robert N. Bellah «Discerning Old and New Imperatives in Theological Education», *Theological Education* 19/1 (1982): 9.

tareas para los estudiantes podría haber una visita de campo para una observación profética del culto.

El tercer tema que trata este capítulo es el de la voz profética y la justicia. Si las implicaciones de la voz profética y la idolatría son incómodas, las de la voz profética y la justicia lo son más. Una forma de concretar esas implicaciones es subrayar y poner en relieve el tema de la justicia en el desarrollo de los contenidos de las materias y enseñar a los estudiantes a hacer lo mismo. Sin embargo, los educadores teológicos están obligados a denunciar la injusticia y a promover la justicia por causa de su compromiso con las Escrituras no solamente en el salón de clases, sino en todo lugar, incluyendo la iglesia y las propias instituciones de educación teológica. ¿Cómo hacer esto? Allá en el capítulo 2 se dijo que hacer esto es arriesgado. Se necesita no solamente sabiduría, prudencia y criterio teológico para hacer esto, sino también valentía. Las instituciones de educación teológica también cometen pecados ¿alguien las denuncia? ¿Serán los docentes los llamados a hacerlo? ¿Serán los estudiantes? Se citan aquí unas palabras muy sabias que el autor recibió de uno de sus profesores en el programa doctoral cuando se plantearon estas preguntas:

> Yo diría que en cierto sentido a todos les toca, pero de manera prioritaria a las personas de más alto rango. En la Biblia el más responsable de asegurar que hubiera justicia y de proteger los derechos de los débiles era el rey o, como en el caso de Nehemías 5, el gobernante de más alta jerarquía y autoridad. Cuando el gobernante máximo fallaba, les tocaba a sus consejeros y a los otros gobernantes señalárselo y hacer lo posible para corregir la injusticia. Si ellos se hacían los tontos, se convertían en culpables de la misma injusticia. De allí en Israel caía sobre los sabios, los sacerdotes y los profetas la responsabilidad de levantar la voz. No recuerdo que la Biblia asigne esa responsabilidad a los ciudadanos comunes y corrientes como individuos, pero Nehemías 5 presenta un ejemplo del papel de los mismos oprimidos hablando en conjunto, tal vez organizados (no estoy seguro que el texto diga eso), y así despertando al gobernante máximo a la situación injusta y a su responsabilidad. Aplicando todo esto al seminario, diría que el más responsable de asegurar que se hace justicia y de defender a las víctimas de la injusticia en la institución es el rector. Si él falla, les toca, en el caso del seteca, a los miembros de la Junta Administrativa, comenzando con el decano. De allí les corresponde a los demás funcionarios, y luego a los profesores. Entre los profesores, los más responsables son los de más larga trayectoria en la institución. A quienes menos les toca este deber de denuncia es a los profesores jóvenes y a los estudiantes. Lamentablemente, el patrón en muchas instituciones es precisamente lo contrario de todo esto. Quienes más denuncian supuestas injusticias, a veces con razón, pero muchas veces sin ella (pues son ignorantes, y con frecuencia ignorantes creídos), son estudiantes y profesores jóvenes revoltosos, y quienes menos denuncian las injusticias

son los funcionarios y profesores de más larga trayectoria y de más alto rango, sea porque quieren proteger su pellejo, o porque se han vuelto demasiado cómodos en el sistema. Por supuesto, esta inversión del patrón bíblico no se limita a los seminarios, sino a casi toda instancia social.[4]

Por lo visto, parece que es inevitable para los educadores teológicos funcionar como profetas contemporáneos, particularmente con el tema de la justicia. Este papel de profetas trasciende el salón de clases y otras actividades ministeriales, pero está muy ligado a la educación teológica en su parte institucional.

## 3.2.   Provenientes del Nuevo Testamento

El capítulo 3 trata el tema de la función profética en el Nuevo Testamento y las implicaciones para la educación teológica evangélica en América Latina. En esta sección se procederá como se hizo en la anterior, es decir, se usarán como base las implicaciones expresadas allá para hacer recomendaciones concretas. El primer gran tema que trata este capítulo es Jesús como el profeta por excelencia. El tema se desarrolló en cinco aspectos (nacimiento, milagros, parábolas, crucifixión y resurrección). Cada uno de estos aspectos aportó una serie de implicaciones, aunque aquí se concretarán solamente unas cuantas.

Hablando del nacimiento de Jesús, allá en el capítulo 3 se levantaron reflexiones y preguntas no tanto relacionadas con las materias, sus contenidos o la metodología didáctica, sino sobre todo relacionadas con una teología encarnacional para las instituciones de educación teológica. Las preguntas allá planteadas no son de fácil respuesta y no se pretende contestar todas y cada una. Una cuestión institucional que se mencionará aquí es la toma de decisiones en áreas como las finanzas y la administración de los recursos.

Otro asunto que será tratado aquí es aquel que tiene que ver con los reglamentos, normas y procedimientos. Se escogió este aspecto, porque es, quizá, el que mejor refleja el uso del poder y la autoridad en las instituciones en general y en las de educación teológica en particular. Allá se preguntaba ¿Cuál es el propósito de las normas, reglamentos y procedimientos? ¿Simplemente hacer eficientes a las instituciones, controlando, dirigiendo, vigilando y castigando la vida y la actividad de los demás? Si se preguntara a las autoridades institucionales cuál es el propósito de

---

4.   Palabras textuales que el Dr. Gary Williams dirigió en la interacción en una de una de las tareas de la materia Teología Bíblica de la Educación Teológica (DET 203) del DET (Doctorado en Educación Teológica) del Seminario Teológico Centroamericano en David Suazo J., «La educación teológica y la voz profética: Pautas de la profecía de Ezequiel», DET 203.4 (2005): 7.

las normas, reglamentos y procedimientos ¿qué responderían? Quizá no se han puesto a pensar en los propósitos. Quizá se preguntarían: ¿deben tener propósitos definidos? Muchos piensan que las normas, reglamentos y procedimientos son parte natural de toda institución y que no necesitan justificación propia.

Como bien lo expresa Robert Greenleaf, se necesita una teología que acompañe y respalde a las instituciones.[5] ¿Qué se aprende del nacimiento de Jesús en relación con el uso del poder y la autoridad en las instituciones? Más que una recomendación concreta esto parece una reflexión tal como se presentó en el capítulo 3, pero aquí se quiere recomendar que los responsables de dirigir las instituciones de educación teológica tomen en cuenta seriamente este aspecto cada vez que se dan a la tarea de elaborar nuevas normas, reglamentos y procedimientos.

Pensando en las implicaciones de los milagros de Jesús para la educación teológica evangélica en América Latina, sobresale la combinación de dos elementos muchas veces presentes en los milagros de Jesús: la compasión y el desafío. Muchos de los milagros de Jesús son a la vez actos compasivos y proféticos que denuncian el mal de la sociedad religiosa de su tiempo. Ni la Iglesia ni la educación teológica están llamadas a reproducir los actos milagrosos de Jesús que se consideran singulares y mesiánicos, pero sí están llamadas a reproducir su compasión y su voz profética.

Los educadores teológicos, los estudiantes y las instituciones deben considerar no solamente hacer actos de compasión, sino que esos mismos actos sean a la vez también proféticos. ¿Cómo se hace esto? En varios países latinoamericanos la propensión a que los desastres naturales causen mucho daño es grande, por tanto, en situaciones de desastres naturales (terremotos, inundaciones, huracanes, etc.) se puede expresar muy bien la compasión, lo cual profesores y estudiantes pueden hacerlo muy bien organizando brigadas de socorro y de provisión de artículos básicos. Esto se ha hecho y es relativamente fácil organizarlo. Un poco más complicado es acompañar esta compasión con un trabajo profético que no solamente ponga en evidencia las fallas, debilidades y malos hábitos de los pobladores que los hacen más vulnerables vez tras vez a estos desastres. También se debe señalar la negligencia o indolencia de las autoridades responsables de velar por la seguridad de las personas y su ambiente. Sin embargo, esta tarea profética también tiene que ver con hacer ver que es posible otra realidad, por ejemplo, protegiendo las cuencas de los ríos o construyendo

---

5. Robert Greenleaf, «The Need for a Theology of Institutions», en *Seeker and Servant: Reflections on Religious Leadership,* eds., Larry Spears y Anne Fraker (1996).

muros de contención en las laderas.[6] No es tarea de los educadores teológicos desarrollar estas estrategias, pero sí estar informados sobre ellas y servir de enlace para otros.

Al pasar al tema de las parábolas como que las implicaciones se multiplican. Ya se dijo algo en el capítulo 3 sobre la inclusión de la temática subversiva de las parábolas en la enseñanza de los evangelios, o de la predicación y la enseñanza, o de la cristología. No es necesario repetir lo que se dijo allá que sí cabe en la categoría de recomendaciones concretas. Lo que sí se quiere subrayar aquí es la cuestión del uso de parábolas y otras formas de enseñanza y comunicación. Lo que ya se expresó en el capítulo 3 sirve de base para lo que se dirá aquí.

Conviene que los educadores teológicos exploren nuevas formas de enseñanza entre las cuales estarían las parábolas, pero el punto no es tanto que los educadores teológicos se hagan expertos en la diversidad de formas de comunicación. Es imposible que ellos puedan dominar todas las formas, pero lo que sí pueden hacer es estimular a sus estudiantes a que lo hagan. Entre los estudiantes hay gran diversidad de talentos e intereses, con los cuales es posible desarrollar esta variedad de formas de comunicación. Además del estímulo, también es necesario que los educadores teológicos se liberen ellos mismos y liberen a sus estudiantes para que exploren y experimenten haciendo cosas que no han sido consideradas como actividades académicas. Tradicionalmente las actividades o tareas más académicas han sido las monografías, los ensayos, los exámenes memorísticos, las reseñas y, en menor grado, el diseño de lecciones o un drama. ¿Por qué no se considera una comedia, una canción o un dibujo como una actividad legítima de aprendizaje? Esto sería equivalente al uso de parábolas en el tiempo de Jesús. También se puede esperar que tanto profesores como estudiantes inventen parábolas contemporáneas que expresen las enseñanzas de Jesús.

Las implicaciones provenientes del tema de la crucifixión de Jesús se expresaron con detalle en el capítulo 3. Más que acciones concretas, se mencionaron las actitudes de Jesús y la manera distinta en que Él obtuvo la victoria. Lo que docentes e instituciones teológicas deben hacer es, entonces, abandonar la prepotencia, el abuso del poder, y las otras maneras mundanas de obtener el triunfo y asumir la humildad, la renuncia, el servicio como la manera en que los discípulos de Jesús obtienen la victoria. Es difícil proponer acciones concretas cuando el énfasis recae en las actitudes, pero una idea podría ser cambiar el tono en que se enseña o el lenguaje que se usa o los criterios para evaluar a los estudiantes. Del lado institucional se tomaría el proceso de toma de decisiones y las metas de esas decisio-

---

6. Un documento interesante que trata este asunto es el de la Federación Luterana Mundial y su filial en Centroamérica llamado «Iglesias y desastres: Apuntes para la intervención y capacidades de respuesta» (2007).

nes. ¿Sirven para acrecentar el poder de las autoridades o para servir a los usuarios? Es interesante notar que en tiempos de crisis financieras las instituciones acrecientan el poder de las autoridades en la toma de decisiones en desmedro del servicio a los usuarios con el propósito de obtener el triunfo de la institución, no necesariamente el de los usuarios.

Las implicaciones que vienen del tema de la resurrección de Jesús se enfocan principalmente en la tarea de los educadores teológicos de contagiar apasionadamente a sus estudiantes con la utopía que se hizo realidad en la resurrección. Para hacer eso primero hay que entender que la resurrección es, precisamente, la irrupción del futuro en el presente. Si el futuro ya llegó, entonces los educadores teológicos son sus portavoces y sus expositores. No es necesario enseñar la cristología o la escatología para hacer esto. Invitar a soñar con ese mundo mejor que diseñó Jesucristo se puede hacer a partir de cualquier tema teológico, bíblico o ministerial. ¿Cuál es el sueño mayor del educador teológico? ¿Ser un buen maestro? ¿Transmitir atractivamente sus enseñanzas? ¿Crecer profesionalmente? ¿Tener impacto e influencia en sus estudiantes? ¿Llegar a ser conocido y reconocido en la comunidad académica? Todos estos son buenos sueños y aspiraciones legítimas de los educadores teológicos, pero a la luz de la resurrección de Jesús el sueño mayor debería ser que el futuro se haga realidad en el presente, que el Reino de Dios se haga realidad aquí y ahora, con todo y las imperfecciones propias de lo humano y lo temporal.

Preguntas similares se pueden hacer a las instituciones. ¿Cuál es el sueño mayor que persiguen las instituciones? ¿Crecer en el número de estudiantes? ¿Crecer financieramente? ¿Crecer en edificios e instalaciones físicas? ¿Crecer en el número de volúmenes en la biblioteca? ¿Crecer en programas académicos y servicios ofrecidos? ¿Ser conocida y reconocida internacionalmente? Todos estos sueños son buenos y legítimos, pero hay algo más valioso y trascendente que debería ser el sueño de todos: un futuro mejor según los valores del Reino de Dios, enseñados por Jesús y confirmados por su resurrección. La buena noticia es que ese futuro ya llegó. Los educadores teológicos y las instituciones evangélicas de educación teológica en América Latina deben constituirse en los portadores de ese sueño, en los comunicadores del mismo y, sobre todo en los que inyectan pasión por ese sueño, a pesar de las pesadillas que parecen ser lo cotidiano y la realidad presente. En forma explícita, a través de los documentos oficiales las instituciones deberían proyectar esta buena noticia.

### 3.3    Provenientes del debate contemporáneo

Por último, se tratará de extraer algunas recomendaciones de lo expresado en el capítulo 4, donde se trató el tema de la función profética de la educación teológica evangélica en América Latina, metas, propósitos, modelos, la situación actual y una propuesta. Como aquí ya se hace una propuesta, esa en sí es ya la recomendación principal de la investigación. Sin embargo, algunas ideas adicionales se pueden ofrecer aquí.

Unas recomendaciones se relacionan con el análisis de los modelos históricos de educación teológica. La coyuntura histórica que se vive en la actualidad es propicia para hacer este análisis y reflexionar sobre la herencia que la educación teológica evangélica en América Latina ha recibido de esos modelos: clásico y funcionalista. Estos modelos han sido la forma en que la Iglesia respondió a los retos de la educación teológica en las épocas en que surgieron, pero todo parece indicar que las nuevas realidades demandan otros modelos. ¿Están las instituciones dispuestas a hacer este análisis y a reflexionar sobre los cambios necesarios? Una recomendación es que, al menos, se comience por analizar los modelos que han dado forma a la educación teológica evangélica en América Latina. El segundo paso sería abrir espacios para la consideración de nuevos modelos. Un tercer paso sería la adopción o creación de esos nuevos modelos. Ya la obra, en su capítulo 4, hace una propuesta de combinación de la educación liberadora de Paulo Freire con la educación teológica misional desde América Latina.[7] En un documento oficial SEMILLA (Seminario Anabautista Latinoamericano) de la ciudad de Guatemala expresa en los siguientes términos su declaración de visión:

> Que la Iglesia de Cristo cuente con un liderazgo idóneo, transformador y renovado, con capacidad de responder a las necesidades y desafíos de la realidad contemporánea en forma coherente con la misión de Dios y los valores de su Reino.
>
> Para ello, el seminario se compromete a formar líderes que se distingan por su vocación de servir a Dios, a la Iglesia y a su prójimo; su compromiso de discipular a capacitar a otras y otros para el Reino; su capacidad de interpretar y realizar la tarea pastoral de la Iglesia en el mundo; y su visión para proyectar la misión de Dios de acuerdo a Sus propósitos.[8]

La declaración de propósitos del Centro Esdras de reciente formación en la ciudad de Guatemala contiene los siguientes elementos:

7. A manera de ejemplo y sin conocer todos los detalles de las instituciones se refieren aquí a dos instituciones evangélicas de educación teológica en América Latina que, al menos, en sus documentos oficiales de presentación y de promoción hacen referencia a un enfoque misional de la educación teológica. Se trata del Seminario Anabautista Latinoamericano (SEMILLA) y su *Guía Académica 2007-2010:* 5-10 y del Centro Esdras y su trifoliar promocional (2008). Ambas instituciones se encuentran en la ciudad de Guatemala.

8. Seminario Anabautista Latinoamericano (SEMILLA), *Guía Académica 2007-2010,* 7.

- Formar líderes que asuman la misión de «ir y hacer discípulos», y el compromiso de establecer comunidades cristianas saludables, que sirven a favor del desarrollo de una sociedad más humana, justa, pacífica, fraterna y multicultural.

- Promover el aprendizaje de la Palabra de Dios que contribuya a la formación del carácter, conducta y ministerio del liderazgo cristiano, según los valores del Reino de Dios a fin de que sean agentes de cambio.

- Fomentar en los líderes cristianos un pensamiento bíblico, reflexivo, crítico y de propuesta, que responda a los desafíos de la misión, y el contexto social, económico, político, cultural y religioso.

- Impulsar la investigación acerca de la Iglesia y su misión, la sociedad y su relación con distintos campos del quehacer humano desde la cosmovisión bíblica cristiana.[9]

Otras recomendaciones se relacionan con la propuesta que se hace en el capítulo 4, las cuales, de nuevo, se dirigen más hacia un cambio de mentalidad y de enfoque que a sugerencias específicas sobre materias, contenidos, o metodología. Este cambio de mentalidad tiene que ver con que la institución toda, desde su declaración de misión, de visión, propósitos, perfiles de los graduados, currículo, pasando por cada materia, cada profesor y cada actividad sea decididamente misionera en el sentido más amplio en que se ha definido misión en esta obra. Los profesores tienen que pensar misionológicamente el diseño de las materias y el desarrollo de los contenidos de las mismas. No es necesario agregar un tema «misionológico» en cada materia, ni exigir a los estudiantes que hagan «aplicaciones prácticas» en cada tarea, sino que la misión de Dios debe permear todo lo que una institución hace como un todo y cada una de sus partes.

Como último pensamiento, se expresa el deseo del autor de que la investigación sobre función profética y sus implicaciones para la educación teológica evangélica en América Latina haya provocado interés y despertado entusiasmo por hacer cambios. Se espera que las ideas plasmadas aquí sirvan de estímulo para posteriores investigaciones, para analizar y reflexionar sobre la realidad de la educación teológica evangélica en América Latina y para hacer los cambios necesarios.

9. Centro Esdras, «Trifoliar promocional» (2008).

# Bibliografía

## 1.   Historia general y de la educación

Anthony, Michael J. y Warren S. Benson. *Exploring the History and the Philosophy of Christian Education: Principles for the Twenty first Century*. Grand Rapids, Michigan: Kregel, 2003.

Bastian, Jean-Pierre. *Protestantismos y modernidad latinoamericana: Historia de unas minorías religiosas activas en América Latina*. México: Fondo de Cultura Económica, 1994.

Brereton, Virginia L. *Training God`s Army: The American Bible School Movement, 1880-1940*. Bloomington, Indiana: Indiana University Press, 1990.

Briggs, R. C. *History of the Study of Theology*. 2 Vols. Londres, Inglaterra: Gerald Duckworth & Co., 1916.

Campos, Julia y Saúl Trinidad. *Historia y filosofía de la educación cristiana*. San José, Costa Rica: Seminario Bíblico Latinoamericano, 1988.

Deiros, Pablo. *Protestantismo en América Latina: Ayer, hoy y mañana*. Nashville, Tennessee: Editorial Caribe, 1997.

Dommanget, Maurice. *Los grandes socialistas y la educación: De Platón a Lenin*. Trad. Mariano Muñoz Alonzo. Madrid, España: Fragua, 1972.

Driver, Juan. *La fe en la periferia de la historia: Una historia del pueblo cristiano desde la perspectiva de los movimientos de restauración y reforma radical*. Ciudad de Guatemala: Ediciones SEMILLA, 1997.

Escobar, Samuel. *La fe evangélica y las teologías de la liberación*. El Paso, Texas: Casa Bautista de Publicaciones, 1987.

— Estuardo McIntosh y Juan Inocencio. *Historia y Misión: Revisión de perspectivas*. Lima, Perú: Ediciones Presencia, 1994.

Fallon, Daniel. *The German University: A Heroic Ideal in Conflict with the Modern World*. Boulder, Colorado: Associated University Press, 1980.

Frankena, William K. *Tres filosofías de la educación en la historia: Aristóteles, Kant, Dewey*. Trad. Antonio Garza y Garza. México, Distrito Federal: Unión Tipográfica, 1965.

Gangel, Kenneth O. y Warren S. Benson. *Christian Education: Its History & Philosophy.* Chicago, Illinois: Moody Press, 1983.

Gilpin, W. Clark. *A Preface to Theology.* Chicago, Illinois: University of Chicago Press, 1996.

González, Justo L. *Retorno a la historia del pensamiento cristiano: Tres tipos de teología.* Buenos Aires, Argentina: Ediciones Kairós, 2004.

Gutek, Gerald. *A History of the Western Educational Experience.* Nueva York, Nueva York: Random House, 1972.

Hart, D. G., ed. y Albert R. Mohler, coed. *Theological Education in the Evangelical Tradition.* Grand Rapids, Michigan: Baker Book House, 1996.

Hart, Daryl G. *The University Gets Religion: Religious Studies in American Higher Education.* Baltimore, Maryland: John Hopkins University Press, 1999.

Hendrix, Scott H. «Luther and the Climate for Theological Education». *Lutheran Quarterly* 26/1 (1974): 3-11.

Jarausch, Konrad H., ed. *The Transformation of Higher Learning, 1860-1930.* Chicago, Illinois: University of Chicago Press, 1983.

Kitagawa, Joseph Mitsuo, ed. *Religious Studies, Theological Studies and the University-Divine School.* Atlanta, Georgia: Scholar Press, 1992.

Latourette, Kenneth Scott. *Historia del cristianaismo.* Tomo 2. Cuarta edición. Trad. Jaime C. Quarles y Lemuel C. Quarles. El Paso, Texas: Casa Bautista de Publicaciones, 1979.

Luzuriaga, Lorenzo. *Historia de la educación y la pedagogía.* Decimoquinta edición. Buenos Aires, Argentina: Editorial Losada, 1980.

Marsden, George. *The Soul of the American University: From Protestant Establishment to Established Unbelief.* Nueva York, Nueva York: Oxford University Press, 1994.

McGinn, Bernard. *The Presence of God: A History of Western Christian Mysticism.* Vol. 2. *The Growth of Mysticism.* Nueva York, Nueva York: Crossroad, 1994.

Meyendorff, John. «Theological Education in the Patristic and Byzantine Eras and its Lessons for Today». *St. Vladimir Theological Quarterly* 31/3 (1987): 197-213.

Muller, Richard A. *After Calvin: Studies in the Development of a Theological Tradition.* Oxford, Inglaterra: Oxford University Press, 2003.

Moltmann, Jürgen. «Wrestling with God: A Personal Meditation». *Christian Century* 114/23 (1997): 726-729.

Mondragón, Carlos. *Leudar la masa: El pensamiento social de los protestantes en América Latina, 1920-1950.* Buenos Aires, Argentina: Ediciones Kairós, 2005.

Myers, Edward. *Education in the Perspective of History*. Nueva York, Nueva York: Harper and Brothers, 1960.

Nelson, Wilton M., ed. *Diccionario de Historia de la Iglesia*. Miami, Florida: Editorial Caribe, 1989.

Nicole, Jacques. «Brief History of the So-Called "Classical" Theological Education». *Ministerial Formation* 67 (1994): 33-34.

Niebuhr, Richard H. y Daniel D. Williams, eds. *The Ministry in Historical Perspectives*. San Francisco, California: Harper and Row, 1956.

Noll, Mark A. *The Scandal of the Evangelical Mind*. Grand Rapids, Michigan: William B. Eerdmans Publishing Company, 1994.

— «The Evangelical Enlightenment and the Task of Theological Education (Antebellum America)». Leonard I. Sweet, ed. *Communication and Change in American Religious History*. Grand Rapids, Michigan: William B. Eerdmans Publishing Company, 1993: 270-300.

Núñez, Emilio A. *Teología de la liberación: Una perspectiva evangélica*. Miami, Florida: Editorial Caribe, 1986.

Olson, Roger E. *The Story of Christian Theology: Twenty Centuries of Tradition & Religion*. Downers Grove, Illinois: InterVarsity Press, 1999.

Patiño F., José Uriel. *La iglesia en América Latina: Una mirada histórica al proceso evangelizador eclesial en el continente de la esperanza*. Bogotá, Colombia: San Pablo, 2002.

Pazmiño, Robert W. *Latin American Journey: Insights for Christian Education in North America*. Cleveland, Ohio: United Church, 1994.

Piedra, Arturo. *Evangelización protestante en América Latina: Análisis de las razones que justificaron y promovieron la expansión protestante 1830-1960*. Tomo 1. Quito, Ecuador: Consejo Latinoamericano de Iglesias, 2000.

Reed, James E. y Ronnie Prevost. *A History of Christian Education*. Nashville, Tennessee: Broadman & Holman, 1993.

Richardson, Herbert. *Friedrich Schleiermacher and the Founding of the University of Berlin*. Lewinston, Nueva York: Edwin Mellen, 1991.

Rossiter, Graham M. «Perspectives on Change in Catholic Religious Education Since the Second Vatican Council». *Religious Education* 83/2 (1988): 264-276.

Selderhuis, Herman J. «Vera Theologia Scientia Est: Bucer and the Training of Ministries». *Reformation & Renaissance Review* 3 (2001): 125-139.

Stroup, John. «The Idea of Theological Education at the University of Berlin: From Schleiermacher to Harnack». En Patrick Henry, ed. *Schools of Thought in the Christian Tradition*. Filadelfia, Pensilvania: Fortress Press, 1984.

Ulich, Robert. *A History of Religious Education.* Nueva York, Nueva York: New York University Press, 1968.

— *Three Thousand Years of Educational Wisdom: Selections from Great Documents.* Segunda edición. Cambridge, Massachusetts: Harvard University Press, 1971.

Woodbridge, John D. ed. *Great Leaders of the Christian Church.* Chicago, Illinois: Moody Press, 1988.

Zapata A., Rodrigo. *La iglesia del Kyrios presente en América Latina.* Quito, Ecuador: Editora Porvenir, 1988.

## 2. Voz profética

Alegre, Xavier. «El Apocalipsis, memoria subversiva y fuente de esperanza para los pueblos crucificados». *Revista Latinoamericana de Teología* 26 (1992): 201-229, 27: 293-323.

Alexander, Hanan A. «Poetry, Prophecy and Power in Religious Education». *Religious Education* 93/3 (1998): 264-66.

Alfaro, Gerardo. «El significado de la muerte de Cristo según la Teología de la Liberación». *Kairós* 12 (1993): 43-61.

Alianza Reformada Mundial. *Documento de informe del comité de directivas* 24.ª Asamblea General. Accra, Ghana (30 de julio a 13 de agosto de 2004).

Altmann, Walter. *Confrontación y liberación: Una perspectiva latinoamericana sobre Martín Lutero.* Buenos Aires: ISEDET, 1987.

Álvarez, Carmelo E. y Pablo Legget, eds. *Lectura teológica del tiempo latinoamericano: Ensayos en honor del Dr. Wilton M. Nelson.* San José, Costa Rica: Seminario Bíblico Latinoamericano, 1979.

Álvarez Valdez, Ariel. «La nueva Jerusalén del Apocalipsis: Sus raíces en el A. T., el periodo de la "Jerusalén reconstruida"». *Revista Bíblica* 47 (1992): 141-153.

Alves, Rubem A., *et al., De la Iglesia y la sociedad.* Montevideo, Uruguay: Tierra Nueva, 1971.

— *Tomorrow's Child: Imagination, Creativity and the Rebirth of Culture.* Nueva York, Nueva York: Harper & Row, 1972.

Antoncich, Ricardo. *Christians in the face of injustice: A Latin American reading of Catholic Social doctrine.* Trad. Matthew J. O'Connell. Maryknoll, Nueva York: Orbis Books, 1987.

Arana Q., Pedro, compilador. *Teología en el camino: Documentos presentados en los últimos veinte años por diferentes comunidades cristianas de América Latina.* Lima, Perú: Ediciones Presencia, 1987.

Arias, Mortimer, coordinador. *Evangelización y revolución en América Latina: Documentos previos, trabajos y conclusiones de la Consulta Continental de Evangelización, Cochabamba 1966.* Montevideo, Uruguay: Iglesia Metodista en América Latina, 1969.

Ashby, Jr., Homer. U. «Pastoral Theology as Public Theology: Participating in the Healing of Damaged and Damaging Cultures and Institutions». *Journal of Pastoral Theology* 10/1 (2000): 18-27.

Aune, David E. «The Form and Function of the Proclamation to the Seven Churches (Revelation 2-3)». *New Testament Studies* 36 (1990): 182-204.

— «The Influence of Roman Imperial Court Setting Ceremonial on the Apocalypse of John». *Biblical Research* 28 (1983): 5-26.

— *Prophecy in Early Christianity and the Ancient Mediterranean World.* Grand Rapids, Michigan: W. B. Eerdmans Publishing Company, 1983.

— «The Social Matrix of the Apocalypse of John». *Biblical Research* 26 (1981): 16-32.

— «The Prophetic Circle of the John of Patmos and the Exegesis of Revelation 22: 16». *Journal for the Study of the New Testament* 37 (1989): 103-116.

— «Revelation». *Word Biblical Commentary* en tres tomos: *Revelation 1-5.* Dallas, Texas: Word, 1997; *Revelation 6-16.* Nashville: Thomas Nelson Publishers, 1998; *Revelation 17-20.* Nashville, Tennessee: Thomas Nelson Publishers, 1998.

— «Believing Without Belonging?». *International Review of Mission* 364 (2003).

Bailey, Lloyd R. «The Prophetic Critique of Israel's Cultic Order». *Faith and Mission* 6/2 (1989): 41-60.

Barr, David. «The Apocalypse of John as Oral Enactment». *Interpretation* 40 (1986): 243-256.

— «The Apocalypse of John as a Symbolic Transformation of the World». *Interpretation* 38 (1984): 39-50.

Barreda Toscano, Juan José. «Discernimiento espiritual en el profetismo: El testimonio de Juan en el Apocalipsis». *Artículos Red del Camino.* 7 de marzo de 2009. <http://lareddelcamino.net/es/images/articles/el%20 discernimiento%20espiritual%20en%20el%20profetismo%20-%20 juan%20jose%20barreda%20toscano.pdf>.

Barrientos Paninski, Alberto, ed. general. *Sociología y fe cristiana.* San José Costa Rica: Instituto Internacional de Evangelización a Fondo, 1993.

Baspineiro, Arturo. «Una luz en el camino: De cómo recuperar la vocación profética». *Kairós* 1 (2004): 20-21.

Bauckham, Richard, «Economic Critique of Rome in Revelation 18». En Alexander Loveday, ed. *Images of Empire.* Shefield, Inglaterra: JSOT, 1991.

— *The Theology of the Book of Revelation.* Cambridge, Inglaterra: Cambridge University Press, 1993.

— *The Climax of Prophecy: Studies on the Book of Revelation.* Edimburgo, Reino Unido: T & T Clark, 1998.

— y Trevor Hart. *Hope Against Hope: Christian Eschatology in Contemporary Context.* Grand Rapids, Michigan: W. B. Eerdmans Publishing Company, 1999.

Baum, Gregory. *Religion and Alienation: A Theological Reading of Sociology.* Nueva York, Nueva York: Paulist Press, 1975.

Beale, G. K. *The Book of Revelation: A Commentary on the Greek Text.* Grand Rapids: William B. Eerdmans Publishing Company, 1999.

Blomberg, Craig L. «Preaching the Parables: Preserving Three Main Points». *Perspectives in Religious Studies* 11 (1984): 31-41.

— *Interpreting the Parables.* Downers Grove, Illinois: InterVarsity Press, 1990.

— «Parables as Poetic Fictions: The creative Voice of Jesus». *Westminster Theological Journal* 57/2 (1995): 483-485.

— «The Kingdom of God and Evangelical Theological Education». *Didaskalia* 6/2 (1995): 14-35.

— «Your Faith has Made you Whole: The Evangelical Liberation Theology of Jesus». En Joel B. Green y Max Turner, eds. *Jesus of Nazareth: Lord and Christ: Essays on the Historical Jesus and New Testament Christology.* Grand Rapids, Michigan: W. B. Eerdmans Publishing Company, 1994.

— «The Parables of Jesus: Current Trends and Needs in Research». En Bruce D. Chilton y Craig A. Evans, eds. *Studying the Historical Jesus: Evaluations of the State of Current Research.* Leiden, Holanda: E. J. Brill, 1994: 231-254.

— «Poetic Fiction, Subversive Speech and Proportional Analogy in the Parables: Are We Making Any Progress in the Parable Research?». *Horizons in Biblical Theology* 18/2 (1996): 115-132.

— *Heart, Soul and Money: A Christian View of Possessions.* Joplin, Missouri: College Press Publishing Company, 2000.

— «Is Affluence Good?». *Faith and Economics* 40 (2002): 11-14.

— *Preaching the Parables: From Responsible Interpretation to Powerful Proclamation.* Grand Rapids, Michigan: Baker Academic, 2004.

— *Jesus and the Gospels: An Introduction and Survey.* Segunda edición. Nashville, Tennessee: B & H Publishing Group, 2009.

Blount Bryan K. *Can I Get a Witness?: Reading Revelation Through African American Culture.* Louisville, Kentucky: Westminster John Knox Press, 2005.

— «Reading Revelation Today: Witness as Active Resistance». *Interpretation* 54 (2000): 398-412.

Boesak, Allan A. *Comfort and Protest: The Apocalypse from a South African Perspective, Reflections on the Apocalypse of John of Patmos.* Filadelfia, Pensilvania: The Westminster Press, 1987.

Boff, Leonardo. *Jesucristo el liberador: Ensayo de cristología crítica para nuestro tiempo.* Trad. Jesús García-Abril. Santander, España: Sal Terrae, 1980.

— *Pasión de Cristo: Pasión del mundo: Hechos, interpretaciones y significado ayer y hoy.* Trad. Jesús García-Abril. Santander, España: Sal Terrae, 1981.

— *Jesucristo y la liberación del hombre.* Trad. F. Cantalapiedra. Madrid: Ediciones Cristiandad, 1981.

— y Clodovis Boff, *Cómo hacer Teología de la Liberación.* Segunda edición. Trad. Eloy Requema Calvo. Madrid: Ediciones Paulinas, 1986.

Bolt, John. «Who Was Jesus». *Calvin Theological Journal* 28/2 (1993): 548-549.

Bosch, David J. *Misión en transformación: Cambios de paradigma en la teología de la misión.* Trad. Gail de Atiencia. Grand Rapids, Michigan: Libros Desafío, 2000.

Botha, Pieter. «God, Emperor Worship, and Society: Contemporary Experience and the Book of Revelation». *Neotestamentica* 22 (1988): 87-102.

Broadhead, E. K. «Sacred Imagination and Social Protest». *Review and Expositor* 98 (2001): 77-85.

Brown, Robert McAfee. *Speaking of Christianity: Practical Compassion, Social Justice, and Other Wonders.* Louisville, Kentucky: Westminster John Knox Press, 1997.

Bruce, Patricia. «John 5: 1-18 The Healing at the Pool: Some Narrative, Socio-Historical and Ethical Issues». *Neotestamentica* 39/1 (2005): 39-56.

Brueggemann, Walter. *La imaginación profética.* Trad. Jesús García-Abril. Santander, España: Sal Terrae, 1986.

— *Prophetic Imagination.* Segunda edición. Minneapolis, Minesota: Fortress Press, 2001.

— *Deep Memory Exuberant Hope: Contested Truth in a Post-Christian World.* Minneapolis, Minesota: Fortress Press, 2000.

— *Peace.* San Luis, Missouri: Chalice Press, 2001.

— «Transforming Order into Justice». *Engage/Social Action* 1, n.º 11 (1973): 33-43.

— *The Bible Makes Sense.* Atlanta, Georgia: John Knox Press, 1977.

— «The Bible and Mission: Some Interdisciplinary Implications for Teaching». *Missiology* 10 (1982): 397-412.

— «The Prophet as Destabilizing Presence». En Earl E. Shelp y Ronald H. Sunderland, eds. *The Pastor as Prophet*. Nueva York, Nueva York: The Pilgrim Press, 1985: 49-77.

— «Passion and Perspective: Two Dimensions of Education in the Bible». *Theology Today* 42 (1985): 172-80.

— «The Third World of Evangelical Imagination». *Horizons in biblical Theology* 8/2 (1986): 61-84.

— «Dreaming, Being Home, Finding Strangers and the Seminaries». *Mid-Stream* 26/1 (1987): 62-76.

— «Prophetic Ministry: A Sustainable Alternative Community». *Horizons in Biblical Theology* 11, n.º 1 (1989): 1-33.

— *Finally Comes the Poet: Daring Speech for Proclamation*. Minneapolis, Minesota: Fortress Press, 1989.

— «The Social Significance of Solomon as Patron of Wisdom». En Gammie J. G. y L. G. Perdue, eds. *The Sage in Israel and Ancient Near East*. Winona Lake, Indiana: Esenbrauns, 1990: 117-132.

— «At the Mercy of Babylon: A Subversive Rereading of the Empire». *Journal of Biblical Literature* 110 (1991): 63-92.

— «Justice: The Earthly Form of God's Holiness». *Reformed World* 44 (1994): 13-27.

— «Preaching as Reimagination». *Theology Today* 52 (1995): 313-29.

— *Cadences of Hope: Preaching Among Exiles*. Louisville, Kentucky: Westminster John Knox Press, 1997.

— «Truth-Telling and Peacemaking: A Reflection on Ezekiel». *Christian Century* 105 (1998): 1096-98.

— «Truth-Telling as Subversive Obedience». *Journal for Preachers* 20, no. 2 (1997): 2-9.

— *Israel's Praise: Doxology against Idolatry and Ideology*. Filadelfia, Pensilvania: Fortress Press, 1988.

— «The Call to Resistance». *Other Side* 26 (1990): 44-46.

— *Living Toward a Vision*. Nueva York, Nueva York: United Church Press, 1982.

— *Hopeful Imagination: Prophetic Voices in Exile*. Filadelfia, Pensilvania: Fortress Press, 1986.

— *Texts Under Negotiation: The Bible and Postmodern Imagination*. Minneapolis, Minesota: Fortress Press, 1993.

— *Using God's Resources Wisely: Isaiah and Urban Possibility*. Louisville, Kentucky: John Knox Press, 1993.

— *A Social Reading of the Old Testament: Prophetic Approaches to Israel's Communal Life.* Minneapolis, Minesota: Fortress Press, 1994.

— *Texts that Linger, Words that Explode: Listening the prophetic voices.* Minneapolis: Fortress Press, 2000.

— ed. *Hope for the World: Mission in a Global Context.* Louisville, Kentucky: John Knox Press, 2001.

— *David's Truth in Israel's Imagination and Memory.* Segunda edición. Minneapolis, Minesota: Fortress Press, 2002.

— *An Introduction to the Old Testament: The Canon and Christian Imagination.* Louisville, Kentucky/Londres, Inglaterra: Westminster John Knox Press, 2003.

— «The Liturgy of Abundance: The Myth of Scarcity». *Clergy Journal* 79/8 (2003): 7-10.

— «Holy Intrusion: The Power of Dreams in the Bible». *Christian Century* 122/13 (2005): 28-31.

— *The Word Militant: Preaching a Decentering Word.* Minneapolis, Minesota: Fortress Press, 2007.

— «A Response to Rickie Moore's "The Prophet as Mentor"». *Journal of Pentecostal Theology* 15/2 (2007): 173-175.

— *Teología del Antiguo Testamento* Trad. Francisco J. Molina de la Torre. Salamanca: Ediciones Sígueme, 2007.

Brunalli, Delir, *Profetas del reino: Grandes líneas de la actual teología de la vida religiosa de América Latina.* CLAR 58. Bogotá, Colombia: Secretariado General de la Confederación Latinoamericana de Religiosos, 1987.

Budde, Michael L. y Robert W. Brimlow, eds. *The Church as Counterculture.* Albany, Nueva York: State University of New York Press, 2000.

Callahan, Allan D. «Apocalypse as Critique of Political Economy: Some Notes on Revelation 18». *Horizons in Biblical Theology* 21 (1994): 46-65.

Camacho Fernando, *La proclama del reino: Análisis semántico y comentario exegético de las bienaventuranzas de Mateo 5: 3-10.* Madrid: Ediciones Cristiandad, 1987

Cañellas, Israel Gabriel. «Los profetas de Israel: Incidencia religiosa y socio-política». *Biblia y Fe: Revista de Teología Bíblica* 41 (mayo-agosto 1988): 30-55.

Carmody, Dense Lardner y John Tully Carmody. *The Future of Prophetic Christianity: Essays in Honor of Robert McAfee Brown.* Mariknoll, Nueva York: Orbis Books, 1993.

Carroll, Jackson W. As *One with Authority: Reflective Leadership in Ministry.* Filadelfia, Pensilvania: Westminster John Knox Press, 1991.

Carroll R., M. Daniel. «Can the Prophets Shed Light on Our Worship Wars?: How Amos Evaluates Religious Ritual». *Stone-Campbell Journal* 8 (2005): 215-227.

— «La contextualización de los profetas: Una reseña de retos metodológicos». En Oscar Campos, ed. *Teología evangélica para el Contexto Latinoamericano.* Buenos Aires, Argentina: Ediciones Kairós, 2004: 105-26.

— «La ética social de los profetas y su relevancia para América Latina hoy: La opción por la ética profética». *Kairós* 32 (enero-junio 2003): 7-25.

— «La ética social de los profetas y su relevancia para América Latina hoy: El aporte del estudio del trasfondo». *Kairós* 33 (julio-diciembre 2003): 7-28.

— «La ética social de los profetas y su relevancia para América Latina hoy: La fecundidad de la imaginación profética». *Kairós* 34 (enero-junio 2004): 7-25.

—«La ética social de los profetas y su relevancia para América Latina hoy: La contribución de la ética filosófica». *Kairós* 35 (julio-diciembre 2004): 7-30.

— ed. *Rethinking Contexts, Rereading Texts: Contributions from the Social Sciences to Biblical Interpretation.* Shefield, Inglaterra: Shefield Academic Press, 2000.

— «Reflecting on War and Utopia in the Book of Amos: The Relevance of a Literary Reading of the Prophetic Text for Central America». En Carroll R., M. Daniel, David J. A. Clines y Philip R. Davies, eds. *The Bible in Human Society: Essays in Honor of John Rogerson. Journal for the Study of the Old Testament Supplement Series* 200. Shefield, Inglaterra: Shefield Academic Press, 1995: 105-121.

— «Los profetas del octavo siglo y su crítica de la economía: Un diálogo con Marvin Cheney». *Kairós* 13 (julio-diciembre 1993): 7-24.

— «The Prophetic Denunciation of Religion in Hosea 4-7». *Criswell Theological Review* 7 (1993): 15-38.

— *Contexts for Amos: Prophetic Poetics in Latin American Perspective.* Shefield, Inglaterra: JSOT, 1992.

— «Los profetas y la idolatría contemporánea» (reseña de Padilla, Washington. *Amós-Abdías. Comentario Bíblico Hispanoamericano.* Miami: Editorial Caribe, 1989). *Kairós* 9 (julio-diciembre 1991): 81-84.

— «¿Qué denunciaban los profetas?» (reseña de Dearman, John Andrew. *Property Rights in the Eighth-Century Prophets.* Atlanta: Scholar Press, 1988). *Kairós* 4 (enero-junio 1989): 92-96.

Casas, Victoriano. «El compromiso profético: Reflexiones desde la revelación bíblica». *Biblia y Fe* 41 (mayo-agosto 1988): 5-29.

Casey, Maurice. «Where Wright is Wrong: A Critical Review of N. T. Wright's Jesus and the Victory of God». *Journal of the Study of the New Testament* 69 (1998): 95-103.

Castro, Emilio, David J.Bosch y L. Grant McClung Jr. «Mission in the 1990's: Three Views». *International Bulletin of Missionary Research* 14/4 (1990): 2-10.

CELAM. *Fe cristiana y compromiso social*. Versión popular. Guatemala, Guatemala: Ediciones San Pablo, 2002.

Chang-Hoon, Kim. «Prophetic Preaching as Social Preaching». *Evangelical Review of Theology* 30/2 (2006): 141-151.

Chiquete, Daniel. «Latin American Pentecostalisms and Western Postmodernity: A Reflection on a Complex Relationship». *International Review of Mission* 92 (2003): 29-39.

Clader, Linda L. *Voicing the Vision: Imagination and Prophetic Preaching*. Harrisburg, Pensilvania: Morehouse Publishing, 2004.

Collins, Adela Yarbro. «Roma como símbolo del mal en el cristianismo primitivo». *Concilium* 220 (1988): 417-427.

— «The Political Perspective of the Revelation of John». *Journal of Biblical Literature* 96/2 (1977): 241-256.

Colwell, John, ed. *Called to One Hope: Perspectives on Life to Come*. Carlisle, Reino Unido: Paternoster Press, 2000.

Comblin, José y Jon Sobrino. *Cambio social y pensamiento cristiano en América Latina*. Madrid, España: Trotta, 1993.

Comisión de la Orden acerca del carisma de prédica para los hombres y mujeres de la Orden de Predicadores, «Informe al Maestro General de la Orden de Predicadores». www.codalc.org/index. php?option=com_docman&task=doc_download&gid=26, mayo 2001. 11 de julio de 2006.

Compañía de Santa Teresa de Jesús. «Proyecto: propuesta educativa teresiana general». 17 de febrero de 2007. Foro 1_3. <www.stjteresianas.pcn. net/proyectosstj/propuesta_edu/etapa_inicial/informes/stsforo1_3>.

Cosgrove, Charles H., Herold Weiss y K. K. Yeo. *Cross-Cultural Paul: Journeys to Others, Journeys to Ourselves*. Grand Rapids, Michigan: W. B. Eerdmans Publishing Company, 2005.

Couture, Pamela D. y Rodney J. Hunter. *Pastoral Care and Social Conflict*. Nashville, Tennessee: Abingdon Press, 1995.

Croatto, J. Severino. «Del *año* jubilar levítico al tiempo de liberación profético (Reflexiones exegéticas sobre Isaías 61 y 58, en relación con el Jubileo)». *RIBLA* 33 (1999): 76-96.

— «Apocalíptica y esperanza de los oprimidos (contexto socio-político y cultural del género apocalíptico)». RIBLA 7 (1990): 9-24.

— «El discurso de los tiranos en textos proféticos y apocalípticos». RIBLA 8 (1991): 39-53.

— «Desmesura del poder y destino de los imperios. Exégesis de Isaías 10: 5-27a». *Cuadernos de Teología* 8 (1987): 7-16.

— *Isaías 1-39. Comentario Bíblico Ecuménico*. Buenos Aires, Argentina: Ediciones La Aurora, 1989.

— *Isaías: La palabra profética y su relectura hermenéutica*. Vol. II: *La liberación es posible*. Buenos Aires, Argentina: Editorial Lumen, 1994.

— «Una liturgia fúnebre por la caída del tirano (Isaías 14: 4b-23)». RIBLA 2 (1988): 59-67.

Crouch, Andy. «Liberate my People». *Christianity Today* 51/8 (2007): 30-33.

Do-Hwa, Huh. «A New Understanding of Prophetic Preaching». *Evangel* 23/2 (2005): 39-47.

Dockery, David S. «John 9: 1-41: A Narrative Discourse Study». OPTAT 2/2 (1988): 14-26.

Donner, Theo G. *Fe y postmodernidad: Una cosmovisión cristiana para un mundo fragmentado*. Terrasa (Barcelona), España: CLIE, 2004.

Dorr, Donal. *Mission in Today's World*. Segunda impresión. Maryknoll, Nueva York: Orbis Books, 2002.

Dreyer, J. S. y J. A. van der Ven. *Divine Justice-Human Justice*. Unisa, Pretoria, Sudáfrica: Research Institute for Theology and Religion, 2002.

Dri, Rubén. *El movimiento antiimperial de Jesús: Jesús en los conflictos de su tiempo*. Segunda edición. Buenos Aires, Argentina: Editorial Biblos, 2005.

Driver, Juan. *Contra corriente: Ensayo sobre eclesiología radical*. Guatemala, Guatemala: Ediciones Semilla, s. f.

Dyrness, William A. *Learning about Theology from the Third World*. Grand Rapids, Michigan: Zondervan Publishing House, 1990.

Echegaray, Hugo. *La práctica de Jesús*. Lima, Perú: Centro de Estudios y Publicaciones (CEP), 1980.

Edwards, George R. *Jesus and the Politics of Violence*. Nueva York, Nueva York: Harper & Row Publishers, 1972.

Ellacuría, Ignacio. «Utopía y profetismo desde América Latina: Un ensayo concreto de soteriología histórica». *Revista Latinoamericana de Teología* 17 (mayo-agosto 1989): 141-184.

— y Jon Sobrino. *Mysterium Liberationis: Conceptos fundamentales de la teología de la liberación*. San Salvador: UCA, 1991.

Equipo de teólogos de CLAR. *Tendencias proféticas de la vida religiosa en América Latina*. CLAR 24, Bogotá, Colombia: Secretariado General de la Confederación Latinoamericana de Religiosos, 1975.

Erickson, Millard J. *The Word Became Flesh: A Contemporary Incarnational Christology*. Segunda impresión. Grand Rapids, Michigan: Baker Books, 2000.

Escobar, Samuel, *et al. Misión en el camino: Ensayos en homenaje a Orlando E. Costas*. Buenos Aires, Argentina: Fraternidad Teológica Latinoamericana, 1992.

— *Tiempo de misión: América Latina y la misión cristiana hoy*. Bogotá, Colombia / Guatemala, Guatemala: CLARA / SEMILLA, 1999.

Ezeogu, Ernest M. «Surely We Are Not Blind, Are We: An African Theological Reading of the Story of the Healing of the Man Born Blind in John 9: 1-41». *Society of Biblical Literature Seminar Papers* 42 (2003): 1-15.

Fiorenza, Elizabeth Schüssler. *Apocalipsis: Visión de un mundo justo*. Trad. Víctor Morla Asensio. Estella, Navarra, España: Editorial Verbo Divino, 1997.

Folgado Flórez, Segundo. «La misión profética hoy: Hacia una eclesiología encarnada en el hombre». *Biblia y Fe* 41 (mayo-agosto 1988): 80-107.

Foulkes, Ricardo. *El Apocalipsis de Juan: Una lectura desde América Latina*. Buenos Aires, Argentina: Nueva Creación, 1989.

Fowler, James W. *To See the Kingdom: The Theological Vision of H. Richard Niebuhr*. Nashville, Tennessee: Abingdon Press, 1974.

Funk, Robert W. *Honest to Jesus: Jesus for a New Millennium*. San Francisco, California: Harper/Polebridge Press, 1996.

Galilea, Segundo. *¿A dónde va la pastoral?* Bogotá, Colombia: Ediciones Paulinas, 1974.

Gallego, Epifanio. «La misión profética de Jesús: Reto a una sociedad con ansias de ser feliz». *Biblia y Fe* 41 (mayo-agosto 1988): 68-74.

Geaney, Dennis J. *The Prophetic Parish: A Center for Peace and Justice*. Minneapolis, Minesota: Winston Press, 1983.

George, Sherron Kay. *Llamados al compañerismo en el servicio de Cristo: la práctica de la misión de Dios*. Trad. Daniel Oliva Morel. Sao Leopoldo (RS), Brasil / Quito, Ecuador: Editora Sinodal / CLAI, 2006.

Goffman, Ken. *La contracultura a través de los tiempos: De Abraham al acid-house*. Trad. Fernando González Corugedo. Barcelona, España: Editorial Anagrama, 2005.

González, Justo L., ed. *Voces: Voices from the Hispanic Church*. Nashville, Tennessee: Abingdon Press, 1992.

— *Mañana: Christian Theology from a Hispanic Perspective*. Nashville, Tennessee: Abingdon Press, 1990.

— *Santa Biblia: The Bible through Hispanic Eyes*. Nashville, Tennessee: Abingdon Press, 1996.

— *Hechos de los Apóstoles: Introducción y comentario*. En *Comentario Bíblico Iberoamericano*. Buenos Aires, Argentina: Ediciones Kairós, 2000.

— *Para la salud de las naciones: El Apocalipsis en tiempos de conflicto entre culturas*. El Paso, Texas: Editorial Mundo Hispano, 2005.

González Ruiz, José María. *El Apocalipsis de Juan: El libro del testamento*. Madrid, España: Ediciones Cristiandad, 1987.

Grams, Rollin G. «Transformation Mission Theology: Its History, Theology and Hermeneutics». *Transformation* 24/3, 4 (2007): 193-212.

Grant, Jacquelyn. «Tasks of a Prophetic Church». En West, Cornel, Caridad Guidote y Margaret Loaklye, eds. *Theology in the Americas: Detroit II Conference Paper*. Maryknoll, Nueva York: Orbis Books, 1982: 136-142.

Green, Eugenio «El anuncio del evangelio ante el poder imperial de Tesalónica». *Kairós* 39 (2006): 9-21.

— «La muerte y el poder del imperio: 1 Tesalonicenses 4: 13-18». *Kairós* 40 (2007): 9-26.

— «La Pax Romana y el día del Señor: 1 Tesalonicenses 5: 1-11». *Kairós* 41 (2007): 9-27.

— «El Imperio y la parusía: 2 Tesalonicenses 2: 1-12». *Kairós* 42 (2008): 9-29.

Grellert, Manfred. *Los compromisos de la misión*. Trad. José María Blanch. Segunda edición. San José, Costa Rica: Visión Mundial, 1992.

Guare, Rita E. «Educating in the Ways of the Spirit: Teaching and Leading Poetically, Prophetically, Powerfully». *Religious Education* 96/1 (2001): 65-87.

Gutiérrez, Gustavo. *Teología de la Liberación: perspectivas*. Octava edición. Salamanca, España: Ediciones Sígueme, 1977.

Hall, Douglas John. *Lighten Our Darkness: Toward an Indigenous Theology of the Cross*. Filadelfia, Pensilvania: Westminster Press, 1976.

Hauerwas, Stanley M. «The Pastor as Prophet: Ethical Reflections on an Improbable Mission». En Shelp, Earl E. y Ronald H. Sunderland, eds. *The Pastor as Prophet*. Nueva York, Nueva York: The Pilgrim Press, 1985: 27-48.

— y William H. Willimon. *Resident Aliens: A Provocative Christian Assessment of Culture and Ministry for People Who Know that Something is Wrong*. Nashville, Tennessee: Abingdon Press, 1989.

Haugen, Gary. *Buenas noticias acerca de la injusticia*. Trad. Luis Alonso Vargas. Buenos Aires, Argentina: Ediciones Kairós, 2002.

Heil, Stefan. «Teaching at the Crossroads of Faith and School: The Teacher as Prophetic Pragmatist». *Religious Education* 99/4 (2004): 448-450.

Herzog II, William R. *Parables as Subversive Speech: Jesus as Pedagogue of the Oppressed*. Louisville, Kentucky: Westminster John Knox Press, 1994.

Heschel, Abraham J. *The Prophets*. 2 volúmenes. Nueva York, Nueva York: Harper & Row Publishers, 1962.

Hessel, Dieter T. «A Whole Ministry of (Social) Education». *Religious Education* 78/4 (1983): 525-56.

Hill, Clifford. *Prophecy Past and Present: An Exploration of the Prophetic Ministry in the Bible and the Church Today*. Ann Arbor, Michigan: Servant Publications, 1989.

Hodgson, Roberto. «El papel profético del ministro hispano en el contexto de los Estados Unidos». 11 de julio de 2006. <www.nazarenos.org/>.

Hong, In Sik. *¿Una iglesia postmoderna?: En busca de un modelo de iglesia y misión en la era postmoderna*. Buenos Aires, Argentina: Ediciones Kairós, 2001.

Hooker, Morna D. *The Signs of a Prophet: The Prophetic Actions of Jesus*. Harrisburg, Pensilvania: Trinity Press International, 1997.

Houston, Walter. «What did the Prophets Think they were Doing?: Speech Acts and Prophetic Discourse in the Old Testament». *Biblical Interpretation* 1/2 (1993): 167-188.

Hyatt, J. Philip. *The Prophetic Criticism of Israelite Worship*. Cincinnati, Ohio: The Hebrew Union College Press, 1963.

Jaramillo Rivas, Pedro. *La injusticia y la opresión en el lenguaje figurado de los profetas*. Estella, Navarra, España: Editorial Verbo Divino, 1992.

Kang, Namsoon. «The Centrality of Gender Justice in Prophetic Christianity and the Mission of the Church Reconsidered». *International Review of Mission* 94/373 (2005): 278-289.

Kelly, Robert A. «The Theology of the Cross and Social Ministry». *Currents in Theology and Mission* 10/2 (1983): 95-99.

Kim, Chang-Hoom. «Prophetic Preaching as Social Preaching». *Evangelical Review of Theology* 30/2 (2006): 141-51.

Kornfield, David Edward. *Socialization for professional competency of protestant seminarians in Latin America*. Chicago, Illinois: University of Chicago Press, 1980.

Krasny, Karen A. «Prophetic Voices: Three Books to Encourage Us to Listen Beyond Historical Silence». *Curriculum Inquiry* 35/1 (2006): 93-106.

Krauss, C. Norman. *An Intrusive Gospel?: Christian Mission in the Postmodern World*. Downers Grove, Illinois: InterVarsity Press, 1998.

Kraybill, Donald B. *El reino al revés*. Trad. Marta J. de Mejía. Santa Fe de Bogotá, Colombia / Guatemala, Guatemala: Ediciones CLARA / SEMILLA, 1995.

Ladd, George Eldon. *Teología del Nuevo Testamento*. Trad. José María Blanch y Dorcas González Bataller. Terrasa, Barcelona, España: Editorial CLIE, 2002.

Lane, Belden C. «The Remapping of Politics: Prophetic Imagination and Defense». *The Christian Century* 102 (1985): 322-327.

Lara-Braud, Jorge. «Latin American Liberation Theology: Pastoral Action as the Basis for the Prophetic Task». En Shelp, Earl E. y Ronald H. Sunderland, eds. *The Pastor as Prophet*. Nueva York, Nueva York: The Pilgrim Press, 1985: 135-168.

Linafelt, Tod y Timothy K. Beal, eds. *God in the Fray: A Tribute to Walter Brueggemann*. Minneapolis, Minesota: Fortress Press, 1998.

Lindblom, J. *Prophecy in Anciet Israel*. Oxford, Inglaterra: Oxford University Press, 1962.

Lindholm, Charles. *Carisma: Análisis del fenómeno carismático y su relación con la conducta humana y los cambios sociales*. Trad. Carlos Gardini. Barcelona, España: Editorial Gedisa, 2001.

Longuini Neto Luiz, *El nuevo rostro de la misión: Los movimientos ecuménicos y evangelicales en el protestantismo latinoamericano*. Trad. Roseli Schrader Giese. Sao Leopoldo (RS), Brasil / Quito, Ecuador: Editora Sinodal / CLAI, 2006.

MacRae, George W. «Paul, Prophet and Spiritual Leader». En Shelp, Earl E. y Ronald H. Sunderland, eds. *The Pastor as Prophet*. Nueva York, Nueva York: The Pilgrim Press, 1985: 99-113.

Marks, Darren C. *Shaping a Theological Mind: Theological Context and Methodology* Burlington, Vermont: Ashgate Publishing Company, 2002.

Masters, Carlos. *Esperanza de un pueblo oprimido: Apocalipsis una clave de lectura*. México, D. F.: Ediciones Dabar, 1992.

Mehl, Lyn. «The Call to Prophetic Ministry: Reflections on Jeremiah 1: 4-10». *Currents in Theology and Mission* 8/3 (1981): 151-55.

Meier, John. *A Marginal Jew: Rethinking the Historical Jesus*, Vol. 2: *Mentor, Message and Miracles*. Nueva York: Doubleday, 1994.

Meléndez, Guillermo. *Seeds of Promise: The Prophetic Church in Central America*. Nueva York, Nueva York: Friendship Press, 1990.

Migliore, Daniel L. «The Passion of God and the Prophetic Task of Pastoral Ministry». En Shelp, Earl E. y Ronald H. Sunderland, eds. *The Pastor as Prophet*. Nueva York, Nueva York: The Pilgrim Press, 1985: 114-134.

Miller, Patrick D. ed. *A Social Reading of the Old Testament: Prophetic Approaches to Israel`s Communal Life*. Minneapolis, Minesota: Fortress Press, 1994.

— ed. *Texts that Linger Words that Explode: Listening to Prophetic Voices*. Minneapolis, Minesota: Fortress Press, 2000.

Moberly, R. W. L. *Prophecy and Discernment*. Cambridge, Reino Unido: Cambridge University Press, 2006.

Moffatt, Edgardo. «Un desafío al compromiso profético: Entrevista con Juan Stam». *Kairós* 1 (2004): 6-11.

Moffitt, Bob, Karla Tesch. *If Jesus were Mayor: Transformation and the local Church*. Phoenix, Arizona: Harvest, 2005.

Moltmann, Jürgen. *El Dios crucificado: La cruz de Cristo como base y crítica de toda teología cristiana*. Trad. Severiano Talavero Tovar. Salamanca, España: Ediciones Sígueme, 1975.

— *La venida de Dios: Escatología cristiana*. Trad. Constantino Ruiz-Garrido. Salamanca, España: Ediciones Sígueme, 2004.

Moore, Rickie D. «The Prophet as Mentor: A Crucial Facet of the Biblical Presentation of Moses, Elijah and Isaiah». *Journal of Pentecostal Theology* 15/2 (2007): 155-172.

Moseley, Dan. «Following Jesus: Biblical Reflections on Discipleship». *Encounter* 58/2 (1997): 227-228.

Neff, David. «Life after life after death». *Christianity Today* 47/5 (2003): 65.

Negre Rigol, Pedro, José Severino Croatto y Jorge Pixley. *Misión profética de la iglesia*. Buenos Aires, Argentina: Tierra Nueva, 1988.

Newman, Carey C., ed. *Jesus and the Restoration of Israel: A Critical Assessment of N. T. Wright's Jesus and the Victory of God*. Downers Grove, Illinois: InterVarsity Press, 1999.

Nissen, Johannes. *The New Testament and Mission: Historical and Hermeneutical Perspectives*. Cuarta edición. Frankfurt del Main, Alemania: Peter Lang Publishing Group, 2007.

Noro, Jorge Eduardo. *Pensar para educar: Filosofía y educación*. Buenos Aires, Argentina: Editorial Didascalia, 2005. Ver especialmente el capítulo 9.

— «Filosofía: Recuperar la función profética en las puertas del siglo xxi». *Cuaderno de Materiales Ensayo*. 19 de febrero de 2007. <http://filosofía. net/materiales/ensa/ensa22.htm>.

— «Formación de formadores: ¿Docentes funcionales al sistema o intelectuales críticos y transformadores?». 19 de febrero de 2007. <www.educrea.cl/joomla/educacion-en-valores/educacion-en-valores/formacion-de-formadores-docentes-funcionarios… 25 de septiembre de 2006>.

Ocaña Flores, Martín. *Los banqueros de Dios: Una aproximación evangélica a la Teología de la Prosperidad*. Lima: Ediciones Puma, 2002.

Overholt, Thomas W. *Channels of Prophecy: The Social Dynamics of Prophetic Activity.* Minneapolis, Minesota: Fortress Press, 1989.

Olson, Roger E. *The Westminster Handbook to Evangelical Theology.* Louisville, Kentucky: Westminster John Knox Press, 2004.

Padilla, C. René. *¿Qué es misión integral?* Buenos Aires, Argentina: Ediciones Kairós, 2006.

— *Discipulado, compromiso y misión.* San José, Costa Rica: Visión Mundial, 1994.

— *Los derechos humanos y el reino de Dios.* Lima, Perú: Ediciones Puma, 1992.

— *La fuerza del Espíritu en la evangelización: Hechos de los Apóstoles en América Latina.* Buenos Aires: Ediciones Kairós, 2006.

Padilla, Washington. *Hacia una transformación integral.* Buenos Aires, Argentina: Fraternidad Teológica Latinoamericana, 1989.

— *Amós-Abdías. Comentario Bíblico Hispanoamericano.* Miami, Florida: Editorial Caribe, 1989.

Palomino, Jesús. «La escuela agustiniana y los desafíos del siglo xxi». *Encuentro Continental de educadores: La cultura de la paz.* 17 de febrero de 2007. <http://oala.villanova.edu/cosanuev/cult-paz-palomino1>.

Paredes, Tito. *El Evangelio: Un tesoro en vasos de barro.* Buenos Aires, Argentina: Ediciones Kairós, 2000.

Peresson Torreli, M. L. *Misión profética de la educación católica en los umbrales del tercer milenio.* Bogotá, Colombia: Librería Salesiana, 1998.

Petersen, Robin. «Theological Reflection on Public Policy: Soweto to the Millennium, Changing Paradigms of the South African Prophetic Theology». *Journal of Theology for Southern Africa* 95/1 (1996): 76-81.

Piedra, Arturo, ed. *Haciendo teología en América Latina: Juan Stam un teólogo del camino.* 2 volúmenes. San José, Costa Rica: Litografía Ipeca, 2004/2005.

— Sidney Rooy y H. Fernando Bullón, *¿Hacia dónde va el protestantismo?: Herencia y prospectivas en América Latina.* Buenos Aires, Argentina: Ediciones Kairós, 2003.

Pixley, Jorge. «Oseas: Una propuesta de lectura desde América Latina». *RIBLA* 1 (1988): 67-86.

— coordinador. *Por un mundo otro: Alternativas al mercado global.* Quito, Ecuador: clai, 2003.

Prevost, Ronnie. «The Prophetic Voice of the Religious Educador: Past, Present and Future». *Religious Education* 93/3 (1998): 288-306.

Puente Ojea, Gonzalo. *Fe cristiana, Iglesia, poder.* Madrid: Siglo xxi de España Editores, 2001.

Réamon, Páraic ed. «Perspectives on Justice». *Reformed World* 44 (1994): 2-48.

Reyes, George. «Lectura poética y teológica de Amós 9: 11-15: Restauración total». *Kairós* 18 (enero-junio 1996): 59-74.

Rhoads, David, ed. *From Every People and Nation: The Book of Revelation in Intercultural Perspective.* Minneapolis, Minesota: Fortress Press, 2005.

Richard, Pablo. *Apocalipsis: Reconstrucción de la esperanza.* Segunda edición revisada y ampliada. San José, Costa Rica: DEI, 1994.

Roldán, Alberto Fernando. *Evangelio y antievangelio: Misión y realidad latinoamericana.* México: Editorial Kyrios, 1993.

Rooy, Sidney. «Righteousness and Justice». En *The Responsibility of the Christian Institutions of Higher Education in the International Economic Order.* Grand Rapids, Michigan: Calvin College, 1980: 1-16.

Rossman, Parker. «A Prophetic Ministry to the Dying: An Interview with Edward Dobihal». *Christian Century* 93/14 (1976): 384-87.

Sánchez Cetina, Edesio. «Lectura de Joel 2: 18-32 desde América Latina». *Boletín teológico* 21-22 (1986): 25-48.

— ed. *Enseñaba por parábolas: Estudio del género «parábola» en la Biblia. Homenaje a Plutarco Bonilla Acosta.* Miami, Florida: Sociedades Bíblicas Unidas, 2004.

Sanders, Cheryl J. *Ministry at the Margins: The Prophetic Mission of Women, Youth & the Poor.* Downers Grove, Illinois: InterVarsity Press, 1997.

Saracco, José Norberto. *Praxis profética desde la dependencia y el cautiverio.* San José, Costa Rica: Seminario Bíblico Latinoamericano, 1977.

Saunders, Stanley P. «Between Blessing and Curse: Reading, Hearing, and Performing the Apocalypse in a World of Terror». En Yoder, Christine Roy, *et al.* eds. *Shaking Heaven and Earth: Essays in honor of Walter Brueggemann and Charles B. Cousar.* Louisville, Kentucky: Westminster John Knox Press, 2005.

Schlossberg, Herbert, Pierre Berthoud y Clark H. Pinnock. *Freedom, Justice and Hope: Toward a Strategy for the Poor and Oppressed.* Westchester, Illinois: Crossway Books, 1988.

Schökel, L. Alonso y J. L. Sicre Díaz. *Profetas: Comentario.* 2 tomos. Madrid, España: Ediciones Cristiandad, 1980.

Schökel, L. Alonso. «Isaías, el profeta de la justicia». *Cuadernos de Teología* 5/3 (1978): 185-197.

Schumacher, William W. «Mission Across the Curriculum: Historical Theology». *Missiology* 35/4 (2007): 431-436.

Scott, R. B. Y. «Priesthood, Prophecy, Wisdom and the Knowledge of God». *Journal of Biblical Literature* 80 (1961): 1-15.

Seal, Welton O. Jr. «Prophets in a Pickle: Theological Education and the Church». *Faith and Mission* 6/1 (1988): 28-35.

Segundo, Juan Luis. *El hombre de hoy ante Jesús de Nazaret.* 2 tomos en 3 volúmenes. Madrid, España: Ediciones Cristiandad, 1982.

Shäfer, Klaus. «Mission in Secular and Postmodern Societies: The Example of Germany». *International Review of Mission* 92/364 (2003): 40-44.

Sicre, José Luis. *Con los pobres de la tierra: La justicia social en los profetas de Israel.* Madrid, España: Ediciones Cristiandad, 1984.

— *Los dioses olvidados: Poder y riqueza en los profetas preexílicos.* Madrid, España: Ediciones Cristiandad, 1979.

— *Profetismo en Israel: El profeta, los profetas, el mensaje.* Estella, Navarra, España: Editorial Verbo Divino, 1992.

Siler, Mahan. «Reflections on Prophetic Preaching». *Faith and Mission* 6/2 (1989): 76-82.

Smith, Dennis A. y Mario Higueros. *Nuevas corrientes teológicas en Centroamérica y anabautismo bíblico: Análisis teológico de un fenómeno creciente.* Guatemala, Guatemala: Ediciones SEMILLA, 2004.

Sobrino, Jon. *Cristología desde América Latina: Esbozo a partir del seguimiento del Jesús histórico.* México: CRT, 1977.

— *Jesús en América Latina.* San Salvador, El Salvador: s. n., 1982.

— *Jesucristo liberador: Lectura histórico-teológica de Jesús de Nazaret.* San Salvador, El Salvador: UCA Editores, 1991.

— *La fe en Jesucristo: Ensayo desde las víctimas.* San Salvador, El Salvador: UCA Editores, 1999.

— «El Jesús histórico nos llama al discipulado en América Latina y el Caribe». *Theologica Xaveriana* 57/161 (2007): 127-157.

Spehler, Rebecca M. y Patrick Slattery. «Voices of Imagination: The artist as prophet in the process of social change». *International Journal of Leadership in Education* 2/1 (1999): 1-12.

Spencer, Richard A. «Jesus in the Prophetic Tradition». *Faith and Mission* 6/2 (1989): 61-75.

Spicer, Robert M. *The Pertinence of the Prophetic Preaching on Social Responsibility to the Church.* Tesis de maestría del Seminario Teológico de Dallas, Texas: 1974.

Stagg, Frank. «Prophetic Ministry Today». *Review and Expositor* 73/2 (1976): 179-89.

Staley, Jeffrrey L. «Stumbling in the Dark, Reaching for the Light: Reading Character in John 5 and 9». *Semeia* 53 (1991): 55-80.

Stam, Juan. *Comentario Bíblico Iberoamericano: Apocalipsis.* 3 tomos. Buenos Aires, Argentina: Ediciones Kairós, 1999, 2003 y 2009.

— *Las buenas nuevas de la creación.* Buenos Aires, Argentina: Ediciones Kairós, 2003.

— *Escatología bíblica y la misión de la Iglesia: Hasta el fin del tiempo y los fines de la tierra.* Guatemala, Guatemala: SEMILLA, 1999.

— *Apocalipsis y profecía: Las señales de los tiempos y el tercer milenio.* Buenos Aires, Argentina: Ediciones Kairós, 1999.

Stemberq, Shari J. «Liberation Theology and Liberatory Pedagogies: Renewing the Dialogue». *College English* 68/3 (2006): 271-290.

Steussy, Marti J. «David's Truth in Israel's Imagination and Memory». *Review of Biblical Literature* 5 (2003): 250-53.

Steward Robert B., ed. *The Resurrection of Jesus: John Dominic Crossan and N. T. Wright in Dialogue.* Minneapolis, Minesota: Fortress Press, 2006.

Stott, John R. W. *Cristianismo básico.* Segunda edición. Trad. Daniel E. Hall. Buenos Aires, Argentina: Ediciones Certeza, 1968.

— *Las controversias de Jesús.* Trad. Olivia de Hussey. Buenos Aires, Argentina: Ediciones Certeza, 1975.

— *Contracultura cristiana: El mensaje del Sermón del Monte.* Trad. Carmen Pérez de Camargo. Buenos Aires, Argentina: Ediciones Certeza, 1984.

— *The Cross of Christ.* Leicester, Inglaterra: InterVarsity Press, 1986.

— *Christian mission in the modern world.* Downers Grove, Illinois: Inter-Varsity Press, 1975.

— *El cristiano contemporáneo: con guía de estudio.* Trad. David R. Powell. Grand Rapids, Michigan: Nueva Creación, 1995.

— *La fe cristiana frente a los desafíos contemporáneos.* Trad. Lilian D. Rogers. Grand Rapids, Michigan: Nueva Creación, 1991.

— *The Message of Acts: To the Ends of the Earth.* Leicester, Inglaterra: Inter-Varsity Press, 1990.

— *The Message of Romans: God's News for the World.* Leicester, Inglaterra: Inter-Varsity Press, 1994.

— *The Evangelical Truth: A Personal Plea for Unity, Integrity & Faithfulness.* Downers Grove, Illinois: InterVarsity Press, 1999.

Suazo J., David. «El poder de la verdad para transformar culturas: El Evangelio transforma a individuos, estructuras y sociedades (Hechos 16: 11-40)». *Kairós* 37 (julio-diciembre 2005): 97-110.

Sunderland, Ronald H. y Earl E. Shelp. «Prophetic Ministry: An Introduciton». En Shelp, Earl E. y Ronald H. Sunderland, eds. *The Pastor as Prophet*. Nueva York, Nueva York: The Pilgrim Press, 1985: 3-26.

Támez, Elsa. *Santiago: Lectura latinoamericana de la epístola*. San José, Costa Rica: DEI, 1985.

— *Justicia de Dios: Vida para todos*. San José, Costa Rica: SEBILA, 1991.

— *Contra toda condena: La justificación por la fe desde los excluidos*. San José, Costa Rica: DEI, 1991.

— «Injusticia, pecado y justificación en Romanos 1-3». *Vida y Pensamiento* 21/1 (2001): 89-108.

Telford, George. «Prophetic Ministry Reconsidered». *Journal for Preachers* 4/1 (1980): 11-20.

Theissen, Gerd. *El movimiento de Jesús: Historia social de una revolución de los valores*. Trad. Constantino Ruiz-Garrido. Salamanca, España: Ediciones Sígueme, 2005.

Thiselton, A. C. «The Supposed Power of Words in the Bibloical Writings». *Journal of Theological Studies* 25 (1974): 283-299.

Thompson, Leonard. «A Sociological Analysis of Tribulation in the Apocalypse of John». *Semeia* 36 (1986): 147-174.

Thompson, J. A. *Jeremías: Introducción, comentario y notas*. Trad. Marta Márquez de Campanelli y Laura Lébana. Buenos Aires, Argentina: Nueva Creación, 1992.

Todd, John M. «The Wider Church: The Spirit of Yahweh, Modern Prophets and the Catholica». *Cross Currents* 37/1 (1987): 33-46.

Vagle, Mark D. «Searching for a Prophetic, Tactful Pedagogy: An Attempt to Deepen the Knowledge, Skills and Dispositions Discourse Around Good Teaching». *Education and Culture* 24/1 (2008): 50-66.

Valentín, Benjamín, ed. *New Horizons in Hispanic/Latino(A) Theology*. Cleveland, Ohio: The Pilgrim Press, 2003.

Van Seters, Arthur, ed. *Preaching as a Social Act: Theology & Practice*. Nashville, Tennessee, 1988.

Villafañe, Eldin. «An Evangelical Call to a Social Spirituality». En Bañuelas, Arturo J., ed. *Mestizo Christianity: Theology from the Latino Perspective*. Maryknoll, Nueva York: Orbis Books, 1995: 210-223.

— *Beyond Cheap Grace: A Call to Radical Discipleship, Incarnation and Justice*. Grand Rapids, Michigan: William B. Eerdmans Publishing Company, 2006.

— *El Espíritu liberador: Hacia una ética social pentecostal hispanoamericana*. Buenos Aires: Nueva Creación, 1996.

Volf, Miroslav. «The Church's Great Malfunctions». *Christianity Today*. 10 de noviembre de 2006. <http://www.christianitytoday.com>

Voth, Esteban, «El ministerio profético de la iglesia». *Kairós* 1 (2004): 1-5

— «'Justicia' y 'rectitud': Un análisis contextual de *sedeq* en la RVR (español) y la KJV (inglés)». *Kairós* 29 (2001): 7-40.

Walsh B. J. y J. R. Middleton. *Cosmovisión cristiana: Una visión transformadora*. Trad. Víctor Manuel Morales. Terrassa, España/Barcelona, España: CLIE/Publicaciones Andamio, 2003.

Weber, Robert E. *The Church in the World: Opposition, Tension or Transformation?* Grand Rapids, Michigan: Zondervan Publishing House, 1986.

Webster, John. «Reading Scripture Eschatologically (I)». En David F. Ford y Graham Stanton, eds. *Reading Texts, Seeking Wisdom*. Londres: SCM, 2003: 245-256.

Welker, Michael, ed. *The End of the World and the Ends of God: Science and Theology on Eschatology*. Harrisburg, Pensilvania: Trinity Press International, 2000.

Whitelamb, Keith W. «Israelite Kingship: The Royal Ideology and its Opponents». En Clements, R. E., ed. *The World of Ancient Israel: Sociological, Anthropological and Political Perspectives*. Cambridge, Inglaterra: Cambridge University Press, 1989.

Williams, Gary. «La justicia seguirás: prioridades bíblicas y prioridades evangélicas». Oscar Campos, ed. *Teología evangélica para el contexto latinoamericano: ensayos en honor al Dr. Emilio A, Núñez*. Buenos Aires, Argentina: Ediciones Kairós, 2004: 127-70.

Wilburn, Ralph G. *The Prophetic Voice in Protestant Christianity*. San Louis, Missouri: Bethany Press, 1956.

Wiles, John Keating. «The Prophetic Critique of the Social and Economic Order». *Faith and Mission* 6/2 (1989): 18-40.

Wilson, Robert R. *Prophecy and Society in Ancient Israel*. Filadelfia, Pensilvania: Fortress Press, 1980.

Wittenberg, G. H. «Amos 6: 1-7: They Dismiss the Day of Disaster, but you bring near of rule of violence». *Journal of Theology for Southern Africa* 58/1 (1987): 57-69.

Wogaman, J. Philip. «Intersections: Personal and Public Morality, Pastoral and Prophetic Ministry». *Annual of the Society of Christian Ethics* 19/1 (1999): 337-43.

Wood, Leon. *Los Profetas de Israel: Un estudio de los profetas, escritores o no, como personas*. Grand Rapids, Michigan: Editorial Portavoz, 1983.

Wright, Christopher J. H. *The Mission of God: Unlocking the Bible's Grand Narrative.* Downers Grove, Illinois: InterVarsity Press, 2006.

Wright, N. T., *The New Testament and the People of God.* Minneapolis, Minesota: Augsburg Fortress, 1989.

— «One God, One Lord, One People: Incarnational Christology for a Church in a Pagan Enviroment». *Ex Auditu* 7 (1991): 45-58.

— *Who Was Jesus?* Grand Rapids, Michigan: W. B. Eerdmans Publishing Company, 1992.

— *Following Jesus: Biblical Reflections on Discipleship.* Grand Rapids, Michigan: W. B. Eerdmans Publishing Company, 1994.

— «The Great Vindication». *Living Pulpit* 3/1 (1994): 27

— *The Original Jesus: The Life and Vision of a Revolutionary.* Grand Rapids, Michigan: W. B. Eerdmans Publishing Company, 1996.

— *Jesus and the Victory of God.* Minneapolis, Minesota / Londres, Inglaterra: Fortress Press / SPCK, 1996.

— «The Most Dangerous Baby: How an Infant in a Cow Shed Overturns the Brute Force of Caesar». *Christianity Today* 40/14 (1996): 34-35.

— «Thy Kingdom Come: Living the Lord's Prayer». *Christian Century* 114/9 (1997): 268-270.

— «Theology, History and Jesus: A Response to Maurice Casey and Clive Marsh». *Journal of the Study of the New Testament* 69 (1998): 105-112.

— *The Challenge of Jesus: Rediscovering Who Jesus Was and Is.* Downers Grove, Illinois: InterVarsity Press, 1999.

— *The Millennium Myth: Hope for a Postmodern World.* Louisville, Kentucky / Westminster, Inglaterra: John Knox Press, 1999.

— «Resurrection is Politically Revolutionary». *Christianity Today* 47/5 (2003): 66.

— *The Resurrection of the Son of God.* Londres, Inglaterra: SPCK, 2003.

— *El desafío de Jesús.* Trad. María del Carmen Blanco Moreno y Ramón Alfonso Díez Aragón. Bilbao, España: Desclée de Brouwer, 2003.

— *Evil and the Justice of God.* Downers Grove, Illinois: InterVarsity Press, 2006.

— «Heaven is not Our Home». *Christianity Today* 52/4 (2008): 36-39.

— «Kingdom Come». *Christian Century* 125/12 (2008): 29-34.

— *Surprised by Hope: Rethinking Heaven, the Resurrection and the Mission of the Church.* Nueva York, Nueva York: Harper One, 2008.

Yoder, Christine Roy, *et al.*, eds. *Shaking Heaven and Earth: Essays in honor of Walter Brueggemann and Charles B. Cousar.* Louisville, Kentucky: Westminster John Knox Press, 2005.

Yoder, John Howard. «The Prophetic Task of Pastoral Ministry: The Gospels». En Shelp, Earl E. y Ronald H. Sunderland, eds. *The Pastor as Prophet*. Nueva York, Nueva York: The Pilgrim Press, 1985: 78-98.

## 3.   Educación teológica

Albornoz, Orlando. *Educationand Society in Latin America*. Pittsburgh, Pensilvania: University of Pittsburgh Press, 1993.

Aleshire, Daniel. «The Work of Faculty and the Educational Goals of Theological Education». ATS *Seminar for Newly Appointed Faculty in Theological Education*. Octubre de 2005. <http://www.ats.edu>.

Alvarado A., Miguel. «José Martí y Paulo Freire: Aproximaciones para una lectura de la pedagogía crítica». *Revista Electrónica de Investigación Educativa* 9/1 (2007): 1-19.

Amirtham, Sam y S. Wesley Ariarajah, eds. *Ministerial Formation in a Multifaith Mileiu: Implications of Interfaith Dialogue for Theological Education*. Ginebra, Suiza: World Council of Churches, s. f.

Araujo Freire, Ana María y Donaldo Machado, eds. *The Paulo Freire Reader*. Nueva York, Nueva York: Continuum International Publishing Group, 2001.

Armstrong, Paul y Nod Miller. «Whatever Happened to Social Purpose?: Adult Educator's Stories of Political Commitment and Change». *International Journal of Lifelong Education* 25/3 (2006): 291-305.

Asociación Evangélica de Educación Teológica de América Latina (AETAL). «Un diálogo sobre la educación teológica latinoamericana». *Kairós* 19 (julio-diciembre 1996): 75-81.

Astley, Jeff. *The philosophy of Christian Religious Education*. Birmingham, Alabama: Religious Education, 1994.

— Leslie J. Francis y Colin Crowder, eds. *Theological Perspectives on Christian Formation: A Reader on Theology: A Reader on Theology and Christian Education*. Grand Rapids, Michigan: W. B. Eerdmans Publishing Company, 1996.

Atkinson, Elizabeth. «The Responsible Anarchist: Postmodernism and Social Change». *British Journal of Sociology of Education* 23/1 (2002): 73-87.

Báez-Camargo, Gonzalo. *La educación cristiana frente al mundo actual*. Nueva York, Nueva York: World Council of Christian Education, 1949.

Ban, Joseph D., ed. *The Christological foundation for contemporary theological education*. Macon, Georgia: Mercer University, 1988.

Banks, Robert. *Reenvisioning Theological Education: Exploring a Misional Alternative to Current Models*. Grand Rapids, Michigan: William B. Eerdmans Publishing Company, 1999.

Barranquero, Alejandro. «Concepto, instrumentos y desafíos de la edu-comunicación para el cambio social». *Comunicar* 15/29 (2007): 115-120.

Bartlotti, Leonard N. «Editorial: Global Open Access Theological Education». *Tranformation* 18/2 (2001): 65-67.

Bassett, Paul M. *Aims and Purposes of Evangelical Theological Education*. Grand Rapids, Michigan: William B. Eerdmans Publishing Company, 2005.

Beaglehole, Ernest. «A Note on Social Change and Education: The Study of Values». *Journal of Educational Sociology* 29/7 (1956): 316-320.

Bedford, Nancy E. «Global pressures, Latino realities». *Christian Century* 2/21, Vol. 123 n.º 4 (2006): 23-24.

— «El futuro de la educación teológica». *Encuentro y Diálogo* 16 (2003): 67-84.

Bellah, Robert Neelly. «Discerning Old and New Imperatives in Theological Education». *Theological Education* 19/1 (1982): 7-29.

Bennet, Zoë. «Ecumenical Theological Education as a Practice of Peace». *Religious Education* 101/3 (2006): 331-46.

Bevans, Stephen B. y Roger P. Schroeder. *Constants in Context: A Theology of Mission for Today*. Maryknoll, Nueva York: Orbis Books, 2004.

Bevans, Stephen B. *Models of Contextual Theology*. Edición revisada y aumentada, Maryknoll, Nueva York: Orbis Books, 2004.

— «The Mission of God: Unlocking the Bible's Grand Narrative». *International Bulletin of Missionary Research* 31/3 (2007): 154-155.

Blank, Rodolfo. *Teología y misión en América Latina*. San Luis, Missouri: Concordia Publishing House, 1996.

Bloy, Myron B. Jr. «Academic Values and Prophetic Discernment». *Christian Century* 93/33 (1976): 889-94.

Blunt, Kesha. «Social Work Education: Achieving Transformative Learning through a Competence Model for Transformative Education». *Journal of Teaching in Social Work* 27/3-4 (2007): 93-114.

Bonk, Jonathan, «The Mouse in Bed with the Elephant: Contextualizing Theological Education Outside United States». Ponencia presentada en la Consulta sobre Educación Teológica y Misión, celebrada en Quito, Ecuador en mayo de 1998.

Bosch, David J. «The Nature of Theological Education». *Journal of Theology for Southern Africa* 77 (1991): 3-17.

— «Theological Education in Missionary Perspective». *Missiology* 10/1 (1982): 13-34.

Boyer, Ernest. *Scholarship Reconsidered: Priorities of the Profesorate*. Princeton, Nueva Jersey: Carnegie Foundation for the Advancement of Learning, 1990.

Boys, Mary C. «The Role of Theology in Religious Education». *Horizons* 11/1 (1984): 61-85.

Braaten, Carl. «The Contextual Factor in Theological Education». *Dialog* 21/3 (1982): 169-74.

Bräkenhielm, Carl Reinhold y Gunhild Winqvist Hollman. *The Relevance of Theology: Nathan Söderblom and the Development of an Academic Discipline.* Estocolmo, Suecia: Universidad de Upsala, 2002.

Brelsford, Theodore. «Politicized Knowledge and Imaginative Faith in Religious Education». *Religious Education* 94/1 (1999): 58-74.

Brinkman, Martien E. *Theology between Church, University, and Society.* Assen, Holanda, 2003.

Britton, John A., ed. *Molding the Hearts and Minds: Education, Communications, and Social Change in Latin America.* Wilmington, Delaware: Scholarly Resources Inc., 1994.

Brewer, Doug. «The Kingdom of God: Significant Recent Developments and Some Educational Implications». *Journal of Christian Education* 98 (1990): 41-54.

Browning, Don S. *A Fundamental Practical Theology: Descriptive and Strategic Proposals.* Minneapolis, Minesota: Fortress Press, 1991.

Bruce, Elizabeth McIsaac. «Theological Education for Social Ministry: Proposals Based on a Narrative Inquiry». *Journal of Adult Theological Education* 3/2 (2006): 114-28.

Brueggemann, Walter. «Theological Education: Healing the Blind Beggar». *Christian Century* 103/5 (1986): 114-116.

— «Passion and Perspective: Two Dimensions of Education in the Bible». *Theology Today* 42/2 (1985): 172-80.

— *The Creative Word: Canon as a model for Biblical education.* Filadelfia: Fortress Press, 1982.

— Sharon Parks y Thomas H. Groome. *To Act Justly, Love Tenderly, Walk Humbly: An Agenda for Ministers.* Nueva York, Nueva York: Paulist, 1986.

Buchanan, John M., ed. «Seminary 2050: What in the shape of theological education likely to be a half century from now?». *Christian Century* 123/4 (2006): 22-28.

Burguet, Marta. *El educador como gestor de conflictos.* Bilbao, España: Desclée de Brouwer, 1999.

Burns, Robin Joan. «Education and Social Change: Proactive or Reactive Role?». *International Review of Education* 48/1,2 (2002): 21-45.

Burtchaell, James. *The Dying of the Light: The Disengagement of Colleges and Universities from their Christian Churches.* Grand Rapids, Michigan: W. B. Eerdmans Publishing Company, 1998.

Byron, William J. «Education, Reconciliation and Social Justice». *Religious Education* 72/3 (1977): 251-261.

Cahalan, Kathleen A. «Three Approaches to Practical Theology, Theological Education and the Church's Ministry». *International Journal of Practical Theology* 9/1 (2005): 63-94.

Cahoy, William. «Why Theology?: A Catholic Reflection on Twenty Years of Literature on Theological Education». *Resources for American Christianity* <http://www.resourcingchristianity.org>, 2002.

Calian, Camegie Samuel. *The Ideal Seminary: Pursuing Excellence in Theological Education.* Louisville, Kentucky: John Knox Press, 2002.

Calheiros de Balbino Silva, Izes, ed. *El diálogo del milenio.* São Paulo, Brasil: AETAL, 1995.

— «La interacción crítica: trabajo conjunto de la iglesia y la escuela en el desarrollo del liderazgo». *Kairós* 20 (enero-junio 1997): 51-62.

— «Educación teológica y misión integral». En C. René Padilla, ed. *Todo el evangelio para todos los pueblos desde América Latina.* Buenos Aires, Argentina: Fraternidad Teológica Latinoamericana, 1993: 430-444.

Calian, Carnegie Samuel. *Toward the Ideal Seminary: Pursuing Excellence in Theological Education.* Louisville, Kentucky: Westminster John Knox Press, 2002.

Cannell, Linda. *Theological Education Matters: Leadership Education for the Church.* Newburgh, Indiana: EDCOT Press, 2006.

Cardoza Orlandi, Carlos F. *Una introducción a la misión.* Nashville, Tennessee, 2003.

Carey, Patrick W. y Earl C. Muller. *Theological Education in the Catholic Tradition: Contemporary Challenges.* Nueva York, Nueva York: The Crossroad Publishing Company, 1997.

Carl III, William J. «Theological Education Via Plato`s Allegory of the Cave». *Resources for American Christianity* <http://www.resourcingchristianity.org>, 2004. 25 de noviembre de 2007.

Carr, Dhyanchand y Bastiaan Wielenga. «A Mandate for Theological Education». *International Review of Mission* 81 (1992): 47-56.

Carrasco, Juan Carlos. «El rol profético de la educación». <http://kairos.org.ar/articuloderevista.php?ID=195>.

Carroll R., Daniel. «Tendencias y retos en la educación teológica evangélica en América Latina». *Kairós* 25 (julio-diciembre 1999): 37.52

— «Lecturas populares de la Biblia: su significado y reto para la educación teológica». *Kairós* 14 y 15 (1994): 43-61.

— «Perspectives on Theological Education from the Old Testament». *Evangelical Review of Theology* 29/3 (1995): 228-39.

Carroll, Jackson W. «The Professional Model of Ministry-—Is It Worth Saving?». *Theological Education* 21/2 (1985): 7-48.

— Barbara Wheeler, Daniel O. Aleshire y Penny Long Marler. *Being There: Cultural Formation in Two Theological Schools*. Oxford: Oxford University Press, 1997.

Cartwright, John H. «The cultural context: A historical/social analysis». *Theological Education* 20/1 (1983): 20-36.

Castells, Manuel, *et al. Nuevas perspectivas críticas de la educación*. Barcelona, España: Editorial Paidós, 1994.

Castro, Claudio de Moura y Daniel C. Levy. *Mith, Reality, and Reform: Higher Education Policy in Latin America*. Washington, Distrito de Columbia: Inter-American Development Bank, 2000.

Chapman, Mark D. «Scripture, Tradition and Criticism: A Brief Proposal for Theological Education». *Anglican Theological Review* 78/2 (1998): 258-274.

— ed. *The Future of Liberal Theology*. Burlington, Vermont: Ashgate Publishing Company, 2002.

Charry, Ellen. *By the Renewing of Your Minds: The Pastoral Function of Christian Doctrine*. Oxford, Inglaterra: Oxford University Press, 1997.

Cheesman, Graham. «Competing Paradigms in Theological Education Today». *Evangelical Review of Theology* 17/4 (1993): 484-99.

— «Spiritual Formation a Goal of Theological Education». *Centre for Theological Education*. <http://www.theologicaleducation.org>, s. f.

Chiu Poon, Michael Nai. «*Constants in Context* and Missiology as a Discipline in Theological Education: Review from Asia». *Mission Studies* 22/1 (2005): 139-44.

Chopp, Rebecca S. *Saving Work: Feminist Practices of Theological Education*. Louisville, Kentucky: Westminster John Knox Press, 1995.

— y Mark L. Taylor. *Reconstructing Christian Theology*. Minneapolis, Minesota: Fortress Press, 1994.

Choules, Kathryn. «Social Change Education: Context Matters». *Adult Education Quarterly* 57/2 (2007): 159-176.

Chow, Wilson. «An Integrated Approach to Theological Education». *Evangelical Review of Theology* 19/3 (1995): 220-227.

Conn, Harvie M. «Theological Education and the Search for Excellence». *Westminster Theological Journal* 41/2 (1979): 311-363.

— y Samuel F, Rowen, eds. *Missions & Theological Education in World Perspective*. Farmington, Michigan: Associates of Urbanus, 1984.

Corrie, John. «Mateo 28: 16-20: La misión y el discipulado». *Kairós* 31 (2002): 27-37.

Cranton, Patricia. *Understanding and Promoting Transformative Learning: A Guide for Educators of Adults*. San Francisco, California: Jossey-Bass, 1994.

Crenshaw, James L. *Education in Ancient Israel: Across the Deadening Silence*. En *Anchor Bible Reference Library*. Nueva York: Doubleday, 1998.

Cruz Vargas, Gonzalo. «El desafío de la educación popular: Pautas para una educación alternativa». *Cuadernos Populares*. Alajuela, Costa Rica: Alfalit Internacional, 1992.

Dart, John (entrevistador) y Daniel O. Aleshire (entrevistado). «Is It Worth It? The Value of a Theological Education». *Christian Century* 120/4 (2003): 32-35.

Davies, Rupert E. *A Christian Theology of Education*. Nutfield, Surrey, Inglaterra: Denholm House Press, 1974.

Davis, Vernon. «The Unsettled Landscape of Theological Education». *Review and Expositor* 95/4 (1998): 485-90.

Depaepe, Marc. «Philosophy and History of Education: Time to bridge the Gap?». *Educational Philosophy & Theory* 39/1 (2007):

De Ridder-Symoens, Hilde. *A History of the University in Europe*. Vol. 1: *Universities in the Middle Ages*. Cambridge, Inglaterra: Cambridge University Press, 1992.

Diab, Issa. «The Christian Faith and Culture during the First Years of the Church A Pattern for Making Theology for Other Cultures: Prospects and Retrospects of Theological Education in the Twenty First Century». *International Congregational Journal* 6/1 (2006): 11-27.

Díaz, Rodrigo. «Educación teológica y globalización». 19 de febrero de 2007. <http://www.monografias.com/trabajos7/eteo/eteo.shtml>

Dickinson, Richard D. N. «Multicultural Reality: Challenge to Theological Education». *Encounter* 63/1-2 (2002): 89-97.

Dockery, David S., ed. *The Challenge of Postmodernism: An Evangelical Engagement*. Segunda edición. Grand Rapids, Michigan: Baker Book House Co., 2001.

— y Gregory Alan Thornbury, eds. *Shaping a Christian worldview: the foundations of Christian higher education*. Nashville, Tennessee: Broadman and Holman, 2002.

Doll, William Jr. *A Post-modern Perspective on Curriculum*. Nueva York, Nueva York: Teachers College, Columbia University, 1993.

Dorlus, Jean B. «Curriculum Development for Social Transformation». *Caribbean Journal of Evangelical Theology* 6 (2002): 64-72.

Dorr, Donal. *Mission in Today's World*. Cuarta impresión. Maryknoll, Nueva York: Orbis Books, 2004.

Duque, José. «Objetivos emancipadores en la educación teológica». *Ministerial Formation* 95 (2001): 17-24.

Duraisingh, Christopher. «Ministerial Formation for Mission: Implications for Theological Education». *International Review of Mission* 81 (1992): 33-45.

Eacute, Jos y M. Esteve. «The Transformation of the Teachers' Role at the End of the Twentieth Century: New Challenges for the Future». *Educational Review* 52/2 (2000): 197-207.

Edgar, Brian. «The Theology of Theological Education». *Evangelical Review of Theology* 29/3 (2005): 208-17.

Elías, John L. *Conscientization and Deschooling: Freire's and Illich's Proposal for Reshaping Society*. Filadelfia, Pensilvania: Westminster Press, 1976.

— *Studies in Theology and Education*. Malabar, Florida: R. E. Krieger Publications, 1986.

— «The Ethics of Religious Education». *Religious Education* 88/2 (1993): 282-293.

— *Paulo Freire: Pedagogue of Liberation*. Malabar, Florida: R. E. Krieger Publications, 1994.

— «Whatever Happended to Catholic Philosophy of Education?». *Religious Education* 94/1 (1999): 92-110.

— «Education for Peace and Justice». *Catholic Education: A Journal of Inquiry & Practice* 9/2 (2005): 160-177.

Elmer, Duane y Lois McKinney, eds. *With an Eye on the Future: Development and Mission in the 21st Century (Essays in honor of Ted Ward)*. Monrovia, California: MARC Publications, 1996.

English, Leona M. «Historical and Contemporary Explorations of the Social Change and Spiritual Directions of Adult Education». *Teachers College Record* 107/6 (2005): 1169-1192.

Escobar, Samuel. *Paulo Freire: Una pedagogía latinoamericana*. México: Editorial Kyrios / Casa Unida de Publicaciones, 1993.

— *Tiempo de misión: América Latina y la misión cristiana hoy*. Santafé de Bogotá, Colombia / Guatemala, Guatemala: Ediciones CLARA / SEMILLA, 1999.

— *De la misión a la teología.* Buenos Aires, Argentina: Ediciones Kairós, 1998.

— «Católicos y evangélicos en América Latina frente al desafío misionero del siglo veintiuno». *Kairós* 14 y 15 (1994): 63-79.

— *et al. Misión en el camino: Ensayos en homenaje a Orlando E. Costas.* Buenos Aires, Argentina: Fraternidad Teológica Latinoamericana, 1992.

Esin, Okon. «Theological Education and the Training of Missionaries». Diciembre de 2005, <http://www.theologicaleducation.org/docs/Essay1-MisTrdEd> 11 de mayo de 2009.

Evans, Alice Frazer, Robert A. Evans y David A. Roozen, eds. *The Globalization of Theological Education.* Mariknoll, Nueva York: Orbis Books, 1993.

Farley, Edward. *Theologia: The Fragmentation and Unity of Theological Education.* Filadelfia, Pensilvania: Fortress Press, 1983.

— *The Fragility of Knowledge: Theological Education in the Church and the University.* Filadelfia, Pensilvania: Fortress Press, 1988.

— «The Reform of Theological Education as a Theological Task». *Theological Education* 17 (2) (1981): 93-117.

— «Theology and Practice Outside the Clerical Paradigm». En Don S. Browning, ed. *Practical Theology: The Emerging Field in Theology, Church and World.* San Francisco, California: Harper & Row, 1983: 21-41.

— «Can Church Education Be Theological Education?». *Theology Today* 42/2 (1985-1986): 158-171.

— *Shifting Boundaries: Contextual Approaches to the Structure of Theological Education.* Louisville, Kentucky: Westminster John Konx Press, 1991.

— «Theological Education and the Arts: Four Comments». *Theological Education* 31/1 (1994): 23-27.

— «Why Seminaries don't Change: A Reflection on Faculty Specialization». *Christian Century* 114/5 (1997):

— «On the state of Theological Education in the United States» *Resources for American Christianity.* 7 de mayo de 2001. http://www.resourcing-christianity.org>.

— «Four Pedagogical Mistakes: Mea Culpa». *Teaching Theology & Religion* 8/4 (2005): 200-203.

Ferris, Robert. «The Future of Theological Education». *Evangelical Review of Theology* 19/3 (1995): 248-67.

— *Renewal in Theological Education: Strategies for Change* Wheaton, Illinois: The Billy Graham Center, 1990.

Fiorenza, Francis S. «Foundational Theology and Theological Education». *Theological Education* 20 (1984): 107-124.

— «Thinking Theologically about Theological Education». *Theological Education* 24 (1988): 89-119.

Fitzmier, Jack. «The Aims And Purposes Literature: Notes from the Field». *Resources for American Christianity* <http://www.resourcingchristianity.org>, 2004.

Fleischer, Barbara J. «Mezirow's Theory of Transformative Learning and Lonergan's Method in Theology: Resources for Adult Theological Education». *Journal of Adult Theological Education* 3/2 (2006): 147-162.

Fletcher, John C. «Theological Seminaries in the Future». *Theological Education* 21/1 (1984): 71-86.

— *The Futures of Protestant Seminaries.* Washington, Distrito de Columbia: Alban Institute, 1983.

Foster, Charles R. «Diversity in Theology». *Theological Education* 38/2 (2002): 15-37.

— Dahill, Lisa E., Lawrence A. Golemon y Barbara Wang Tolentino, eds. *Educating Clergy: Teaching Practices and Pastoral Imagination.* San Francisco, California: Jossey-Bass, 2006.

Francis, Leslie y Adrian Thatcher. *Christian Perspectives for Education: A reader in the Theology of Education.* Leominster, Inglaterra: Fowler Wright Books, 1990.

Freire, Paulo. *Pedagogía del oprimido.* Vigesimoquinta edición. Trad. Jorge Mellado. México: Siglo xxi Editores, 1980.

— *Las iglesias, la educación y el proceso de liberación humana en la historia.* Trad. Sergio Paulo da Silva y René Krüger. Buenos Aires, Argentina: Editorial La Aurora, 1974.

— *Concientización: Teoría y práctica de la liberación.* Buenos Aires, Argentina: Ediciones Búsqueda, 1974.

— «Carta a un joven teólogo». *Selecciones de Teología* 1/50 (1974): 179-184.

— *Educación como práctica de la libertad.* Bogotá, Colombia: Editorial América Latina, s. f.

— Pierre Furter e Iván Illich. *Educación para el cambio social.* Buenos Aires, Argentina: Tierra Nueva, s. f.

— *Pedagogy of Freedom: Ethics, Democracy, and Civic Courage.* Lanham, Maryland: Rowman & Littlefield Publishers, 1998.

— *Pedagogía de la Indignación.* Madrid, España: Editorial Morata, 2001.

— *Pedagogía da autonomia: saberes necesarios a prática educativa.* São Paulo, Brasil: Editora Paz e Terra, 2002.

— «La naturaleza política de la educación». <http://www.monografías. com/trabajos14/política-educac/política-educac.shtml 15 julio 2006>.

Galeano, Eduardo. *Patas arriba: La escuela del mundo al revés.* Décimo primera edición. Buenos Aires, Argentina: Catálogos, 2006.

García Roca, Joaquín. *La educación en el cambio de milenio: Retos y oportunidades desde la tradición cristiana.* Santander, España: Editorial Sal Terrae, 1998.

George, Sherron Kay. «Ecumenical Theological Education in Latin America 1916-2005». *International Bulletin of Missionary Research* 31/1 (2007): 15-21.

Gil Cantero, Fernando. «La filosofía de educación como teoría ética de la formación humana». *Revista Española de Pedagogía* 224 (2003): 115-130.

Gilbert, Richard S. «Except the Spark: Religious Education for Social Change». *Liberal Religious Education* 9 (1992): 5-17.

Giles, Greg. «Theology and Education in Dialogue: The Search for a Metaphor». *Christian Education Journal* 15/2 (1997): 9-17.

Gilliat-Ray, Sophie. «Ministerial Formation in a Multi-Faith Society». *Teaching Theology and Religion* 6/1 (2003): 6-17.

Gilpin, W. Clark. «The Aims and Purposes of Theological Education: A Study Guide». *Resources for American Christianity* <http://www.resourcingchristianity.org>, 2002.

Gómez Hinojosa, José Francisco. «El intelectual orgánico según Gramsci y la Teología de la Liberación». *Cristianismo y Sociedad* 91 (1987): 95-109.

— *Intelectuales y pueblo: Un acercamiento a la luz de Antonio Gramsci.* San José C. R.: DEI, 1987.

González, Justo L. *«Por la renovación del entendimiento…»: La educación teológica en la América Latina, ensayos en honor de Tomás J. Ligget.* Río Piedras, Puerto Rico: La Reforma, 1965.

— *The Theological Education of Hispanics.* Nueva York, Nueva York: Fund for Theological Education, 1988.

Gordon J. Dorcas. «What If?: Transformation in Ecumenical Theological Education». *Ministerial Formation* 93 (2001): 18-22.

Grams, Rollin G. «Transformation Mission Theology: Its History, Theology and Hermeneutics». *Transformation* 24/3, 4 (2007): 193-212.

Gramsci, Antonio. *Los intelectuales y la formación de la cultura.* Sexta edición. Buenos Aires: Editorial Nueva Visión, 2000.

Green, Madeleine, ed. *Transforming Higher Education: Views from Leaders from around the World.* Phoenix, Arizona: American Council in Education, 1997.

Greenleaf, Robert. «The Need for a Theology of Institutions». En Larry Spears y Anne Fraker, eds. *Seeker and Servant: Reflections on Religious Leadership*. San Francisco, California: Jossey-Bass, 1996: 191-200.

— «Religious Leadership for These Times». En Larry Spears y Anne Fraker, eds. *Seeker and Servant: Reflections on Religiuos Leadership*. San Francisco, California: Jossey-Bass, 1996: 179-184.

— «The Seminary as Institution». En Larry Spears y Anne Fraker, eds. *Seeker and Servant: Reflections on Religious Leadership*. San Francisco, California: Jossey-Bass, 1996: 201-208.

Griffiths, M. «Theological Education Need not Be Irrelevant». *Vox Evangelica* 20 (1990): 7-19.

Groome, Thomas H. «The Critical Principle in Christian Education and the Task of Prophecy». *Religious Education* 72/3 (1977): 262-272.

— *Christian Religious Education: Sharing Our Story and Vision*. San Francisco, California: Harper & Row, 1980.

Gupta, Anood. «Education: From Telos to Technique?». *Educational Philosophy and Theory* 40/2 (2008): 266-276.

Gustafson, James. «Priorities in Theological Education». *Theological Education* 23/sup. (1987): 69-87.

— «Reflections on the Literature of Theological Education Published between 1955 and 1985». *Theological Education* 24/sup. 9-73.

Gutiérrez Cortés, Rolando. *Educación teológica y acción pastoral en América Latina, hoy*. México: Iglesia Bautista Orbe, 1984.

Guyete, Frederick W. «Revisiting H. Richard Niebuhr's *The Purpose of the Church and its Ministry:* Love of God and Neighbour as the Goal of Theological Education». *Theological Education* 41/1 (2005): 153-164.

Habermas, Ronald y Klauss Issler. *Teaching for Reconciliation: Foundations and Practice of Christian Education Ministry*. Grand Rapids, Michigan: Baker Book House, 1992.

Hackman, Heather W. «Five Essential Components of Social Justice Education». *Equity & Excellence in Education* 38/2 (2005): 103-109.

Hadsell, Heidy. «Theological Education for a Globalizad World». *Ecumenical Review* 56/1 (2004): 128-135.

Harris, María. *Teaching and Religious Imagination: A Essay in the Theology of Teaching*. San Francisco, California: Harper & Row, 1997.

Harrison, Beverly Wildung, Robert L. Stivers y Ronald H. Stone, eds. *The Public Vocation of Christian Ethics*. Nueva York, Nueva York: Pilgrim Press, 1986.

Heen, Erik M. «Philosophy of Education: Aim, Theory, Common Sense and Research». *Teaching Theology and Religion* 9/3 (2006): 195-197.

Heisey, Nancy R. y Daniel S. Schipani, eds. *La educación teológica en cinco continentes: Perspectivas anabautistas*. Guatemala, Guatemala: SEMILLA, 1999.

Herberg, Will. «Toward a Biblical Theology of Education». *Religious Education* 48/6 (1953): 374-379.

Herbert, Tim. «Theological Reflection According to Paul». *Journal of Adult Theological Education* 4/2 (2007): 195-208.

Hess, Lisa M. «Formation in the Worlds of Theological Education: Moving from "What" to "How"». *Teaching Theology and Religion* 11/1 (2008): 14-23.

Hessel, Dieter T., ed. *Theological Education for Social Ministry*. Nueva York, Nueva York: The Pilgrim Press, 1988.

Hille, Rolf. «Reflections on Modernity and Post-Modernity for Theological Education». *Evangelical Review of Theology* 25/2 (2001): 130-36.

— «The Future of Evangelical Theology and its Missionary Challenges in the Church of the 21st Century». *Evangelical Review of Theology* 30/2 (2006): 100-109.

Hittenberger, Jeffrey S. «Toward a Pentecostal Philosophy of Education». *Pneuma* 23/2 (2001): 217-244.

Hodgson, Peter C. *God's Wisdom: Toward a Theology of Education*. Louisville, Kentucky: Westminster John Knox Press, 1999.

Hofstede, Geert. *Cultures and Organizations: Software of the Mind, Intercultural Cooperation and it's Important for Survival*. Nueva York, Nueva York: McGraw-Hill, 1997.

Hopewell, James F. «A Congregational Paradigm for Theological Education». *Theological Education* 21 (1984): 60-70.

Hopkins, Dwight N. «Black Theology on Theological Education». *Theological Education* 34/2 (1998): 73-84.

Hough, Joseph C. y John B. Cobb. *Christian Identity and Theological Education*. Chico, California: Scholars Press, 1985.

Hough, Joseph C. y Barbara G. Wheeler, eds. *Beyond Clericalism: The Congregation as a Focus for Theological Education*. Atlanta, Georgia: Scholars Press, 1988.

Hough, Joseph C. «The Politics of Theological Education». *Occasional Papers, United Methodist Board of Higher Education and Ministry* 37 (1981): 2-12.

— «Reform in Theological Education as Political Task». *Theological Education* 18/2 (1981): 152-166.

— «The Education of Practical Theologians». *Theological Education* 20/2 (1984): 55-84.

— «Ecumenical Seminaries and Constituencies: Theological Education and the Aims of the University». *Christian and Crisis* 50/9 (1990): 111-115.

— «Theological Education, Pluralism and the Common Good». *Theological Education* 27/1 (1990): 8-20.

Hsiao, Andrew. «Theological Education and Christian Education: A Theological Educator's Point of View». *South East Asia Journal of Theology* 20/1 (1979): 34-44.

Huaquín Mora, Víctor R. «Ética y educación integral». 26 de febrero de 2007.<http://www.bu.edu/wcp/Papers/Educ/EducHuaq.htm>.

Hull, John M. «Christian Theology and Educational Theory: Can there be Connections?». *British Journal of Educational Studies* 24/2 (1976): 127-143.

— «What is Theology of Education?». *Scottish Journal of Theology* 30/1 (1977): 3-29.

Hütter, Reinhard. «Worth Discussing: Two Books by David Kelsey». *Currents in Theology and Mission* 22/1 (1995): 49-52.

Hytten, Kathy. «Rethinking Aims in Education». *Journal of Thought* 41/3 (2006): 29-32.

Illich, Iván. *La escuela, esa vieja y gorda vaca sagrada: En América Latina abre un abismo de clases y prepara una élite y con ella el fascismo.* Cuernavaca, México: CIDOC, 1968.

Irarrazábal, Diego. «*Constants in Context* and Missiology as a Discipline in Theological Education: An Astonishing Missiology, a Review from Latin America». *Mission Studies* 22/1 (2005): 145-48.

Ivancic, Mary Karita, SND. «Imagining Faith: The Biblical Imagination in Theory and Practice». *Theological Education* 41/2 (2006): 127-139.

Jaeger Werner. *Cristianismo primitivo y paideia griega.* Séptima reimpresión. Trad. Elsa Cecilia Frost. México, Distrito Federal: Fondo de Cultura Económica, 1998.

Jarvis, Peter. «The Churches Outreach Mission: Educational and Evangelical Dilemmas». *Journal of Adult Theological Education* 2/1 (2005): 51-62.

— *The Practitioner-Researcher: Developing Theory from Practice.* San Francisco, California: Jossey-Bass, 1999.

Jenkins, Philip. *The Next Christendom: The Coming of Global Christianity.* Oxford, Inglaterra: Oxford University Press, 2002.

— *The New Faces of Christianity: Believing the Bible in the Global South.* Oxford, Inglaterra: Oxford University Press, 2006.

Johns, Cheryl. «To Know God Truly: The Community of Faith Model in Theological Education». Ponencia presentada en la Consulta sobre Metas y Propósitos de la Educación Teológica en Pasadena, California: 1997.

Johnson, Luke T. y Charlotte McDaniels. «Teaching Theology in Context». *The Christian Century* 117/4 (2000): 118-22. Este artículo relaciona el ministerio con la teología de manera que ambos se enriquezcan mutuamente.

Jones, David, Jeffrey Greenman y Christine Pohl. «The Public Character of Theological Education: An Evangelical Perspective». *Theological Education* 37/1 (2000): 1-15.

Jones L. Gregory. «Beliefs, Desires, Practices and the Ends of Theological Education». En Miroslav Volf y Dorothy Bass, eds. *Practicing Theology: Beliefs and Practices in Christian Life.* Grand Rapids, Michigan: William B. Eerdmans Publishing Company, 2002: 185-205.

Jones L., Gregory y Stephany Paulsell, eds. *The Scope of Our Art: The Vocation of the Theological Teacher.* Grand Rapids, Michigan: William B. Eerdmans Publishing Company, 2002.

Kamya, Hugo y Maureen R. O'Brien. «Interprofessional Education in Theology and Social Work: Postmodern and Practical Theological Dimensions». *Teaching Theology and Religion* 3/1 (2000): 20-32.

Kansfield, Norman J. «Beyond Athens and Berlin». *Perspectives* (octubre 1994): 10-12.

Kasper, Roberto «Educación bancaria *vrs.* Formación integral». *Kairós* 42 (2008): 99-120.

Kelsey, David H. y Barbara Wheeler. «Thinking about Theological Education: The Implications of "Issues Research" for Criteria of Faculty Excellence». *Theological Education* otoño (1991): 11-26.

Kelsey, David H. «Reflections on Discussions of "Advocacy and Critical Inquiry" in Theological Education». *Theological Education* 25/2 (1989): 98-114.

— *To Understand God Truly: What's Theological About a Theological School.* Louisville, Kentucky: Westminster John Knox Press, 1992.

— *Between Athens and Berlin: The Theological Education Debate.* Grand Rapids, Michigan: Eerdmans Publishing Company, 1993.

— «Rethinking Theological Education». *American Theological Library Association Summary of Proceedings* 48 (1994): 123-134.

— «On the Defining Goal of Theological Education in the Midst of Change». Entrevista por Tracy Schier. *Resources for American Christianity.* 13 de octubre de 2001. <http://resourcingchristianity.org>.

Kelty, Brian J. «Toward a Theology of Catholic Education». *Religious Education* 94/1 (1999): 6-23.

Killen, P. O`Connell y John de Beer. *The Art of Theological Reflection*. Nueva York, Nueva York: Crossroad, 1994.

Kim, Kirsteen. «*Constants in Context* and Missiology as a Discipline in Theological Education: A Pneumatological Reading, A Review from Europe». *Mission Studies* 22/1 (2005): 135-39.

King, Fergus. «Theological Education and Mission». *Mission Studies* 19.2 (2002): 77-89.

Kinsler, F. Ross., ed. *Educación teológica en Abya-Yala: Una consulta internacional 20-24 de julio de 1992*. San José, Costa Rica: SBL, 1992.

Kirk, Andrew. «Reenvisioning the Theological Curriculum as if *Missio Dei* Mattered». Ponencia inédita, 2005.

— ed. e Ismael Martín del Campo, coed. *Educación teológica en situaciones de sobrevivencia: Una consulta latinoamericana. San José, Costa Rica: SBL, 1991.*

— «Problemática de la educación teológica protestante en América Latina, 1916-1996». *Vida y Pensamiento* 2 (1996): 157-69.

— ed. *Diversified Theological Education: Equipping All God's People*. Pasadena, California: William Carey International University Press, 2008.

Knight, George R. *Philosophy & Education: An Introduction in Christian Perspective*. Berrien Springs, Michigan: Andrews University Press, 1998.

Kohl, Manfred Waldemar y Antonio Carlos Barro, organizadores. *Educação Teológica Transformadora*. Londrina, PR, Brasil: Editora Descoberta, 2004.

Kollman, Paul V. «*Constants in Context* And Missiology as a Discipline in Theological Education: A review from North America». *Mission Studies* 22/1 (2005): 151-55.

Lander, Dorothy A. «The Legacy of Social Gospel in Adult Education». *Journal of Adult Theological Education* 1/1 (2004): 79-90.

Lauri-Lucente, Gloria. «Gramsci, Freire and Transformative Education». *Journal of Mediterranean Studies* 15/1 (2005): 167-176.

Lebar, Lois E. *Education that is Christian*. Colorado Springs, Colorado: Cook Comunications, 1995.

Lee, James Michael. *The Content of Religious Instruction: A Social Science Approach*. Birmingham, Alabama: Religious Education Press, 1985.

Leith, John H. *Crisis in the Church: The Plight of Theological Education*. Louisville, Kentucky: Westmisnter John Knox Press, 1997.

Leung Lai, Barbara Mei. «Student Diversity and Theological Education: A Reflection from an Ethnic Member of the Faculty». *Theological Education* 38/2 (2002): 39-54.

Liefeld, Walter y Linda Cannell. «The Contemporary Context of Theological Education: A Consideration of the Multiple Demands on Theological Educators». *Crux* 27/4 (1991): 19-27.

Lind, Millard C. «Refocusing Theological Education to Mission: The Old Testament and Contextualization». *Missiology* 10/2 (1982): 141-60.

Longchar, Wati A. «Globalization: A Challenge for Theological Education, a Third World Perspective». *Ministerial Formation* 94 (2001): 8-11.

Lovin, Robin W. y Richard J. Mouw. «Theme Introduction: The Public Character of Theological Education». *Theological Education* 37/1 (2000): ix-xvii.

Lynn, Elizabeth y Barbara Wheeler. «Missing Connections: Public Perceptions of Theological Education and Religious Leadership». *Auburn Studies Bulletin* 6 (1999): 1-16.

Lytle Guy, Fitch ed. *Theological Education for the Future: A conference honouring the reverend professor Shunji Forrest Nishi in his retirement.* Cincinnati, Ohio: Forward Movement Publications, 1988.

Marangos, Frank. «Liberation Theology and Christian Education Theory». *Greek Orthodox Theological Review* 29/4 (11984): 381-392.

Mardones, José María. *Desafíos para recrear la escuela.* Segunda edición. Madrid, España: ppc Editorial, 1999.

Marek, Ray John y Daniel E. Harris. «A Public Voice: Preaching on Justice Issues». *Theological Education* 38/1 (2001): 47-59.

Marino, Joseph S., ed. *Biblical Themes in Religious Education.* Birmingham, Alabama: Religious Education Press, 1983.

Martin, James y James Samuels, eds. *First among Equals: The Role of the Chief Academic Officer.* Baltimore, Maryland: Johns Hopkins University Press, 1997.

Martinson, Paul Varo. *Mission at the Dawn of the 21st Century: A Vision for the Church.* Minneapolis, Minesota: Kirk House Publishers, 1999.

McArdle, Karen y Sue Mansfield. «Voice, Discourse and Transformation: Enabling Learning for the Achieving of Social Change». *Discourse: Studies in the Cultural Politics of Education* 28/4 (2007): 485-498.

McCarthy, Jeremiah J., *et al.* «The Public Character of Theological Education: A Perspective from Roman Catholic Schools of Theology». *Theological Education* 37/1 (2000): 17-32.

— «Deepening Connections between the Church and the Theological School: Implications for Theological Education». *Journal of Adult Theological Education* ½ (2004): 175-183.

McCord, James. «The Understanding of Purpose in a Seminary Closely Related to the Church». *Theological Education* 14/2 (1978): 59-66.

McGrath, Allister. «Theological Education and Global Tertiary Education: Risks and Opportunities». Ponencia presentada en la consulta de ICETE en agosto de 2003 en High Wycombe, Inglaterra.

McKinney, Larry J. «A Theology of Theological Education: Pedagogical Implications». *Evangelical Review of Theology* 29/3 (2005): 218-27.

McMillan, R. «The Theological Goal for Christian Education». *Perspectives in Religious Studies* 5/2 (1978): 85-93.

Meeks, Wayne «Seminary Education: A Philosophical Paradigm Shift in Process». *Faculty Dialogue* 3 (1990): 21-34.

Merino Fernández, José V. «La animación sociocultural en la educación social: Exigencias formativas para el educador social». *Revista Complutense de Educación* 8/1 (1997): 127-155.

Meza García, Luis. «Retos y desafíos de la educación teológica hacia el siglo XXI». 5 de abril de 2007.
<http://www.premierstudios.com/nazarene/docs/didache_2_2_EducaciónTeológica.pdf>.

Mezirow, Jack y asociados. *Learning as Transformation: Critical Perspectives on a Theory in Progress.* San Francisco, California: Jossey-Bass, 2000.

— *Fostering Critical Reflection in Adulthood: A guide to Transformative and Emancipatory Learning.* San Francisco, California: Jossey-Bass, 1990.

— *Transformative Dimensions of Adult Learning.* San Francisco, California: Jossey-Bass, 1991.

— «On Critical Reflection». *Adult Education Quarterly* 48/3 (1998): 185-188.

Míguez Bonino, José. «La educación teológica latinoamericana en busca de profundidad y relevancia». *Encuentro y Diálogo* 16 (2003): 143-44.

Miller, Randolph C., ed. *Theologies of Religious Education* Birmingham. Alabama: Religious Education Press, 1995.

— *The Theory of Christian Education Practice: How Theology Affects Christian Education.* Birmingham, Alabama: Religious Education Press, 1980.

Miller-McLemore, Bonnie J., Robin W. Lovin y Richard J. Wood. «The Public Character of the University-Related Divinity School». *Theological Education* 37/1 (2000): 49-61.

— «The "Clerical Paradigm": A Fallacy of Misplaced Concreteness?». *International Journal of Practical Theology* 11/1 (2007): 19-38.

Mission Theological Advisory Group. *Presence and Prophecy: A Heart for Mission in Theological Education*. Londres, Inglaterra: Church House Publishing, 2002.

Mombo, Esther y Joseph Galgalo. «Theological Education and Ecumenical Formation: Some Challenges». *Ministerial Formation* 98/99 (2002): 7-14.

Moore, T. M. «Some Observations Concerning the Educational Philosophy of John Calvin». *Westminster Theological Journal* 46/1 (1984): 140-155.

Moratalla, Agustín Domingo. *Calidad educativa y justicia social*. Madrid, España: PPC Editorial, 2002.

Morgan, Donn. «As Through a Glass Darkly: Defining Theological Education in the Twenty-First Century». *Anglican Theological Review* 90/2 (2008): 255-265.

Mudge. Lewis S. y James N. Poling, eds. *Formation and Reflection: The Promise of Practical Theology*. Filadelfia, Pensilvania: Fortress Press, 1987.

Myers, Ched. «Word and World: A People's School». *Clergy Journal* 78/9 (2002): 8-11.

Myklebust, Olav Guttorm. «Missiology in Contemporary Theological Education: A Factual Survey». *Mission Studies* 6/2 (1989): 87-107.

Neuger, Christie C. y Sanderson, Judith E. «Developing a Prophetic Imagination: A Course for Seminary Students». *Religious Education* 87/2 (1992): 269-82.

Neuhaus, Richard John, ed. *Theological Education and Moral Formation*. Grand Rapids, Michigan: W. B. Eerdmans Publishing Company, 1992.

Newman, Paul W. «A Theological Perspective for Christian Educators: Five Theses». *Religion in Life* 42/4 (1973): 524-536.

Niebuhr, H. Richard. *The Purpose of the Church and Its Ministry: Reflections on the Aims of Theological Education*. Nueva York, Nueva York: Harper & Brothers 1956.

— Daniel Williams y James Gustafson. *The Advancement of Theological Education*. Nueva York, Nueva: Harper and Brothers, 1957.

Niño M., Fideligno. «Filosofía de la educación latinoamericana». *Cuadernos de Filosofía Latinoamericana* 27/95 (2006): 271-289.

Njoroge, Nyambura J. «An Ecumenical Commitment». *International Review of Mission* 94/373 (2005): 248-262.

Noelliste, Dieumeme. «Theological Education in the Context of Socio-Economic Deprivation». *Evangelical Review of Theology* 29/3 (2005): 270-83.

— «Toward a Theology of Theological Education». *Evangelical Review of Theology* 19/3 (1995): 298-306.

Nordbeck, Elizabeth C. y Douglas F. Ottati. «The Public character of Mainline Theological Education». *Theological Education* 37/1 (2000): 33-47.

Ogletree, Thomas W. «Christian Social Ethics as a Theological Discipline». En Barbara G. Wheeler y Edward Farley, eds. *Shifting Boundaries: Contextual Approaches to the Structure of Theological Education.* Louisville, Kentucky: Westminster John Knox Press, 1991: 201-239.

— «Renewing Ecumenical Protestant Social Teaching». En Douglas A. Knight y Peter J. Paris, eds. *Justice and the Holy: Essays in Honor of Walter Harrelson.* Atlanta, Georgia: Scholar Press, 1989.

O'Hare, Padraic, ed. *Tradition and Transformation in Religious Education.* Birmingham, Alabama: Religious Education Press, 1979.

Ott, Bernhard. «Mission Oriented Theological Education: Moving Beyond Traditional Models of Theological Education». *Tranformation* 18/2 (2000): 74-86.

— «Mission and Theological Education». *Transformation* 18/2 (2000): 87-98.

Overstreet, R. Larry. «Developing a Christian Philosophy of Education». *Journal of Christian Education* 2/2 (1982): 33-37.

Paa, Jenny Plane Te. «How Diverse is Contemporary Theological Education?: Identity Politics and Theological Education». *Anglican Theological Review* 90/2 (2008): 223-238.

Pachau, Lalsangkima. «Missiology in a Pluralistic World: The Place of Mission Study in Theological Education». *International Review of Mission* 89/355 (2000): 539-555.

Padilla, C. René, ed. *Nuevas alternativas de educación teológica.* Grand Rapids, Michigan / Buenos Aires, Argentina: W. B. Eerdmans Publishing Company / Nueva Creación, 1986.

Pahl, Jon. «The Scandal of the Theological Mind: On the Disciplinary Captivity of Theological Schools». *Theological Education* 37/2 (2001): v-viii.

Paige, Johnson-Hunter y Michael T. Risku. «Paulo Freire's Liberatory Education and the Problem of Service Learning». *Journal of Hispanic Higher Education* 2/1 (2003): 98-108.

Palos Rodríguez, José. *Educar para el futuro: Temas transversales del currículum.* Bilbao, España: Desclée de Brouwer, 1998.

Parker, David. «European Theology in World Perspective». *Evangelical Review of Theology* 27/3 (2003): 195-267. Este pequeño artículo es la presentación de todo el número que trata el tema de la teología evangélica. Allí se incluye algo de la educación teológica.

Parks, Sharon Daloz. «Home and Pilgrimage: Companion Metaphors for Personal and Social Transformation». *The Drew Gateway* 60/1 (1990): 22-41.

Pascual Morán, Anaida. «Pedagogía "teofeminista": Una pedagogía-teológica emergente con vocación liberadora y transformadora». *Ministerial Formation* 94 (2001): 22-32.

Paulsell, Stephanie. «On the Vocation of the Theological Educator». Entrevista por Tracy Schier. *Resources for American Christianity* 28 de febrero de 2001. <http://www.resourcingchristianity.org>.

Paver, John E. *Theological Reflection and Education for Ministry: The Search for Integration in Theology.* Londres, Inglaterra: Ashgate, 2006.

Paw, Amy Plantinga. «Discoveries and Dangers in Teaching Theology with Power Point». *Teaching Theology and Religion* 5/1 (2002): 39-41.

Pazmiño, Robert W. «A Transformative Curriculum for Christian Education in the City». *Christian Education Journal* 6/1 (2002): 73-82.

— «Theological Education with Hispanic Persons: Teaching Distinctiveness». *Teaching Theology & Religion* 6/3 (1993): 138-145.

— *Foundational Issues in Christian Education: An Introduction in Evangelical Perspective.* Grand Rapids, Michigan: Baker Academic, 2008.

— *Cuestiones fundamentales de la educación cristiana.* Eugene, Oregon: Wipf and Stock Publishers, 2002.

Pelikan, Jaroslav. *The Idea of the University: A Reexamination.* Nueva Haven, Connecticut: Yale University Press, 1992.

Penner, Peter, ed. *Theological Education as Mission.* Schwarzenfeld, Alemania: Neufeld Verlag, 2005.

Peresson Tonelli, Mario. «Misión profética de la educación católica en los umbrales del tercer milenio». *Educadores: Revista de Renovación Pedagógica* 185-186 (1998): 9-30.

Peters, R. S. «Democratic Values and Educational Aims». *Teachers College Record* 80/3 (1979): 463-482.

Petersen, Rodney L. y Nancy M. Rourke, eds. *Theological Literacy for the Twenty-First Century.* Grand Rapids, Michigan: William B. Eerdmans Publishing Company, 2002.

— ed. *Christianity & Civil Society: Theological Education for Public Life.* Maryknoll, Nueva York / Cambridge, Massachusetts: Orbis Books / The Boston Theological Institute, 1995.

Peterson, Michael. *Philosophy of Education.* Downers Grove, Illinois: InterVarsity Press, 1986.

Placher, William C. «Spread too Thin: The Seminary's Impossible Task». *Christian Century* 120/4 (2003): 36-46.

Plueddemann, James E. «Do We Teach the Bible Or Do We Teach the Students?». *Christian Education Journal* 10/1 (1989): 73-82.

— «The Challenge of Excellence in Theological Education». Ponencia presentada en Alemania en plenaria del International Council of Accrediting Agencies (ICAA, ahora ICETE, International Council of Evangelical Theological Education) en junio de 1987.

Pobee, John S., ed. *Towards Viable Theological Education: Ecumenical Imperative Catalyst of Renewal*. Ginebra, Suiza: wcc, 1997.

Postman, Neil y Charles Weingartner. *Teaching as a Subversive Activity*. Nueva York, Nueva York: Penguin Books, 1969.

Preiswerk, Matthias. «Hacia una educación teológica intercultural». *Impulso* 14/34 (2003): 77-93.

Prevost, Ronnie. «President's Introduction: Religious Education for Peace and Justice». *Religious Education* 101/3 (2006): 313-319.

Pring, Richard. *Philosophy of Education: Aim, Theory, Common Sense and Research*. Londres, Inglaterra: Continuum, 2004.

Pullium, Rita M. «Prójimos y extraños: Ideas sobre la presencia cristiana en el aprendizaje de servicio». *Revista de Educación y Formación Ecuménica* 12 (2003): 5-6.

Purpel, David E. *The Moral & Spiritual Crisis in Education: A Curriculum for Justice and Compassion in Education*. Granby, Massachussetts: Bergin & Garvey, 1989.

Quintana Cabañas, José María. «La filosofía de la educación en Schleiermacher». *Revista Española de Pedagogía* 231 (2005): 181-201.

Ramambason, Laurent. «Constants in Context And Missiology as a Discipline in Theological Education: The Variables and Constants of Christian Mission, a Review from Africa». *Mission Studies* 22/1 (2005): 148-151.

Ramírez, David E., ed. *Educación teológica y misión hacia el siglo XXI: Ensayos en honor a James M. Beaty*. Quito, Ecuador: Ediciones FLEREC-SEMISUD, 2002.

Reed, Jeff. «Church-Based Theological Education: Creating a New Paradigm». Ponencia presentada a la Asociación Norteamericana de Profesores de Educación Cristiana en octubre de 1992.

Rees, Frank D. «Teaching Theology with Due Regard to Experience and Context». *Theological Education* 40 (2005): 101-113.

Reiser, William S. J., ed. *Love of Learning: Desire for Justice*. Scranton, Pensilvania: University of Scranton Press, 1995.

Retallick, John, Barry Cocklin y Kennece Coombe. *Learning Communities in Education: Issues, Strategies, and Contexts*. Nueva York, Nueva York: Routledge, 1999.

Rhodes, Lynn N. y Nancy D. Richardson. *Mending Severed Connections: Theological Education for Communal Transformation*. San Francisco, California: San Francisco Network Ministries, 1991.

Richard, Harriette, Iris L. Outlaw, Sheila V. Baldwin y Barbara Lofton. «Creating an Academic Enviroment for Equity, Social Justice and Social Change». *International Journal of Learning* 13/8 (2006): 1-10.

Ricks, Everline C. «The Role of Christian Education: An Agent for Directing Social Change». AME *Zion Quarterly Review* 98/3 (1986): 35-41.

Robbins, Vernon K. *Jesus the Teacher: A Socio-rethorical Interpretation of Mark*. Filadelfia, Pensilvania: Fortress Press, 1984.

Roberts, J. Deotis. «And We Are Not Saved: A Black Theologian Looks at Theological Education». *Religious Education* 87/4 (1992): 353-69.

Roberts, Peter. «Epistemology, Ethics and Education: Addressing Dilemmas of Difference in the Work of Paulo Freire». *Studies in Philosophy and Education* 22/2 (2003): 157-173.

Rodríguez Roa, Elena Guadalupe. «Educación y educadores en el contexto de la globalización». *Revista Iberoamericana de Educación*. s. f. <www.rieoei.org/deloslectores/910Rodriguez>. 26 de febrero de 2007.

Rojas, Leonor. «La educación postmoderna». *Encuentro y Diálogo* 16 (2003): 55-66.

Roldán, Alberto F. «La educación teológica ante los desafíos pluriculturales». *Teológica* (revista digital) en <www.teologica.org>, enero de 2006.

Rooy, Sidney, compilador. *Presencia cristiana en el mundo académico*. Buenos Aires, Argentina: Ediciones Kairós, 2001.

Roper, Melinda. «Ecclesiastical Imperatives in Theological Education». *Theological Education* 19/1 (1982): 108-118.

Rorty, Amélie Oksenberg, ed. *Philosophers on Education*. Nueva York, Nueva York: Routledge, 1998.

Rowan, Peter. «Mission in Theological Education: Exotic accessory or essential ingredient?». *Evangel* 25/1 (2007): 14-20.

Ruether, Rosemary Radford. «Theological Education on the Eve of the New Millennium». *Dialogue* 38 (1999): 306-08.

Saito, Naoko. «Philosophy as Education and Education as Philosophy: Democracy and Education from Dewey to Cavell». *Journal of Philosophy of Education* 40/3 (2006): 345-356.

Samuel, Vinay. «Globalization and Theological Education». *Tranformation* 18/2 (2001): 68-74.

Sands, Edward. «What is your Orientation? Perspectives on the Aims of Theological Education». *Journal of Christian Education* 44/3 (2001): 7-19.

Saracco, J. Norberto. «La educación teológica en el siglo xxi: Nuevas respuestas para nuevos desafíos, una visión desde América Latina». 15 de septiembre de 2005. <http://www.fiet.com.ar/articulo/educacion_teologica_saracco.doc>.

Saravia Martins, José. «La escuela católica en los umbrales del tercer milenio». 19 de febrero de 2007. <http://vicariadepastoral.org.mx/profetica/educativa/educativa_04.htm>.

Sawicki, Marianne. «Teaching as a Gift of Peace». *Theology Today* 47/4 (1991): 377-387.

Scherer James A., *Evangelho Igreja e reino: Estudios comparativos de teología da missão*. São Laopoldo: Editorial Sinodal, 1991.

Schipani, Daniel S. *Teología del ministerio educativo: Perspectivas latinoamericanas*. Grand Rapids, Michigan / Buenos Aires, Argentina: W. B. Eerdmans Publishing Company / Nueva Creación, 1993.

— «Educating for Social Transformation». En Jack L. Seymour, ed. *Mapping Christian Education*. Nashville, Tennessee: Abingdon Press, 1997: 23-40.

— *Paulo Freire: Educador cristiano*. Grand Rapids, Michigan: Libros Desafío, 2002.

— «La Iglesia y el ministerio educativo: El contexto eclesial como paradigma». *Kairós* 37 (2005): 121-131.

— «La educación como ejercicio de teología práctica: la clave del currículo y de nuestra praxis». *Kairós* 40 (2007): 89-96.

Schmidt, Stephen A. «Religious Education: Toward a Prophetic Word». *Religious Education* 72/1 (1977): 5-17.

Schner, George P. *Education for Ministry: Reform and Renewal in Theological Education*. Kansas City, Kansas: Sheed and Ward, 1993.

Schüssler Fiorenza, E. «Theory and Practice: Theological Education as a reconstructive, hermeneutical, and practical task». *Theological Education* 23 (1987): 113-41.

Seale, Gerry A. «Understanding the Global and Local Context of Theological Education». *Caribbean Journal of Evangelical Theology* 6 (2002): 32-53.

Senior, Donald y Timothy Weber. «What is the Character of Curriculum, Formation and Cultivation of Ministerial Leadership in the Good Theological School?». *Theological Education* 30/2 (1994): 17-33.

Sewell, William C. «Affecting Social Change: The Struggles for Educators to Transform Society». *Educational Foundations* 19/3, 4 (2005): 5-14.

Seymour, Jack L. y Donald Miller, eds. *Theological Approaches to Christian Education*. Nashville, Tennessee: Abingdon Press, 1990.

Shults, F. LeRon. «Pedagogy of the Repressed: What Keeps Seminarians from Transformational Learning?». *Theological Education* 36/1 (1999): 157-69.

Sire, James W. *The Universe Next Door: A Basic Worldview Catalog.* Tercera edición. Downers Grove, Illinois: InterVarsity Press, 1997.

Slattery, Patrick. *Curriculum Development in the Postmodern Era.* Nueva York: Garland, 1995.

Smith, Andrew M. «Prophets in the Pews: Testing Walter Brueggemann Thesis in *The Prophetic Imagination* in the Practice of the Ministry». (Tesis de D. Min. Princeton Seminary, Nueva Jersey, 1999).

Spehler, Rebeca Mcelfresh y Patrck Slattery. «Voices of Imagination: The Artist as Prophet in the Process of Social Change». *International Journal of Leadership in Education* 2/1 (1999): 1-12.

Stackhouse, Max L. *Apología: Contextualization, Globalization, and Mission in Theological Education.* Grand Rapids, Michigan: William B. Eerdmans Publishing Company, 1988.

— «Contextualization and Theological Education». *Theological Education* 23/1 (1986): 67-84.

— «Globalization, Faith and Theological Education». *Theological Education* 35/2 (1999): 67-77.

Standish, Paul. «Rival Conceptions of the Philosophy of Education». *Ethics and Education* 2/2 (2007): 159-171.

Steuernagel, Valdir R. «The Relevance and Effects of European Academic Theology on Theological Education in the Third World». *Evangelical Review of Theology* 27/3 (2003): 203-212.

— compilador. *La misión de la iglesia: Una visión panorámica.* Ed. de la edición en español, José María Blanch. San José, Costa Rica: Visión Mundial Internacional, 1992.

— *Obediencia misionera y práctica histórica.* Trad. Néstor Saavedra. Grand Rapids, Michigan: Nueva Creación, 1996.

Steward, Bruce. «Tensions in North American Theological Education». *Evangelical Review of Theology* 14/1 (1990): 42-49.

Suazo J., David. «Apuntes para una educación teológica evangélica desde América Latina». *Kairós* 36 (enero-junio 2005): 99-107.

— «La educación teológica y la voz profética: Pautas de la profecía de Ezequiel». En *Teología Bíblica de la Educación Teológica,* materia del programa de doctorado en Educación Teológica (DET) del Seminario Teológico Centroamericano, Guatemala, impartida por el Dr. Gary Williams, 2005.

— «La educación teológica y el contexto global: Hacia una teología de la educación teológica evangélica». Oscar Campos, ed. *Teología evangélica para el contexto latinoamericano: Ensayos en honor al Dr. Emilio A. Núñez.* Buenos Aires, Argentina: Ediciones Kairós, 2004: 247-65.

Sunquist, W. Scott. «A Prolegomenon to a Theology of Christian Education». *Christian Education Journal* 7/2 (1987): 59-74.

Sweeney, James y Stephen Fortosis. «Seminary and Church: Allies for Change». *Christian Education Journal* 14/3 (1994): 74-85.

Swetsch Roberto. «La contribución del luteranismo para la teología de la misión», http://sustentabilidad.files.wordpress.com/2008/10/luteranismo-y-teologia-de-la-mision-dr-r-zwetsch.pdf.

Taylor, Edward W. «The Challenge of Teaching for Change». *New Directions for Adult & Continuing Education* 109 (2006): 91-95.

Taylor, William D. *Internationalizing Missionary Training: A Global Perspective.* Exeter, Reino Unido: Paternoster Press, 1991.

Thangaraj M., Thomas. «Theological Education in the United States: A View from the Periphery». *Theological Education* 28/1 (1992): 8-20.

Thatcher, Adrian. «Learning to Become Persons: A Theological Approach to Educational Aims». *Scottish Journal of Theology* 36/4 (1983): 521-533.

The Mud Flower Collective. *God`s Fierce Whimsy: Christian Feminism and Theological Education.* Nueva York, Nueva York: Pilgrim Press, 1985.

*Theological Education in Context.* Nairobi, Kenya: Afropress Ltd., 1983.

Theron, Pieter F. «Theological Training for Social Transformation in Africa». *Missionalia* 23/1 (1995): 45-56.

Thiemann, Ronald. «Making Theology Central in Theological Education». *Christian Century* 104/4 (1987): 106-108.

Thomas, Linda E. «Into the New Millennium: The Impact of the Academy on the Church». *Currents in Theology and Mission* 31.4 (2004): 306-315.

Thompson, Norma H., ed., *Religious Education and Theology.* Birmingham, Alabama: Religious Education Press, 1982.

Thomson, John. «Training Political Leaders: Theological Education, Ministerial Formation and the Ecclesiology of Stanley Hauerwas». *British Journal of Theological Education* 14/1 (2003): 46-57.

Thrupp, Martin. «Education Policy and Social Change». *British Journal of Sociology of Education* 23/2 (2002): 321-332.

Torío-López, Susana. «Evolución y desarrollo de la pedagogía social en España: Hacia una pedagogía social en construcción». *Estudios sobre Educación* 10 (2006): 37-54.

Treier, Dan. «Theology as the Acquisition of Wisdom: Reorienting Theological Education». *Christian Education Journal* 3/1 (1999): 127-139.

Tze Ming Ng, Peter. «Toward a New Agenda for Religious Education in a Multicultural Society». *Religious Education* 88/4 (1993): 585-594.

Van der Water, Desmond P. «Transforming Theological Education and Ministerial Formation». *International Review of Mission* 94/373 (2005): 203-11.

Van Engen, Charles. «Shifting Paradigms in Ministry Formation». *Perspectives* (octubre 1994): 15-17.

Veling, Terry A. «Emerging Issues Concerning the Practices of Theological Education». *Religious Education* 94/4 (1999): 411-27.

Villafañe, Eldin, *et al.* eds. *Transforming the City: Reframing Education for Urban Ministry*. Grand Rapids, Michigan: W. B. Eerdmans Publishing Company, 2002.

Volf, Miroslav. «Dancing for God: Challenges Facing Theological Education Today». *Evangelical Review of Theology* 29/3 (2005): 197-207.

Von Holzen, Roger. «A Look at the Future of Higher Education». *Sylabus* 14/4 (2000): 56-57 y 65.

Waits, James. «Looking Forward. Looking Backward: A View of Theological Education at the Beginning of a New Millennium». *Theological Education* 36/2 (2000): 47-54.

Walker, Paul. «Perspectives from Etnography: Applications in Mission and Urban Ministry». *British Journal of Theological Education* 14/2 (2004): 168-186.

Walker-Jones, Arthur. «"Words with Power" for Social Transformation: An Anatomy of Biblical Criticism for Theological Education». *Teaching Theology & Religion* 11/2 (2008): 75-81.

Ward, Ted y Linda Cannell. «Theological Education and the Church». *Christian Education Journal* 3/1 (1999): 29-47.

Warford, Malcolm L. ed. *Practical Wisdom on Theological Teaching and Learning*. Nueva York, Nueva York: Peter Lang Publishing Inc., 2005.

Wati Longshar A. «Globalization and its Challenges for Theological Education». *Christian Conference of Asia*. 11 de Julio 2006. <http://www.cca.org.hk>.

Westerhoff, John H. «Theological Education and Models for Ministry». *St Luke's Journal of Theology* 25/2 (1982): 153-169.

— ed. «Education for Social Responsibility». *Religious Education* 78/4 (1983): 467-573.

— «Social Change and Religious Education». *Religious Education* 80/2 (1985): 170- 271.

— «Teaching and Religious Imagination: An Essay in the Theology of Teaching». *Christian Century* 105/11 (1988): 347.

Westhelle, Vítor. «Theological Education: Quo Vadis?». *Currents in Theology and Mission* 24/3 (1997): 273-85.

Wheeler, Barbara G. *Is there a Problem?: Theological Students and Religious Leadership for the Future*. Nueva York, Nueva York: Auburn Theological Seminary, 2001.

— y Edward Farley, eds. *Shifting boundaries: Contextual approaches to the structure of theological education*. Louisville, Kentucky: Westminster John Knox Press, 1991.

— «Arguments and Allies: The Yale Consultations and Recent Writings about Theological Education». *Theological Education* 31/1 (1994): 29-35.

— Sharon L. Millar y Katarina Schuth. *Signs of the Times: Present and Future Theological Faculty*. Nueva York, Nueva York: Auburn Theological Seminary, 2005.

Whitlock Jr., Luder G. «Theological Education in the Twenty-First Century». *Theological Education* 36/2 (2000): 55-62.

Wilhoit, James. *Christian education and the search of meaning*. Grand Rapids, Michigan: Baker Book House, 2000.

Willimon, William y Thomas Taylor. *The Abandoned Generation: Rethinking Higher Education*. Grand Rapids, Michigan: William B. Eerdmans Publishing Company, 1995.

Williamson, A. P. *Images of Leadership: Social Responsibility and Theological Education*. Monrovia, California: MARC, 1987.

Wilson, John. «Perspectives on the Philosophy of Education». *Oxford Review of Education* 29/2 (2003): 279-293.

Wilton, Gary. «From ACCM22 to Hind via Athens and Berlin: A Critical Analysis of Key Documents Shaping Contemporary Church of England Theological Education with Reference to the Work of David Kelsey». *Journal of Adult Theological Education* 4/1 (2007): 31-47.

Wingard, Robert W. «An Incarnational Model for Teaching in the Church». *Quarterly Review* 2/2 (1982): 45-57.

Wingate, Andrew. *Does Theological Education Make a Difference?: Global Lessons in Mission and Ministry from India and Britain*. Ginebra, Suiza: World Council of Churches, 1999.

— «Overview of the History of the Debate about Theological Education». *International Review of Mission* 94/373 (2005): 235-247.

Wolterstorff, Nicholas. «To Theologians: From One Who Cares about Theology but is Not One of You». *Theological Education* 40/2 (2005): 79-92.

Wood, Charles M. «Theological Education: Confessional and Public». *Resources for American Christianity* <http://www.resourcingchristianity.org>, 2001.

— *Vision and Discernment: An Orientation in Theological Study*. Atlanta, Georgia: Scholars Press, 1985.

— «Theological Inquiry and Theological Education». *Theological Education* 21/2 (1985): 73-93.

— «Theological Education and Education for Church Leadership». En Jeff Astley, Leslie Francis y Colin Chowder, eds. Grand Rapids, Michigan: William B. Eerdmane Publishing Company, 1996.

Woodberry, J. Dudley, Charles van Engen y Edgar J. Elliston, eds. *Missiological Education for the 21st Century: The Book, the Circle and the Sandals*. Maryknoll, Nueva York: Orbis Books, 1996.

Work, Telford. «Education as Mission: The Course as Sign of the Kingdom». *Journal of Education & Christian Belief* 11/1 (2007): 35-47.

Yeow, Choo Lak. «Theological Education in South East Asia 1957-2002». *International Bulletin of Missionary Research* 28/1 (2004): 26-29.

Yust, Karen Marie. «Teaching Seminarians to Be Practical Theologians». *Encounter* 63/1-2 (2002): 237-245.

Zalanga, Samuel. «Teaching and Learning Social Theory to Advance Social Transformation: Some Insights, Implications and Practical Suggestions from Paulo Freire». *Discourse of Sociological Practice* 6/2 (2004): 7-25.

Zorrilla C., Hugo C., compilador. *Alternativas en la educación teológica: Exploraciones sobre educación tradicional*. San José, Costa Rica: SBL, 1975.